财务学原理

陶晓慧　徐焱军　夏芸　主编

中国财经出版传媒集团
中国财政经济出版社

图书在版编目（CIP）数据

财务学原理 / 陶晓慧，徐焱军，夏芸主编. -- 北京：中国财政经济出版社，2023.6
ISBN 978-7-5223-2194-3

Ⅰ.①财… Ⅱ.①陶… ②徐… ③夏… Ⅲ.①财务管理 Ⅳ.①F275

中国国家版本馆 CIP 数据核字（2023）第 073535 号

责任编辑：温彦君　　　　　责任校对：张　凡
封面设计：智点创意　　　　　责任印制：党　辉

财务学原理
CAIWUXUE YUANLI

中国财政经济出版社 出版

URL：http://www.cfeph.cn
E-mail：cfeph@cfeph.cn

（版权所有　翻印必究）

社址：北京市海淀区阜成路甲 28 号　邮政编码：100142
营销中心电话：010-88191522
天猫网店：中国财政经济出版社旗舰店
网址：https://zgczjjcbs.tmall.com
北京中兴印刷有限公司印刷　各地新华书店经销
成品尺寸：185mm×260mm　16 开　10.5 印张　252 000 字
2023 年 6 月第 1 版　2023 年 6 月北京第 1 次印刷
定价：35.00 元
ISBN 978-7-5223-2194-3
（图书出现印装问题，本社负责调换，电话：010-88190548）
本社质量投诉电话：010-88190744
打击盗版举报热线：010-88191661　QQ：2242791300

财务学原理是高校管理学院和经济学院学生的基础必修课。财务学是经济学的重要分支，也是企业管理的核心内容之一。本教材旨在为财务学入门的学生提供系统全面的知识体系，帮助学生建立对财务学的基础理解，便于学生进一步学习公司理财、金融市场学、证券投资学、风险管理、战略管理、高级财务管理等课程。同时，本教材也能帮助所有对投资理财感兴趣的社会人士，掌握基本的理财原理、了解自己的财务状况、分析自己的财务目标以及更好地理解和应对日常生活中的经济和财务问题。

本教材包括四部分：第一部分是理财即财务的基本原理；第二部分是基于财务的基本原理衍生出的证券估值问题；第三部分是财务管理的三大基本活动；第四部分是财务管理的综合应用。

第一部分，理财即财务的基本原理，包括第一章导论、第二章货币的时间价值和第三章项目的风险价值。

第二部分，证券估值问题即第四章。

第三部分，财务管理的三大基本活动，分别是：筹资、投资和利润分配。"筹资"对应于第五章筹资、第六章资本成本和第七章资本结构决策；"投资"对应于第八章长期投资决策；"利润分配"对应于第九章利润分配与股利政策。

第四部分，财务管理的综合运用，包括第十章财务分析和第十一章并购与重组。

本教材作为高校的本科教材时，先修课程为基础会计学。本教材也可以作为社会人士学习投资理财原理的入门读物，尤其是前四章，以简单直观的方式呈现了投资理财的基本原理，有利于对投资理财感兴趣的人士快速系统性地掌握投资理财的原理和方法。

本教材由暨南大学国际商学院金融教研室陶晓慧、徐焱军和夏芸三位副教授合作编写。陶晓慧老师负责全书的大纲拟定、统稿和最后的定稿工作。具体的分工为：陶晓慧编写第一章、第三章、第四章和第九章；徐焱军编写第五章、第六章、第七章和第十一章；夏芸编写第二章、第八章和第十章。

感谢暨南大学校级教改课题对本教材的资助，感谢中国财政经济出版社对本书出版的支持。

受编者水平与时间的限制，书中难免存在不足之处，恳请读者批评指正。

陶晓慧

2023 年 3 月

- 第一章　导论 ……………………………………………………………（1）
  - 第一节　财务管理的概念 ……………………………………………（1）
  - 第二节　企业组织形式和财务管理的内容 …………………………（3）
  - 第三节　财务管理的理念 ……………………………………………（5）

- 第二章　货币时间价值 …………………………………………………（10）
  - 第一节　概述 …………………………………………………………（10）
  - 第二节　相关计算 ……………………………………………………（19）

- 第三章　项目的风险价值 ………………………………………………（25）
  - 第一节　风险与决策 …………………………………………………（25）
  - 第二节　单项投资的风险与报酬 ……………………………………（29）
  - 第三节　投资组合的风险与报酬 ……………………………………（31）

- 第四章　证券估值 ………………………………………………………（36）
  - 第一节　债券的估值 …………………………………………………（36）
  - 第二节　股票的估值 …………………………………………………（39）
  - 第三节　资本资产定价模型 …………………………………………（42）

- 第五章　筹资 ……………………………………………………………（46）
  - 第一节　筹资概述 ……………………………………………………（46）
  - 第二节　权益性筹资 …………………………………………………（49）
  - 第三节　债务资本筹资 ………………………………………………（55）
  - 第四节　短期债务性筹资 ……………………………………………（62）

- 第六章　资本成本 ………………………………………………………（67）
  - 第一节　成本概述 ……………………………………………………（67）
  - 第二节　个别资本成本 ………………………………………………（70）
  - 第三节　综合资本成本 ………………………………………………（74）

第七章 资本结构决策 （75）
第一节 杠杆效应 （75）
第二节 资本结构决策 （80）

第八章 长期投资决策 （86）
第一节 投资项目的类型和评价程序 （86）
第二节 投资项目现金流量的估计 （87）
第三节 投资项目的评价方法 （89）

第九章 利润分配与股利政策 （101）
第一节 利润分配概述 （101）
第二节 股利政策理论 （102）
第三节 股利分配方式 （108）

第十章 财务报表分析 （113）
第一节 财务报表分析的目的与方法 （113）
第二节 财务比率分析 （117）
第三节 管理用财务报表 （137）
第四节 战略用财务报表 （145）

第十一章 并购与重组 （148）
第一节 公司并购 （148）
第二节 公司重组 （153）

附录 （157）

参考文献 （161）

第一章

导 论

第一节 财务管理的概念

一、财务、金融与财务管理的概念辨析

财务即金融，代表资金的融通和运动，英文为"Finance"。然而，当我们说到财务管理和金融的时候，二者还是有所区别的。

我国注册会计师全国统一考试辅导教材中对"财务管理"的定义是：财务管理是经济管理的重要领域，是对经济活动中资金的管理。由王化成、刘俊彦和荆新老师主编，获得国家级教学成果奖的《财务管理学》第九版教材中提到："财务管理（Financial Management）是组织企业财务活动、处理财务关系的一项经济管理工作。"财务活动是企业资金收支活动的总称。具体而言，财务活动包括筹资活动、投资活动、营运资本管理以及利润分配。这四个方面的活动相互联系、相互依存，构成企业财务管理的基本内容。财务管理与我们平时所说的"公司金融""公司理财"几乎是相同的概念。

作为一门学科，财务管理学的范畴是小于金融学的。为金融学下一个定义，似乎并不是一件简单的事情。《Webster 词典》中将"to Finance"定义为"筹集或提供资金或资本（to Raise or Provide Funds or Capital）"。《华尔街日报》在公司金融（Corporate Finance）专栏中将金融定义为"为业务提供融资的业务（Business of Financing Business）"，这一定义基本上代表了金融实业界对金融行业的理解。代表学界对金融学较有权威的解释可参考《新帕尔格雷夫货币金融大辞典》（The New Palgrave Dictionary of Money and Finance）的"Finance"词条，该词条是由斯蒂芬·A. 罗斯（Stephen A. Ross）教授撰写的，其定义为："金融以其不同的中心点和方法论而成为经济学的一个分支，其中心点是资本市场的运营、资本资产的供给和定价。其方法论是使用相近的替代物给金融契约和工具定价。"在这个词条中，斯蒂芬·A. 罗斯教授概括了"Finance"的四大课题："有效率的市场"、"收益和风险"、"期权定价理论"和"公司金融"。比较有代表性的是西方学界对"Finance"的理解，集中反映在两门课中：一是"公司金融"即 Corporate Finance，相当于国内的财务管理学；二是以资产定价（Asset Pricing）为核心内容的"投资学"。

国内学界对"金融学"的理解存在较大争议。基于我国过去转轨经济的背景，我国传

统的金融研究主要基于货币、信用、银行、货币供求、货币政策、国际收支、汇率等专题。因此，我国传统的金融学包括"货币银行学"和"国际金融"两个分支，针对银行体系的货币金融研究成为金融学的主导。改革开放以后，国内各大高校纷纷开设以国际收支和国际贸易为核心的"国际金融"专业。可以看出，我国传统的"货币银行学"和"国际金融"属于宏观金融的范畴，并非现代金融的核心内容。

综上所述，本书认为，金融学包括微观金融、宏观金融和资产定价三部分。财务管理学即其中的微观金融，也可以称为公司金融或公司理财。

二、财会审的学科体系

与财务管理学相关的课程，还包括财务会计、管理会计和审计。

财务会计（Financial Accounting）是对外会计（External Accounting），是通过对企业已经完成的资金运动进行全面系统的核算与监督，以为外部与企业有经济利害关系的投资者、债权人和政府有关部门提供企业的财务状况与盈利能力等经济信息为主要目标而进行的经济管理活动。财务会计的特点是：以计量和传送信息为主要目标、以会计报告为工作核心、以传统会计模式作为数据处理和信息加工的基本方法、以公认会计原则为基本原理和准则。企业财务会计的主要目标是向政府机构、企业外部投资者、债权人以及供应商、客户和员工等利益相关者提供有利于他们作出投资、信贷决策及其他有关决策的企业财务状况、经营业绩和财务状况变动的各种财务信息和非财务信息。财务会计报表是财务会计信息的分类集中、系统性反映，主要的财务会计报表包括资产负债表、利润表和现金流量表及其附表。

管理会计（Management Accounting）是对内会计（Internal Accounting），其服务对象是企业内部管理当局。管理会计是从传统的会计系统中分离出来，与财务会计并列，致力于帮助企业内部管理当局进行最优决策，改善经营管理，提高经济效益的财务活动。管理会计需要针对企业管理部门编制计划、作出决策、控制经济活动，记录和分析经济业务，"捕捉"和呈报管理信息，并直接参与决策控制过程。现代管理会计具有解析过去、控制现在、筹划未来三方面的职能。

审计是由国家授权或接受委托的专职机构和人员，依照国家法规、审计准则和会计理论，运用专门的方法，对被审计单位的财政、财务收支，经营管理活动及其相关资料的真实性、正确性、合规性、合法性、效益性进行审查和监督，用以评价经济责任、鉴证经济业务、维护财经法纪、改善经营管理、提高经济效益的一项独立性的经济监督活动。审计与经济管理活动、非经济监督活动以及其他专业性经济监督活动相比较，具有独立性（审计的本质特征）、权威性、公正性等特征。审计分为政府审计、社会审计和内部审计三种类型。

财务管理面向未来、面向决策，致力于提高资金的使用效率，关注企业资金的运动，其主要内容包括筹资管理、投资管理、营运资本管理以及利润分配管理四部分。

第二节 企业组织形式和财务管理的内容

一、企业的组织形式

财务管理的基本原理对所有的企业都适用。然而，企业不同的组织形式，决定了企业及其交易关系的不同法律结构，从而影响到社会经济活动中的企业财务与运营活动。

典型的企业组织形式有三种：个人独资企业、合伙企业、公司制企业。

(一) 个人独资企业

个人独资企业由一个自然人投资，财产为投资人个人所有，投资人以其个人财产对企业债务承担无限责任。

个人独资企业的特点：(1) 创立便捷。例如，不需要与他人协商并取得一致；只需要很少的注册资本等。(2) 维持个人独资企业的成本较低。例如，政府对其监管较少，对其规模也没有什么限制，企业决策程序简单。(3) 不需要缴纳企业所得税。

此外，个人独资企业也有在经营和发展上的约束条件：(1) 业主对企业债务承担无限责任，有时企业的损失会超过业主最初对企业的投资，这时需要用个人其他财产偿债。(2) 企业的存续年限受制于业主的寿命。(3) 难以从外部获得大量资本用于经营。

多数个人独资企业的规模都比较小，其抵御经济衰退和承担经营损失的能力不强，平均存续年限较短。有一部分个人独资企业能够发展壮大起来，规模扩大后会发现其固有约束条件被放大，于是转变为合伙企业或公司制企业。

(二) 合伙企业

合伙企业由合伙人订立合伙协议，共同出资、合伙经营、共享收益、共担风险。通常，合伙人是两个或两个以上的自然人，有时也有法人或其他组织。合伙人分为普通合伙人（General Partner，GP）和有限合伙人（Limited Partner，LP）。GP需要对合伙企业承担无限连带责任，LP仅以其出资额为限对合伙企业承担有限责任。

合伙企业，包括普通合伙企业和有限合伙企业。

如果一家合伙企业中只有GP，没有LP，那么它就是普通合伙企业，多数的律师事务所和会计师事务所都是普通合伙制；普通合伙企业由普通合伙人组成，合伙人对合伙企业债务承担无限连带责任。《合伙企业法》规定，国有独资公司、国有企业、上市公司以及公益性的事业单位、社会团体不得成为普通合伙人。律师事务所、会计师事务所多是合伙企业，由每一个独立的合伙人根据合伙协议组合成立，具有人合的性质。

既有GP，又有LP的合伙企业，为有限合伙企业，很多私募股权基金采用有限合伙的组织形式。有限合伙企业由普通合伙人和有限合伙人组成，普通合伙人对合伙企业债务承担无限连带责任，有限合伙人以其认缴的出资额为限对合伙企业债务承担责任。有限合伙企业实现了企业管理权和出资权的分离，可以结合企业管理方和资金方的优势。

(三) 公司制企业

区别于个人独资企业和合伙企业，公司是独立法人，具有以下优点：(1) 无限存续。

一个公司在最初的所有者和经营者退出后仍然可以继续存在。(2)股权可以转让。公司的所有者权益被划分为若干股权份额，每一份额可以单独转让，无需经过其他股东同意。(3)有限责任。公司债务是法人的债务，不是所有者的债务，所有者对公司债务的责任以其出资额为限。

公司制企业包括有限责任公司和股份有限公司，公司制企业在承担有限责任的同时，也有一些弊端：(1)双重课税。公司作为独立的法人，其利润需交纳企业所得税，企业利润分配给股东后，股东还需交纳个人所得税。(2)组建成本高。公司法对于公司成立的要求比个人独资或合伙企业的要求高，并且需要提交一系列法律文件，通常花费的时间较长。公司成立后，政府对其监管比较严格，需要定期报备和公开各种报告。(3)存在代理问题。在经营者和所有者分开的情况下，经营者成为代理人，所有者成为委托人，代理人可能为了自身利益而伤害委托人利益。

二、财务管理的内容

财务管理是对企业资金运动的管理，资金的运动包括：流入企业（筹资）、对外投资（实体投资和金融投资）、资金的内部营运（流动资产和流动负债的配比管理）、资金退出（利润分配）。

（一）筹资

筹资是企业经营活动的起点。企业筹资的方式包括股权融资和债权融资。股权融资形成所有者权益，而债权融资形成负债。来自股权和债权筹集的资金形成企业生产经营所需的所有资金，即资产。

资产 = 负债 + 所有者权益

资金占用 = 资金来源

股权融资来自投资者的投入、发行股票、企业内部积累（留存收益）、资本公积转增等，形成所有者权益中列示的四个项目：实收资本（股本）、资本公积、盈余公积和未分配利润。

债权融资是企业通过向银行等金融机构以及其他企事业单位等借入资金、商业信用、发行债券、融资租赁等方式筹集资金，对应于负债的各个项目，如短期借款、长期借款、应付账款、应付债券等。

（二）投资

企业筹集到的资金，必须转变为各种资产投入使用，才能实现价值的增值，为股东创造更多的财富。

投资包括：(1)经营性流动资产的投资，例如，购买原材料和聘请员工等。(2)经营性长期资产的投资，例如，固定资产更新改造决策、开发新产品、建造生产线等，需要对项目进行经济可行性分析，其经济可行性的评估依赖于净现值原理。(3)金融投资，例如，公司对外委托理财、购买股票、债券等，也称为证券投资，金融投资决策的依据是投资组合原理。

（三）营运资本管理

企业在日常生产经营过程中会发生一系列的资金收付。首先，需要购买原材料和聘请员工，由此需要支付采购成本和人工成本；其次，把产成品卖出，并收回货币资金；最后，企业的买卖活动中还会形成预收账款、预付账款、应收账款、应付账款等往来款项，形成企业的商业信用和短期负债。这些因企业日常经营产生的资金收付管理，称为营运资本管理。

营运资本＝流动资产（短期资产）－流动负债（短期负债）

营运资本的管理需要考虑流动资产和流动负债在期限和金额上的匹配，也要考虑与营业性现金流的匹配。营运资本管理与营业现金流有密切关系。由于营业现金流的时间和数量具有不确定性，以及现金流入和流出在时间上不匹配，使公司经常会出现现金流的缺口。公司配置较多的营运资本，虽然有利于减少现金流的缺口，但会增加资本成本；公司配置较少的营运资本，虽然有利于节约资本成本，但会增加不能及时偿债的风险。因此，公司需要根据具体情况权衡风险和报酬，制定适当的营运资本政策。

营运资本管理分为营运资本投资和营运资本筹资两部分。营运资本投资管理主要是制定营运资本投资政策，决定分配多少资金用于应收账款和存货、决定保留多少现金以备支付，以及对这些资产进行日常管理。营运资本筹资管理主要是制定营运资本筹资政策，决定向谁借入多少短期资金、是否需要采用赊购融资等。

营运资本管理的目标有三个：（1）有效地运用流动资产，力求其边际收益大于边际成本。（2）选择最合理的流动负债，最大限度地降低营运资本的资本成本。（3）加速营运资本周转，以尽可能少的营运资本支持同样的经营规模并保持公司支付债务的能力。

（四）利润分配

利润分配是企业按照国家有关法律、法规以及企业章程的规定，将实现的利润在企业与企业所有者之间以及企业内部的有关项目之间进行的分配活动。它是一种利用财务手段确保利润的合理归属和正确分配的管理过程。

企业取得的经营成果，需要向债权人分配，即支付利息；得到利润总额后，需要上缴企业所得税之后得到净利润；净利润需要为企业的资金积累做一定的储备，即提取盈余公积；然后向普通股股东进行分配。

第三节　财务管理的理念

一、财务管理的目标

公司财务管理的目标与公司的目标是一致的。投资者创立公司的目标可能包括：扩大销售量和市场份额、生产出更多的产品、提高产品质量、获得更多的利润、股价上涨、承担社会责任（如改善劳动条件和员工福利、减少环境污染、服务社区等）。那么，什么是财务管理最基本、最重要的目标呢？

（一）利润最大化

通常，我们都认为企业存在的理由即创造利润。亚当·斯密的"经济人"假说认为，企业是一个经济机构，衡量其工作效率的指标就是利润。所以企业财务管理的目标就是不断地让企业积累利润，实现利润最大化。

利润最大化的观点有其局限性，主要表现在：

1. 没有考虑货币的时间价值。例如，今年获利 100 万元和明年获利 100 万元，哪一个更符合公司的目标？我们理财的原则是否包括了早收晚付？若企业不考虑货币的时间价值，则难以作出正确的决策。

2. 没有考虑所获利润和所投入资本的比例关系。例如，A 项目投入资本 800 万元，获得 200 万元利润；B 项目投入资本 500 万元，获得 150 万元利润，哪个项目更加符合企业的目标和投资人的利益呢？如果仅仅将实现的利润进行比较，就会觉得 A 项目更好。但实际上 A 项目和 B 项目的投入是不同的。因此我们在决策中，需要把获得的利润与投入的资本对比起来考虑。

3. 没有考虑风险的影响。高风险高收益，单纯地追求高收益，可能导致企业承担超出自身能力的风险，从而导致财务失败。同样投入 500 万元，本年获利 100 万元，一家公司的获利已全部转化为现金，另一家公司获利则全为应收账款，并可能发生坏账损失，哪一个更符合公司和投资人的利益？若不考虑风险大小，就难以作出正确的判断和决策。利润最大化目标可能导致企业在进行投资决策时不顾风险的大小一味地追求利润最大化，最终由于承担超负荷的风险陷入财务困境而导致企业破产。

4. 可能导致企业的短期行为。为了确保当期和近期利润的最大化，企业往往通过压缩研发支出、人员培训经费、安全生产检测费用、环境保护费等方式控制成本，一方面不利于公司未来战略目标的实现，不利于公司的可持续成长；另一方面可能留下生产和销售环节的安全隐患，导致不可预期的环保危机。

如果投入资本相同、利润取得的时间相同、相关的风险也相同，则利润最大化是一个可以接受的观念。事实上，许多公司都把提高利润作为公司的短期目标。然而，项目投入的资本、利润取得的时间、项目承担的风险都不尽相同。因此，利润最大化并非企业财务管理的最优目标。

（二）每股收益最大化

每股收益指标表示的是企业的利润与普通股股数之间的比例关系，反映了投资者投入资本获得回报的能力。每股收益最大化的观点认为，把公司的利润和股东投入的资本联系起来考察，用每股收益（或权益净利率）来概括公司的财务管理目标，可以克服"利润最大化"目标的局限性。

然而，每股收益最大化的目标也存在局限性：

1. 普通股的股数不能代表投资者的投入成本，因为成本是一个金额的概念。
2. 每股收益指标仍然没有考虑每股收益取得的时间。
3. 没有考虑每股收益的风险。

每股收益指标的优点在于：能够非常简单直观地描述企业的盈利水平，可以在不同的企业之间进行横向比较以及在同一家企业的不同时期进行纵向比较，揭示其盈利水平的差异和变化规律。如果每股收益的时间、风险相同，则每股收益最大化也是一个可以接受的观念。事实上，许多投资人都把每股收益作为评价公司业绩的关键指标。

（三）股东财富最大化、股价最大化及企业价值最大化

1. 股东财富最大化

投资者投资创立企业的目的在于实现其投资资金的保值和增值。因而，实现股东财富的最大化是企业经营目标的应有之义。股东财富的增加，意味着对于特定的投资资本额，实现

了其每股股价的上涨。因此企业追求股东财富最大化的过程，实际上也是追求其股票的长期价值增长的过程。

2. 股价最大化

对于上市公司而言，在普通股股数不变的情况下，股价不断的上涨，即是股东财富最大化的体现。因此，有时财务管理的目标被描述为股价最大化。其实，股价最大化是一个综合性的指标，一个丑闻缠身、不善待员工、不承担社会责任、不履行环保义务的公司，相信不可能在资本市场上有很好的表现。值得注意的是，有时候股价的变动并不会引起股东财富的变化，例如，分派现金股利时，股价下跌，但是不考虑税负影响时，股东的财富是不变的。

3. 企业价值最大化

有时，企业财务管理的目标还被表述为公司价值最大化。我们来看下列公式：

资产 = 负债 + 所有者权益

企业价值 = 负债的市场价值 + 股东权益的市场价值

通常来讲，负债的市场价值是确定不变的，那么，企业价值的增量全部来自所有者权益的市场价值，即股票市值的增加。也就是说，企业价值最大化与股东财富最大化、股价最大化的目标是完全一致的。

二、财务管理的基本原理

货币的时间价值和项目的风险价值是财务管理的两大基本原理。这两个概念构成了现代金融学的基石。

（一）货币的时间价值

货币的时间价值，又称为资金的时间价值，是指货币经过一段时间的投资和再投资后所增加的价值。那么，是不是时间加上金钱就可以变出更多的钱来呢？在这个定义里，核心关键词到底是什么？是时间？货币还是价值？核心关键词其实是"再投资"三个字。设想我们把 10 万元货币放在仓库，100 年之后拿出来，它增值了吗？不仅没有增值，而且实际购买力一定是大大下降。货币只有变成资本，不断地投资和再投资，才可能实现价值的增值。所以，货币的时间价值，更直观地讲，我们应该叫资本的时间价值。在居民的日常理财活动中，我们买入一家公司的股票，是一项被动投资，你虽然没有循环再投资，但是该公司在不断地进行生产经营活动、投资和再投资，你可以被动地分享到该公司（股票）的价值增值。

我们了解到货币时间价值，就是我们经过一段时间的投资和再投资实现的价值增值。那么，现实生活中如何描述货币的时间价值呢？价值的度量形式可以是相对数也可以是绝对数，例如，100 万元存在银行，2% 的年利率，一年之后本利和是 102 万元，那么，2 万元就是一年的货币时间价值，这是一个绝对数的货币时间价值。但是更加常见的是，我们直接说货币时间价值为年利率 2%。我们直接用年利率、贴现率、收益率、资本成本率等比率指标指代货币时间价值。

货币时间价值原则的应用之一是现值概念。由于现在的 1 元钱比将来的 1 元钱经济价值大，不同时间的货币价值不能直接加减运算，需要进行折算。通常，要把不同时间的货币价值折算到"现在"这个时点或"零"时点，然后对现值进行运算或比较。在经济和金融的各个方面，当我们提到要进行资产的价值评估时，都广泛地使用现值这一概念。

货币时间价值原则的另一个重要应用是"早收晚付"观念，有时候"早收晚付"被视作理财的第一原则。对于不附带利息的货币收支,与其晚收不如早收,与其早付不如晚付。货币在自己手上,可以立即用于消费而不必等待将来消费,可以投资获利而无损于原来的价值,可以有效应对未预料到的支付。因此早收、晚付在经济上是有利的。

无论是在个人和家庭的财富管理活动中,还是在公司的财务管理活动中,都必须考虑货币时间价值(即资金的机会成本)。

(二)项目的风险价值

除了时间,如果投资者承担了额外的风险,必然要求更高的收益率。其中心思想可以概况为:萝卜青菜各有所爱;高风险高收益。风险与报酬的权衡关系,是指高收益的投资机会往往伴随着巨大风险,风险小的投资机会则往往带来的收益也较低。通常来说,不可能在低风险的同时获取高报酬。即使你最先发现了这样的机会并率先行动,别人也会迅速跟进,竞争会使报酬率降至与风险相当的水平。因此,市场中必然是高风险同时高报酬、低风险同时低报酬的投资机会。

风险即不确定性,我们并没有把风险定义为发生损失的可能性。因为我们认为风险是一个中性词。风险既可以表达为出现损失的可能性,也就是危险和负面效应;也可以表现为获得利益的可能性,也就是机会和正面效应。由于风险具有危险与机会并存的特点,不同的投资者表现出对风险不同的偏好,可以分为:风险偏好型投资者、风险厌恶型投资者和漠视风险型投资者,因此同样的资产,在不同的投资者心目中定价是不同的。

风险就是预期结果的不确定性,即结果的波动性。所以我们通常用波动性来衡量风险,在统计学上,我们用标准差或离散系数来度量波动性或者风险。

电影《教父》中有一句经典的话:"在一秒钟内看到本质的人和花半辈子也看不清一件事本质的人,自然是不一样的命运。""货币的时间价值"和"项目的风险价值"这两个概念,正是帮助我们穿透形形色色的个人理财以及公司理财问题,透过现象看到本质的核心工具。

三、财务管理的原则

为了实现企业财务管理的股东财富最大化的目标,企业在生产经营中应该遵循以下原则。

(一)资本保值增值原则

这是企业财务管理的目的性原则。资本保值增值的关键是保值,因为超过保值的额度才是增值,不能保值就不可能增值。资本保值是指以避免投机并确保本金的价值为目标的投资;而增值既能代表资本所有者的投资目的和需求,又能体现财务管理水平和绩效。所有者权益由实收资本、资本公积、盈余公积和未分配利润等构成,其中任何一个项目的变动都将引起所有者权益总额的变动。真正意义上的资本保值增值,是来自净利润的增长,而本期投资者追加投资以及接受外来捐赠、资产评估增值等并不能反映真正意义上的资本保值增值。

(二)风险与收益均衡原则

风险与收益均衡原则体现了项目的风险价值。企业的各种经营和财务、金融决策都需要考虑风险与收益的均衡,不能只考虑追求收益,而不考虑发生损失的可能性,应该全面分析其收益性和安全性。例如,持有货币资金,几乎没有任何盈利能力,货币资金在确保财务弹性的同时,降低了企业的财务风险,提高了经营安全性。在筹资方面,发行债券与发行股票相比，利息率固定且利息可在成本费用中列支，对企业留用利润影响很少。此外，发行债券可以提高净资产收益率，但是企业要按期还本付息，需承担较大的财务风险。因此企业管理当局在财务决策和经营决策中，要从宏观的政治、经济、自然环境、地缘政治军事等多方面综合考量，权衡宏观风险和微观风险的搭配、不同风险程度项目的搭配、不同期限的资产和负债的搭配以及不同流动性强弱的资产的搭配，以此来实现风险与收益的平衡，最终实现企业的可持续发展。

（三）利益相关者关系协调原则

企业的利益相关者包括各级政府机关、潜在的投资者、股东和债权人、供应商、客户、内部员工、社区和社会等。企业在追求股东财富最大化的过程中，需要平衡好公司治理、社会责任与股东利益之间的关系。股东利益最大化并不意味着可以任意忽略社会责任和社会效益。良好的公司治理，有利于协调股东、债权人、管理层之间的利益冲突，更好地发挥企业治理层合力的作用，帮助企业实现可持续增长。而企业家如果只是狭隘地把中心全部放在利润和股价上，而忽略对客户和员工需求的回应，或者对当地社区充满敌意，也对其造成的环境问题漠不关心，这些行为从长期来看一定会影响到企业的价值，最终会损害股东的利益。

（四）净增效益原则

财务决策建立在净增效益基础上，一项决策的价值取决于该决策与替代方案相比所增加的净收益。如果一个方案的净收益大于替代方案，我们就认为它是一个比替代方案更好的决策。在财务决策中，对项目优劣的评价是从现金流的角度出发，因此一个方案的净收益是指该方案现金流入减去现金流出的差额，即净现金流量。

在净增效益原则下我们在作决策时，从差量分析的角度出发，不需要把每个方案的总额计算出来，只需要计算两个方案净现金流量之间的差额。例如，在固定资产更新改造决策中，只需要对比新设备方案和旧设备方案在收入、成本、利润、税金等方面带来的现金流差额，而不用计算出新、旧方案的收入、成本、利润、付现成本、税金和现金流量总额等信息。

与财务会计的规则不同，我们在面向未来，作出各种财务和经营决策时考虑的成本与财务会计中的历史成本是不同的。例如，我们在作决策时，不需要考虑沉没成本，但要考虑机会成本。沉没成本是指无论选择何种方案，都已经发生的历史成本，沉没成本与决策无关。机会成本是指当你选择了最优方案而放弃的次优方案所能够带来的收益，从中可以看出，机会成本并非实际的现金支出，然而确实是跟我们的决策相关的，因此在作财务决策时需要考虑机会成本的影响。

（五）资本合理配置原则

可持续增长的企业需要基于货币的时间价值和项目的风险价值，在资产结构和资本结构方面做持续的审视和优化。

在优化资产结构方面，需要考虑：对外投资和对内投资的结构；非流动资产和流动资产的构成比例；有形资产和无形资产的比例；货币性资产和非货币性资产的构成比例；存货内部的构成比例，例如，原材料和产成品的比例；不同流动性资产的构成比例；等等。

在优化资本结构方面：合理地利用负债这一财务杠杆；在宏观环境不利的情况下，迅速地作出降低财务杠杆的应对；审视和优化负债与所有者权益之间的比例关系；考虑长期资本与短期资本之间的比例关系；考虑负债内部的期限结构以及债务的期限结构与资产的期限结构之间的匹配等。

第二章

货币时间价值

第一节 概述

一、货币时间价值的概念

货币时间价值,是指货币经历一定时间的投资和再投资所增加的价值。在商品经济中,有这样一种现象:现在的 1 元钱和 1 年后的 1 元钱其经济价值不相等,或者说其经济效用不同。现在的 1 元钱,比 1 年后的 1 元钱的经济价值要大一些,即使不存在通货膨胀也是如此,为什么会这样呢?例如,将现在的 1 元钱存入银行,1 年后可得到 1.10 元(假设存款利率为 10%)。这 1 元钱经过 1 年时间的投资增加了 0.10 元,这就是货币的时间价值。在实务中,人们习惯使用相对数字表示货币的时间价值,即用增加价值占投入货币的百分数来表示。例如,前述货币的时间价值为 10%。

货币投入生产经营过程后,其金额随时间的持续不断增长。这是一种客观的经济现象。企业资金循环的起点是投入货币资金,企业用它来购买所需的资源,然后生产出新的产品,产品出售时得到的货币量大于最初投入的货币量。资金的循环以及因此实现的货币增值,需要或多或少的时间,每完成一次循环,货币就增加一定金额,周转的次数越多,增值额也越大。因此,随着时间的延续,货币总量在循环中按几何级数增长,形成了货币的时间价值。

由于货币随时间的延续而增值,现在的 1 元钱与将来的 1 元多钱甚至是几元钱在经济上是等效的。换言之,就是现在的 1 元钱和将来的 1 元钱经济价值不相等。由于不同时间单位货币的价值不相等,所以,不同时间的货币不宜直接比较,需要把它们折算到同一个时点上,才能计算价值和进行比较。

理论上,货币的时间价值率是没有风险和没有通货膨胀下的社会平均利润率。货币的时间价值额是货币在生产经营过程中带来的真实增值额,即一定数额的货币与时间价值率的乘积。在实务中,通常以利率、报酬率等来替代货币的时间价值率。

二、复利终值和现值

复利是计算利息的一种方法。按照这种方法,每经过一个计息期,要将所生利息加入本金再计利息,逐期滚算,俗称"利滚利"。这里所说的计息期,是指相邻两次计息的时间间隔,如年、月、日等。除非特别指明,计息期为1年。与复利相对的是单利。单利是指只对本金计算利息,而不将以前计息期产生的利息累加到本金中去计算利息的一种计息方法,即利息不再生息。

(一) 复利终值

复利终值是指现在的特定资金按复利计算的将来一定时间的价值,或者说是现在的一定本金在将来一定时间按复利计算的本金与利息之和,简称本利和。

【例2-1】某人将10 000元投资于一项事业,年报酬率为6%,经过1年时间的期末余额为:

$$F = P + P \times i$$
$$= P \times (1 + i)$$
$$= 10\ 000 \times (1 + 6\%)$$
$$= 10\ 600\ (元)$$

其中:P——现值或初始值;i——报酬率或利率;F——终值或本利和。

若此人并不提走现金,将10 600元继续投资于该事业,则第二年本利和为:

$$F = [P \times (1 + i)] \times (1 + i)$$
$$= P \times (1 + i)^2$$
$$= 10\ 000 \times (1 + 6\%)^2$$
$$= 10\ 000 \times 1.1236$$
$$= 11\ 236\ (元)$$

第n年的期终金额为:

$$F = P\ (1 + i)^n$$

上式是计算复利终值的一般公式,其中的 $(1 + i)^n$ 被称为复利终值系数或1元的复利终值,用符号 $(F/P, i, n)$ 表示。例如,$(F/P, 6\%, 3)$ 表示利率为6%的3期复利终值的系数。为了便于计算,可编制"复利终值系数表"(见本书附表1)备用。该表的第一行是利率i,第一列是计息期n,相应的 $(1 + i)^n$ 值在其纵横相交处。通过该表可查出,$(F/P, 6\%, 3) = 1.191$。在时间价值为6%的情况下,现在的1元和3年后的1.191元在经济上是等效的,根据这个系数可以把现值换算成终值。

该表的作用不仅在于已知i和n时查找1元的复利终值,而且可在已知1元复利终值和n时查找i,或已知1元复利终值和i时查找n。

注:在 $(F/P, i, n)$ 中,"/"下是已知数,即P已知;"/"上是未知数,即F未知,在此是已知现值求终值,求什么就是什么系数,即复利终值系数。

(二) 复利现值

复利现值是复利终值的对称概念,是指未来一定时间的特定资金按复利计算的现在价值,或者说是为取得将来一定本利和现在所需要的本金。

复利现值计算,是指已知F、i、n时,求P。

通过复利终值计算已知:

$$F = P \cdot (1 + i)^n$$

所以:

$$P = \frac{F}{(1+i)^n} = F \cdot (1+i)^{-n}$$

上式中的 $(1+i)^{-n}$ 是把终值折算为现值的系数，称为复利现值系数，或称作 1 元的复利现值，用符号 $(P/F, i, n)$ 来表示。例如，$(P/F, 10\%, 5)$ 表示利率为 10% 时五期的复利现值系数。为了便于计算，可编制"复利现值系数表"（见本书附表 2）。该表的使用方法与"复利终值系数表"相同。

注：在 $(P/F, i, n)$ 中，"/"下是已知数，即 F 已知；"/"上是未知数，即 P 未知，在此是已知终值求现值，求什么就是什么系数，即复利现值系数。

三、年金终值和现值

年金是指等额、定期的系列收支。例如，分期付款赊购、分期偿还贷款、发放养老金、分期支付工程款、每年相同的销售收入等，都属于年金收付形式。按照收付时点和方式的不同可以将年金分为普通年金、预付年金、递延年金和永续年金四种。

（一）普通年金终值和现值

普通年金又称后付年金，是指各期期末收付的年金。普通年金的收付形式如图 2-1 所示。横线代表时间的延续，用数字标出各期的顺序号；竖线的位置表示收付的时刻，竖线下端数字表示收付的金额。

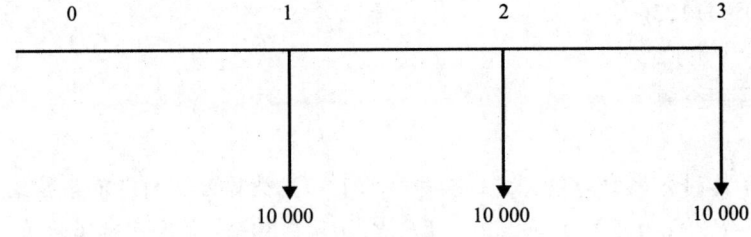

图 2-1 普通年金的收付形式

1. 普通年金终值

普通年金终值是指其最后一次收付时的本利和，它是每次收付的复利终值之和。例如，按图 2-1 的数据，当利率为 10% 时，其第三期末的普通年金终值可计算，如图 2-2 所示。

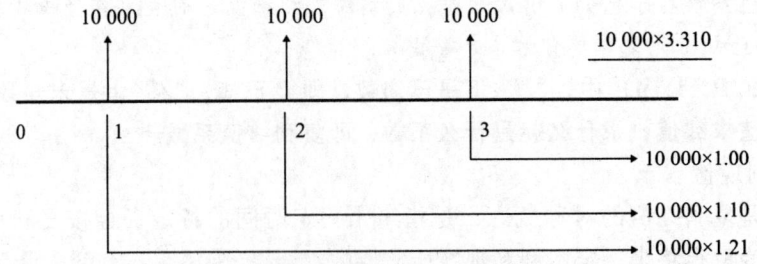

图 2-2 普通年金终值计算图

第一期末的 10 000 元，应赚得两期的利息，因此，到第三期末其值为 12 100 元；第二期末的 10 000 元，应赚得一期的利息，因此，到第三期末其值为 11 000 元；第三期末的 10 000 元，没有计息，其价值是 10 000 元。整个年金终值 33 100 元。

如果年金的期数很多，用上述方法计算终值显然相当烦琐。由于每年收付额相等，折算终值的系数又有规律，所以，可找出简便的计算方法。

设每年的收付金额为 A，利率为 i，期数为 n，则按复利计算的普通年金终值 F 为：

$$F = A + A(1+i) + A(1+i)^2 + \cdots + A(1+i)^{n-1}$$

等式两边同乘 $(1+i)$：

$$(1+i)F = A(1+i) + A(1+i)^2 + A(1+i)^3 + \cdots + A(1+i)^n$$

上述两式相减：

$$(1+i)F - F = A(1+i)^n - A$$

$$F = \frac{A(1+i)^n - A}{(1+i) - 1}$$

$$F = A \frac{(1+i)^n - 1}{i}$$

式中的 $\frac{(1+i)^n - 1}{i}$ 是普通年金为 1 元、利率为 i、经过 n 期的年金终值，记作 $(F/A, i, n)$，可据此编制"年金终值系数表"（见本书附表 3），以供查阅。

注：在 $(F/A, i, n)$ 中，"/"下是已知数，即 A 已知；"/"上是未知数，即 F 未知，在此是已知年金求终值，求什么就是什么系数，即年金终值系数。

2. 偿债基金

偿债基金是指为使年金终值达到既定金额每年末应收付的年金数额。

【例 2-2】拟在 5 年后还清 10 000 元债务，从现在起每年末等额存入银行一笔款项。假设银行存款利率 10%，每年需要存入多少元？

由于利息原因，不必每年存入 2 000（10 000÷5）元，只要存入较少的金额，5 年后本利和即可达到 10 000 元，可用以清偿债务。

根据普通年金终值计算公式：

$$F = A \cdot \frac{(1+i)^n - 1}{i}$$

可知：

$$A = F \cdot \frac{i}{(1+i)^n - 1}$$

式中 $\frac{i}{(1+i)^n - 1}$ 是普通年金终值系数的倒数，称为偿债基金系数，记作 $(A/F, i, n)$，可以把普通年金终值折算为每年需要收付的金额。偿债基金可以制成表格备查，亦可根据普通年金终值系数倒数确定。

将【例 2-2】有关数据代入上式：

$$A = 10\,000 \times \frac{1}{(F/A, 10\%, 5)}$$

$$= 10\,000 \times \frac{1}{6.105}$$

$$= 10\,000 \times 0.1638$$

$$= 1\,638 \text{（元）}$$

因此，在银行利率为 10% 时，每年存入 1 638 元，5 年后可得 10 000 元，用来还清债务。

有一种折旧方法，称为偿债基金法，其理论依据是"折旧的目的是保持简单再生产"，为在若干年后购置设备，并不需要每年提存设备原值与使用年限的算术平均数。由于利息不断增加，每年只需提存较少的数额即按偿债基金提取折旧，即可在使用期满时得到设备原值。偿债基金法的年折旧额，就是根据偿债基金系数乘以固定资产原值计算出来的。

注：在（A/F, i, n）中，"/"下是已知数，即 F 已知；"/"上是未知数，即 A 未知，在此是已知终值求年金，即偿债基金系数。但是附表中只有当 A 为已知数时才能查表，因此需要转换相应的形式，即"/"上下字母换个位置，整个等式变为倒数的形式，即（A/F, i, n）=1/(F/A, i, n)。

3. 普通年金现值

普通年金现值，是指为在每期期末收付相等金额的款项，现在需要投入或收取的金额。

【例 2-3】某人出国 3 年，请你代付房租，每年租金 100 元，设银行存款利率为 10%，他应当现在给你在银行存入多少钱？

这个问题可以表述为：请计算 $i = 10\%$，$n = 3$，$A = 100$ 元的年末付款的现在等效值是多少？

设年金现值为 P，则如图 2-3 所示。

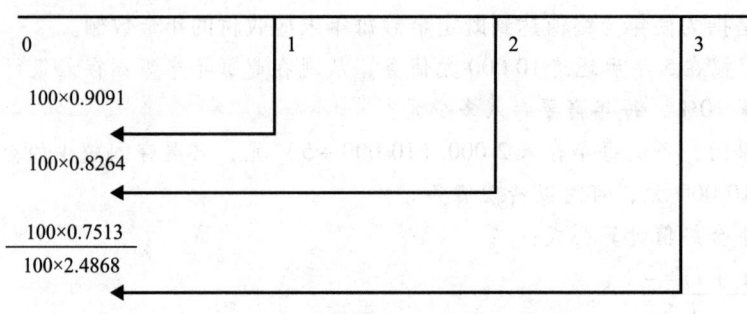

图 2-3 普通年金现值计算图

$P = 100 \times (1 + 10\%)^{-1} + 100 \times (1 + 10\%)^{-2} + 100 \times (1 + 10\%)^{-3}$

$= 100 \times 0.9091 + 100 \times 0.8264 + 100 \times 0.7513$

$= 100 \times (0.9091 + 0.8264 + 0.7513)$

$= 100 \times 2.4868$

$= 248.68$（元）

计算普通年金现值的一般公式如下：

$P = A(1 + i)^{-1} + A(1 + i)^{-2} + \cdots + A(1 + i)^{-n}$

等式两边同乘 $(1 + i)$：

$P(1 + i) = A + A(1 + i)^{-1} + \cdots + A(1 + i)^{-(n-1)}$

后式减前式：

$P(1 + i) - P = A - A(1 + i)^{-n}$

$P \times i = A[1 - (1 + i)^{-n}]$

$$P = A \cdot \frac{1-(1+i)^{-n}}{i}$$

式中的 $\frac{1-(1+i)^{-n}}{i}$ 是普通年金为1元，利率为 i、经过 n 期的年金现值，记作 $(P/A, i, n)$。可据此编制"年金现值系数表"（见本书附表4），以供查阅。

根据【例2-3】数据计算：$P = A \times (P/A, i, n) = 100 \times (P/A, 10\%, 3)$

查表：$(P/A, 10\%, 3) = 2.4869$

$P = 100 \times 2.4869 = 248.69$（元）

【例2-4】假设以10%的利率借款20 000元，投资于某个寿命为10年的项目，每年至少要收回多少现金才是有利的？

根据普通年金现值的计算公式可知：

$P = A \times (P/A, i, n)$

$\quad = A \times \frac{1-(1+i)^{-n}}{i}$

$A = P \times \frac{i}{1-(1+i)^{-n}}$

$\quad = 20\,000 \times \frac{10\%}{1-(1+10\%)^{-10}}$

$\quad = 20\,000 \times 0.1627$

$\quad = 3\,254$（元）

因此，每年至少要收回现金3 254元，才能还清贷款本利。

上述计算过程中的 $\frac{i}{1-(1+i)^{-n}}$ 是普通年金现值系数的倒数，它可以把普通年金现值折算为年金，称作投资回收系数。

注：在 $(A/P, i, n)$ 中，"/"下是已知数，即P已知；"/"上是未知数，即A未知，在此是已知现值求年金，即投资回收系数。但是附表中只有当A为已知数时才能查表，因此需要转换相应的形式，即"/"上下字母换个位置，整个等式变为倒数的形式，即：

$(A/P, i, n) = 1/(P/A, i, n)$。

（二）预付年金终值和现值

预付年金是指在每期期初收付的年金，又称即付年金或期初年金。预付年金的支付形式如图2-4所示。

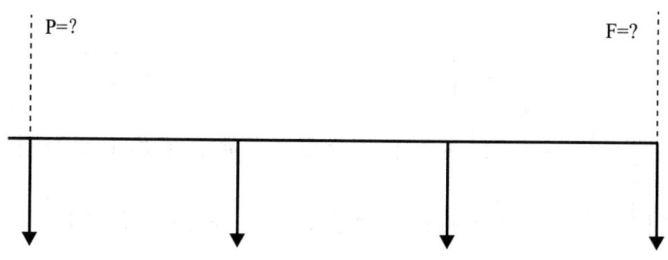

图2-4　预付年金终值和现值示意图

1. 预付年金终值

预付年金终值的计算公式为：

$$F = A(1+i) + A(1+i)^2 + \cdots + A(1+i)^n$$

式中各项为等比数列，首项 $A(1+i)$，公比为 $(1+i)$，根据等比数列的求和公式可知：

$$F = A \times \frac{(1+i) \times [1-(1+i)^n]}{1-(1+i)}$$

$$= A \times \frac{(1+i)-(1+i)^{n+1}}{-i}$$

$$= A \times \left[\frac{(1+i)^{n+1}-1}{i} - 1\right]$$

式中的 $\left[\frac{(1+i)^{n+1}-1}{i} - 1\right]$ 是预付年金终值系数，或称 1 元的预付年金终值。它和普通年金终值系数 $\left[\frac{(1+i)^n-1}{i}\right]$ 相比，期数加 1，而系数减 1，可记作 $[(F/A,i,n+1)-1]$，并可利用"年金终值系数表"查得 $(n+1)$ 期的值，减去 1 后得出 1 元预付年金终值。

【例 2 - 5】$A = 200$，$i = 8\%$，$n = 6$ 的预付年金终值是多少？

$$F = A \times [(F/A,i,n+1) - 1]$$

$$= 200 \times [(F/A,8\%,6+1) - 1]$$

查"年金终值系数表"：

$(F/A,8\%,7) = 8.9228$

$F = 200 \times (8.9228 - 1) = 1\,584.56(元)$

2. 预付年金现值

预付年金现值的计算公式为：

$$P = A + A(1+i)^{-1} + A(1+i)^{-2} + \cdots + A(1+i)^{-(n-1)}$$

式中各项为等比数列，首项是 A，公比是 $(1+i)^{-1}$，根据等比数列的求和公式可知：

$$P = \frac{A \cdot [1-(1+i)^{-n}]}{1-(1+i)^{-1}}$$

$$= A \times \frac{1-(1+i)^{-n}}{\frac{1+i}{1+i} - \frac{1}{1+i}}$$

$$= A \times \frac{[1-(1+i)^{-n}](1+i)}{i}$$

$$= A \times \left[\frac{1-(1+i)^{-(n-1)}}{i} + 1\right]$$

式中的 $\left[\frac{1-(1+i)^{-(n-1)}}{i} + 1\right]$ 是预付年金现值系数，或称 1 元的预付年金现值。它和普通年金现值系数 $\left[\frac{1-(1+i)^{-n}}{i}\right]$ 相比，期数要减 1，而系数要加 1，可记作 $[(P/A,i,n-1)+1]$。可利用"年金现值系数表"查得 $(n-1)$ 期的值，然后加 1，得出 1 元的预付年金现值。

【例2-6】6年分期付款购物,每年初付200元,设银行利率为10%,该项分期付款相当于一次现金支付的购价是多少?

$P = A \times [(P/A, i, n-1) + 1]$
$= 200 \times [(P/A, 10\%, 5) + 1]$
$= 200 \times (3.7908 + 1)$
$= 958.16$(元)

(三)递延年金

递延年金是指第一次收付发生在第二期或第二期以后的年金。递延年金的收付形式如图2-5所示。从图中可以看出,前三期没有发生收付。一般用m表示递延期数,本例的$m=3$,第一次收付在第四期期末,连续收付4次,即$n=4$。

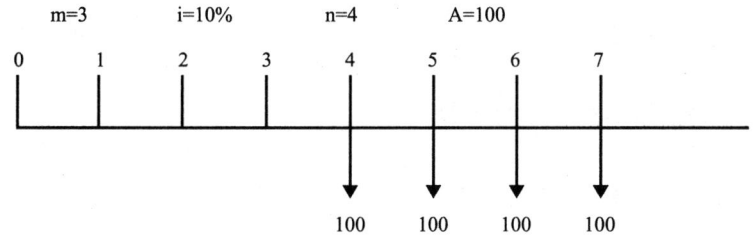

图2-5 递延年金的支付形式

递延年金终值的计算方法和普通年金终值类似:
当$m=3$,$i=10\%$,$n=4$时:
$F = A \cdot (F/A, i, n)$
$= 100 \times (F/A, 10\%, 4)$
$= 100 \times 4.641$
$= 464.1$(元)

递延年金的现值计算方法有两种:

第一种方法:是把递延年金视为n期普通年金,求出递延期末的现值,然后再将此现值调整到第一期期初(即图中2-5中0的位置)。

$P_3 = A \cdot (P/A, i, n)$
$= 100 \times (P/A, 10\%, 4)$
$= 100 \times 3.170$
$= 317$(元)
$P_0 = P_3 \times (1+i)^{-m}$
$= 317 \times (1+10\%)^{-3}$
$= 317 \times 0.7513$
$= 238.16$(元)

第二种计算方法,是假设递延期间也进行收付,先求出$(m+n)$的年金现值,然后,扣除实际并未收付的递延期间(以m表示递延期数)的年金现值,即可得出最终结果。

$P_{(m+n)} = 100 \times (P/A, i, m+n)$

$$= 100 \times (P/A, 10\%, 3+4)$$
$$= 100 \times 4.8684$$
$$= 486.84 \text{（元）}$$
$$P_{(m)} = 100 \times (P/A, i, m)$$
$$= 100 \times (P/A, 10\%, 3)$$
$$= 100 \times 2.4869$$
$$= 248.69 \text{（元）}$$
$$P_{(n)} = P_{(m+n)} - P_{(m)}$$
$$= 486.84 - 248.69$$
$$= 238.15 \text{（元）}$$

（四）永续年金

无限期定额支付的年金，称为永续年金。现实中的存本取息，可视为永续年金的一个例子。

永续年金没有终止的时间，也就没有终值。永续年金的现值可以通过普通年金现值的计算公式导出：

$$P = A \cdot \frac{1-(1+i)^{-n}}{i}$$

当 $n \to \infty$ 时，$(1+i)^{-n}$ 的极限为零，故上式可写成：

$$P = A \cdot \frac{1}{i}$$

【例 2-7】如果 1 股优先股，每季分得股息 2 元，而利率是每年 6%。对于一个准备买这种股票的人来说，他愿意出多少钱来购买此优先股？

$$P = \frac{2}{1.5\%} = 133.33 \text{（元）}$$

假定上述优先股息是每年 2 元，而利率是每年 6%，该优先股的价值是：

$$P = 2 \div 6\% = 33.33 \text{（元）}$$

总结：

根据收付的开始时间以及 n 是否为有限数来判断是什么年金？

①在第一期期初开始收付，n 为有限数，是预付年金，也称为先付年金；
②在第一期期末开始收付，n 为有限数，是普通年金，也称为后付年金；
③在第二期或第二期以后期末开始收付，n 为有限数，是递延年金；
④n 为无限数，是永续年金。

具体如图 2-6 所示：

普通年金：从第一期开始每期期末收款、付款的年金。

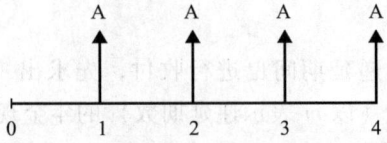

预付年金：从第一期开始每期期初收款、付款的年金。

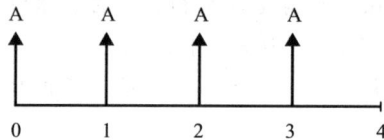

递延年金：在第二期或第二期以后收付的年金。

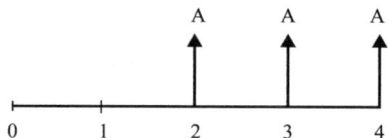

永续年金：无期限的普通年金。

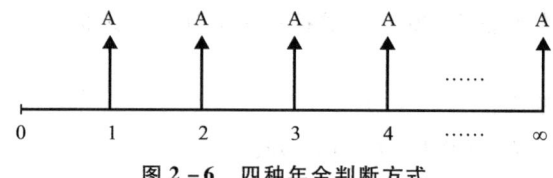

图 2-6　四种年金判断方式

第二节　相关计算

第一节介绍的都是货币时间价值计算中的基本原理，现对货币时间价值计算中的类型加以说明和总结。

一、已知 i、n，求 A、P 或 F 当中的任意一个

基本步骤：

第一步，先判断是复利还是年金？如果是年金，判断年金的类型？

第二步，将题目中的已知和未知条件换成相应的符号。

第三步，运用两个一致性的原则，写出最终的等式。

注：两个一致性原则：

以 $(P/F, i, n)$ 为例："/"下的是已知数，即 F 为已知数；"/"上的是未知数，即 P 为未知数，因此，P/F 表示已知 F 求 P；

在等式 $P = F \times (P/F, i, n)$ 中，等号右边第一个 F 也是表示已知，等号左边的 P 表示未知，因此也是已知 F 求 P。

在列等式时，一定要注意：等式右边第一个字母和"/"下的字母要保持一致，都代表已知；等式左边的字母和"/"上的字母要保持一致，都代表未知；这两个一定要保持一致。

【例 2-8】 某人出国 3 年，请你代付房租，每年租金 100 元，设银行存款利率为 10%，

他应当现在给你在银行存入多少钱?

第一步,先判断是年金;因为没有出现期初、预付、永续等可以认为是普通年金;

第二步,已知 $n=3$,$A=100$,$i=10\%$,求 $P=?$

第三步,已知 A 求 P,根据两个一致性原则,写出等式 $P=A\times(P/A,i,n)$,代入具体数值计算相应的结果。

具体如下:

$P = A \times (P/A,i,n)$
  $= 100 \times (P/A,10\%,3)$
  $= 100 \times 2.4869$
  $= 248.69$(元)

二、求 i 或 n 当中的任意一项——采用内插法

【例 2-9】王某现有现金 7 000 元,现投资一项目,预计 5 年后可得到 14 000 元,求该项目利率应为多少?

第一步,先判断是复利;

第二步,已知 $n=5$,$P=7\,000$,$F=14\,000$;

第三步,此题目既可以是已知 P 求 F,也可以是已知 F 求 P;因此,先假设是已知 P 求 F。根据两个一致性原则,写出等式 $F=P\times(F/P,i,n)$,代入具体数值计算相应的结果。

具体如下:

$F = P \times (F/P,i,n)$

$14\,000 = 7\,000 \times (F/P,i,5)$

那么,$(F/P,i,5) = 2$

查"复利终值系数表",当 $n=5$,复利终值系数 $=2$ 时,没有找到对应的 i 值。但是,在 $n=5$ 行中找到与 2 最为接近的两个值 1.9254 和 2.0114,其对应的 i 分别为 14% 和 15%,即:

$(F/P,14\%,5) = 1.9254$

$(F/P,i,5) = 2$

$(F/P,15\%,5) = 2.0114$

具体计算过程如图 2-7 所示:

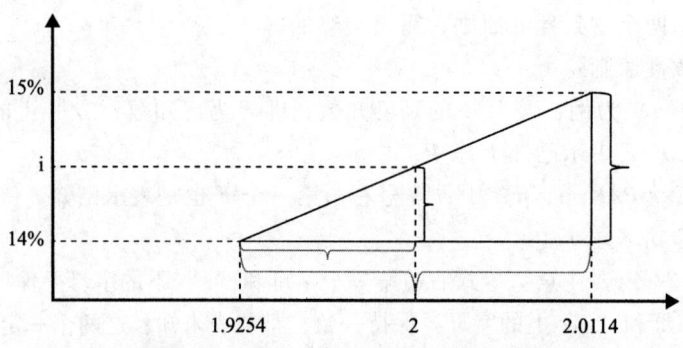

图 2-7 内插法——相似三角形演示图

利用相似三角形原理：

$(i - 14\%)/(15\% - 14\%) = (2 - 1.9254)/(2.0114 - 1.9254)$

利用以上等式可以求出 i，以上的计算方法就称为内插法。

注意：内插法有以下特点：i 对应的数字是 2，14% 对应的数字是 1.9254，15% 对应的数字是 2.0114。那就意味着只要等式左边的数值确定了，等式右边的数值采用对应的值即可。可以按照这个原理，写出以下几个等式。

$(i - 14\%)/(15\% - i) = (2 - 1.9254)/(2.0114 - 2)$

或者 $(15\% - 14\%)/(14\% - i) = (2.0114 - 1.9254)/(1.9254 - 2)$

通过计算发现，每一个等式的结果都是一样的，都是 14.87%。

因此，当计算需采用内插法时，并不需要每次都画出相似三角形，而只需确定好等式的左边，即可以根据对应的原理确定等式的右边。另外，需要强调的是，等式左右两边的数值可以颠倒位置，并不影响计算的结果。

不过，为了简化起见，通常都是把 i 放到等式左边分子的被减数位置，并且 i 只出现一次。采用 $P = F \times (P/F, i, n)$ 的方式计算，最终结果也是一致的。

使用内插法需注意的是，一般要选择最为接近目标值的两个数值，此时计算出来的结果才是最为精确的。内插法的使用非常普遍，当现实中没有办法精确计算出目标值，但是可以找到距离目标值最为接近的两个数值时，都可以使用内插法。

三、已知报价利率，求终值

银行等金融机构在为利息报价时，通常会提供一个年利率，并且同时提供每年的复利次数，此时金融机构提供的年利率被称为报价利率，有时也被称为名义利率。在提供报价利率时，必须同时提供每年的复利次数或计息期的天数，否则是不完整的。当一年内复利的次数不止一次时，给出的年利率，就称为报价利率。

计息期利率是指借款人对每一元本金每期支付的利息，它可以是年利率，也可以是半年利率、季度利率、每月或每日利率。计息期利率等于报价利率除以每年复利的次数，即计息期利率 = 报价利率 / 年内复利次数 = r/m。

【例 2 - 10】 本金 1 000 元，投资 5 年，年利率是 8%，按季度付息，则 5 年后一共可以拿到多少钱？

题目中按照季度付息，意味着一年复利 4 次，此时给出的年利率 8% 就是报价利率，计息期利率是 8%/4 = 2%。

如何计算终值？此时有两种方法：

方法一：划到最小计息期；

方法二：先求出有效年利率，再求出终值。

先看方法一，划到最小计息期。具体如图 2 - 8 所示。

图 2 - 8 显示这是一个时间轴，共 5 年。那么最小计息期就是以季度为单位，每个季度对应的 i 就是计息期利率，即 8%/4 = 2%，因此相对应的期数 $n = 4 \times 5 = 20$，可以写出以下等式：

$F = P \times (F/P, i, n) = 1\ 000 \times (F/P, 2\%, 20) = 1\ 000 \times 1.4859 = 1\ 485.9$（元）。

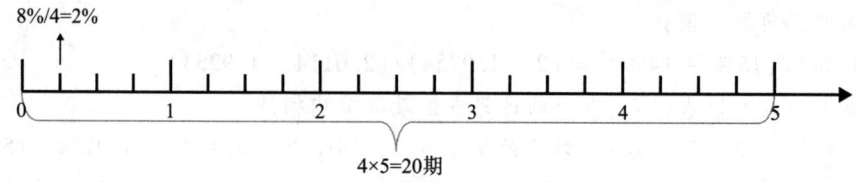

图 2-8 最小计息期演示图

采用方法二计算,即根据有效年利率和报价利率的公式换算后先求出有效年利率,再算出终值。

什么是有效年利率?在按照给定的计息期利率和每年复利次数计算利息时,能够产生相同结果的每年复利一次的年利率被称为有效年利率,或者称等价年利率。

根据【例 2-10】的资料,我们可以写出如下等式:

$F = P \times (F/P,i,n) = 1\,000 \times (F/P,2\%,20) = 1\,000 \times (F/P,i,5)$

此时这个 i 就是有效年利率,也就是这两种情况能产生相同的结果。

根据有效年利率和报价利率之间的换算公式:

有效年利率$(i) = (1 + r/m)^m - 1$

针对以上题目,有效年利率$(i) = (1 + 8\%/4)^4 - 1 = 8.24\%$

可以写出以下等式:

$F = P \times (F/P,i,n) = 1\,000 \times (F/P,8.24\%,5)$

可以发现这个等式无法查表,找不到 i 为 8.24% 这个值。因此建议采用方法一计算。

四、不等额现金流量现值的计算

前面讲的年金每次收入或付出的款项都是相等的,但在财务管理实践中,更多的情况是每次收入或付出的款项并不相等,而且经常需要计算这些不等额现金流入量或流出量的现值之和。

假设:$A0$ 代表第 0 年年末的付款;

$A1$ 代表第 1 年年末的付款;

$A2$ 代表第 2 年年末的付款;

⋮

An 代表第 n 年年末的付款。

则其现值计算公式可用图 2-9 加以说明。

由图 2-9 可知:

$$PV_0 = A_0 \frac{1}{(1+i)^0} + A_1 \frac{1}{(1+i)^1} + A_2 \frac{1}{(1+i)^2} + \cdots + A_{n-1} \frac{1}{(1+i)^{n-1}} + A_n \frac{1}{(1+i)^n}$$

$$= \sum_{t=0}^{n} A_t \frac{1}{(1+i)^t}$$

【例 2-11】某人每年年末都将节省下来的工资存入银行,其存款额如表 2-1 所示,折现率为 5%,求这笔不等额存款的现值。

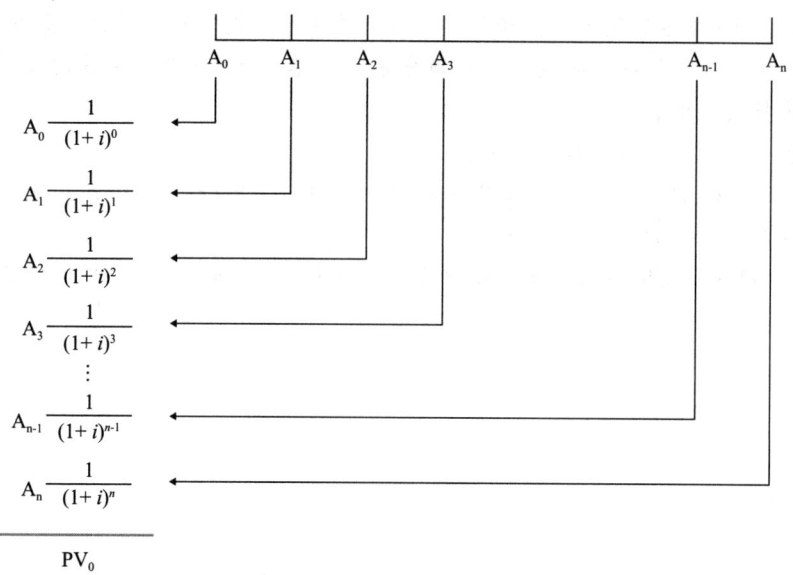

图 2-9 不等额现金流量现值计算示意图

表 2-1　　　　　　　　　　某不等额存款明细　　　　　　　　　　单位：元

项目	第0年	第1年	第2年	第3年	第4年
现金流量	1 000	2 000	100	3 000	4 000

$$PV_0 = A_0 \frac{1}{(1+i)^0} + A_1 \frac{1}{(1+i)^1} + A_2 \frac{1}{(1+i)^2} + A_3 \frac{1}{(1+i)^3} + A_4 \frac{1}{(1+i)^4}$$

$= 1\,000 + 2\,000 \times (P/F, 5\%, 1) + 100 \times (P/F, 5\%, 2) + 3\,000 \times (P/F, 5\%, 3) + 4\,000 \times (P/F, 5\%, 4)$

$= 1\,000 + 2\,000 \times 0.9524 + 100 \times 0.9070 + 3\,000 \times 0.8638 + 4\,000 \times 0.8227$

$= 8\,877.7（元）$

五、年金和不等额现金流量混合情况下的现值

在年金和不等额现金流量混合的情况下，不能用年金计算的部分采用复利公式计算，然后与用年金计算的部分加总，便可得出其现值。

【例 2-12】某公司投资一个新项目，新项目投产后每年获得的现金流入量如表 2-2 所示，折现率为 9%，求这一系列现金流入量的现值。

表 2-2　　　　　　　　　　项目现金流量表　　　　　　　　　　　单位：元

年次（t）	现金流量	年次（t）	现金流量
1	1 000	6	2 000
2	1 000	7	2 000
3	1 000	8	2 000
4	1 000	9	2 000
5	2 000	10	3 000

本题中，第1~4年的现金流量相等，可以看作求4年期的年金现值，第5~9年的现金流量也相等，也可以看作一种年金，但必须先求出这笔第5~9年年金的现值系数，然后再求这笔现金流量的现值。

因此，现金流量的现值可计算如下：

$PV_0 = 1\,000 \times (P/A,9\%,4) + 2\,000 \times (P/A,9\%,5) \times (P/F,9\%,4)$
$\qquad + 3\,000 \times (P/F,9\%,10)$
$\qquad = 1\,000 \times 3.2397 + 2\,000 \times 3.8897 \times 0.7084 + 3\,000 \times 0.4224 = 10\,017.83（元）$

第三章

项目的风险价值

上一章我们学习了货币的时间价值。这一章我们学习项目的风险价值,除了时间,如果投资者承担了额外的风险,必然要求更高的收益率。我们这一章的中心思想可以概括为两句话:萝卜青菜各有所爱;高风险高收益。通过本章的学习,你会发现,折现率不仅与货币的时间价值相关,也与特定项目的风险相关。

第一节 风险与决策

一、风险的含义

风险即不确定性。我们并没有把风险定义为发生损失的可能性。因为我们认为风险是一个中性词。风险既可以表示为出现损失的可能性,也就是危险和负面效应;也可以表现为获得利益的可能性,也就是机会和正面效应。

由于风险具有危险与机会并存的特点,不同的投资者表现出对风险不同的偏好,可以分为:风险偏好型投资者、风险厌恶型投资者和漠视风险型投资者。不同的投资者对风险的不同偏好,意味着同样的一个项目,对一部分投资者是可行的,而对另外一部分投资者也许就是不可行的。也就是说,由于投资者有不同的风险偏好,所以他们在对项目进行现值折现以评估项目的可行性时,会采用不同的折现率。

在投资组合理论出现之后,人们认识到投资多样化可以降低风险。当增加投资组合中资产的种类时,组合的风险将不断降低,而收益仍然是个别资产的加权平均值。在充分组合的情况下,单个资产的风险对于决策是没有用的,投资者关注的只是投资组合的风险。因此,在投资组合理论出现以后,风险是指投资组合的系统风险,既不是指单个资产的风险,也不是指投资组合的全部风险。

在资本资产定价理论出现以后,单项资产的系统风险计量问题得到解决。如果投资者选择一项资产并把它加入已有的投资组合中,那么该资产的风险完全取决于它如何影响投资组合收益的波动性。因此,一项资产最佳的风险度量,是一项资产对投资组合风险的贡献程度。衡量该风险的指标被称为贝塔系数。

二、基于风险程度分类的财务决策

（一）确定型决策

确定型决策也称为标准决策或结构化决策，是最基本的决策问题。确定型决策的场景是，有两个及以上的备选方案，明确地知道每种方案对应的结果，因此相对而言确定型决策是比较简单的。例如，在贷款融资决策中，企业可以向三家银行贷款，贷款利率分别为5%，6%和7%。那么应该向哪家银行融资呢？这就是一个确定型决策。企业的日常生产经营活动中，很多是确定型决策，例如，企业稳定经营状态下的库存订货决策、生产批量决策等。

确定型决策看起来比较简单，然而在实际决策中并非如此。因为我们面临的备选方案太多，从中选出最优方案并非易事。例如，企业考虑如何为管理层和员工发放月工资和年终奖金，可以达到更好的合理节税的效果时，如果我们直接列举月工资和年终奖金的组合，可以列出很多种组合方式，通过列举的方式确定最低总税负的方案并不容易，这时可以用到线性规划辅助决策。

确定型决策，约束条件和目标函数明确，是可以直接用数学模型表示的，能够建立起确定的一元函数，综合运用线性规划等方法求出最优解。

（二）风险型决策

风险型决策也称"随机决策"或"概率决策"。在这种决策中，已知每种备选方案对应的结果有多种，决策者不知道选择一种方案，未来会产生何种结果，幸运的是，知道每种结果发生的概率。在风险型决策中，我们可以看出，"风险"这个词，意味着估计出了各种结果出现的概率。这样的决策是依据概率作出的，因此无论选择哪个方案，都是要承担风险的。风险型决策中的概率，往往来自过去经验、二手资料的归纳总结、管理者的主观判断的结合测算。

（三）不确定型决策

不确定型决策，意味着不知道备选方案将会带来什么样的结果，或者知道会产生哪些结果，但是无法确定每种结果发生的概率。不确定型决策的主要方法有：等可能性法、保守法、冒险法、乐观系数法和最小最大后悔值法。在日常生活和经济活动中，我们面临着无数的不确定型决策，不过，我们总是希望通过收集更多的信息，来把不确定型决策转化为风险型决策，进而作出确定性决策。

（四）博弈

博弈决策理论（Game Decision Theory）即"对策论"。博弈决策是指在相互具有竞争和对抗的体系中，考虑到其他参与人的选择之后，你要做出什么样的选择，来确保自己获得最有利的结果。比较简单的博弈决策的例子是田忌赛马（《史记·孙子吴起列传》）。

齐使者如梁，孙膑以刑徒阴见，说齐使。齐使以为奇，窃载与之齐。齐将田忌善而客待之。忌数与齐诸公子驰逐重射。孙子见其马足不甚相远，马有上、中、下、辈。于是孙子谓田忌曰："君弟重射，臣能令君胜。"田忌信然之，与王及诸公子逐射千金。及临质，孙子曰："今以君之下驷与彼上驷，取君上驷与彼中驷，取君中驷与彼下驷。"既驰三辈毕，而田忌一不胜而再胜，卒得王千金。于是忌进孙子于威王。威王问兵法，遂以为师。

三、风险的基本分类

（一）按照风险能否规避，分为系统风险和非系统风险

这是企业和个人投资理财中最重要的一种风险分类，按照投资项目风险的可分散程度，分为可分散风险和不可分散风险，这也是投资组合理论的内容之一。

1. 非系统风险

非系统风险是指发生于个别公司的特有事件造成的风险。例如，一家公司的工人罢工、新产品开发失败、失去重要的销售合同、诉讼失败，或者宣告发现新矿藏、取得一个重要合同等。这类事件是非预期的、随机发生的，它只影响一个或少数公司，不会对整个市场产生太大影响。这种风险可以通过多样化投资来分散，即发生于一家公司的不利事件可以被其他公司的有利事件所抵消，因此非系统风险也称为可分散风险、公司特有风险。投资理财活动中，我们可以通过持有多种股票的方式来分散一部分非系统风险；一个充分的投资组合几乎没有非系统风险。假设投资人都是理智的，都选择充分投资组合，非系统风险将与资本市场无关。当然实际上，你的投资组合在分散非系统风险的同时，也把超额收益分散掉了。市场不会对你的充分投资组合给予任何价格补偿。所以，是不是所有的投资者都适合进行分散化投资呢？一般来讲，我们认为资金量比较大的投资者需要在多种类型的资产中进行全球化、多样化的配置与布局，因其资金量足够大，只需要获取稳定的低收益率就已经非常可观了。而对于资金量本来就很小的个人投资者而言，分散投资也许是没有意义的，更加有意义的也许是集中研究、集中投资，在专业化的方向上努力，当然，也可以从节约时间成本出发，直接投资基金。

2. 系统风险

系统风险也称为不可分散风险、市场风险，是指那些影响所有公司的因素引起的风险。例如，战争、经济衰退、通货膨胀、高利率等非预期的变动。系统风险所影响的资产非常多，虽然影响程度的大小有区别。例如，各种股票处于同一经济系统之中，它们的价格变动有趋同性，多数股票的报酬率在一定程度上正相关。经济繁荣时，多数股票的价格都上涨；经济衰退时，多数股票的价格都下跌。尽管各股票涨跌的幅度有区别，但是多数股票的变动方向是一致的。由于系统风险是影响整个资本市场的风险，所以也称为"市场风险"。由于系统风险不能采取有效的方法消除，所以也称为"不可分散风险"。系统风险是无法通过选股来规避的，但是却可以通过控制买卖时机来降低。

例如，我们看到，从 2007 年 10 月 16 日，A 股在达到最高点 6124 点之后一路下跌，如果你在 2007 年投资股票，也许到现在还没有解套。当然我们也看到，2014—2015 年有一次相当好的投资机会，这段时间，很多富有经验的投资者如果能够果断地在 2015 年撤出，会有相当可观的投资收益。在某些特定的时期，我们可以看到由于国家特定时期的货币政策、财政政策带来的系统性投资机会；在这个时期，虽然股票市场不算特别好，但是房地产市场却存在长期的系统性投资机会。因此，我们可以看到在投资活动中择时的重要性。

关于非系统风险和系统风险，我们还要了解：非系统风险可以通过选股或投资组合来规避；系统风险无法通过选股和投资组合规避，却可以通过择时来规避。

在金融市场要赚取额外收益，其投资策略分为阿尔法（α）和贝塔（β）。α 是和整个市场变动无关的、与非系统风险对应的主动型投资策略，是依靠精选行业和个股获得超越大盘的收益。阿尔法策略一般运用在市场效率相对较弱的市场上,如新兴股票市场、创业板市场等。β是与系统风险相对应的投资策略,称为择时的贝塔策略,它是指市场风险产生的收益,如大盘涨、个股普涨。只要跟着市场走就能获得收益,当然跌也要承担亏损。个股的贝塔系数代表个股的系统风险,它描述了个股对整个市场的敏感程度。例如,某一只股票的贝塔系数等于2,意味着当大盘上涨10%的时候,它会上涨20%;当大盘下跌10%的时候,它会下跌20%。

(二) 按照风险发生的原因,分为经营风险和财务风险

1. 经营风险

经营风险是由于内部自身经营情况的不确定性或外部环境的不确定性带来的企业的销售量、销售价格以及产品成本、费用等的不确定性,这些不确定性最终会导致息税前利润的变化。影响企业经营风险的因素包括产品销量、销售价格、产品成本、议价能力、固定经营成本的比重等。在这些因素中,固定经营成本在成本结构中的比重起到了放大器的作用,也称为经营杠杆。经营杠杆放大了其他不确定性带来的波动,经营杠杆效应的大小是由公司的成本结构决定的。

2. 财务风险

财务风险是指企业由于负债而带来的丧失偿债能力的风险。财务风险一方面损害了债权人利益,另一方面影响到了股东的财富。当企业经营情况不理想,即息税前利润不理想的情况下,负债带来的偿付利息和本金的负担,增加了企业债务违约的风险。当企业的资本结构中,负债比率较低时,财务风险就小。在影响财务风险的因素中,债务利息或优先股股息这类固定融资成本是基本因素。固定融资成本是引发财务杠杆效应的根源。

(三) 与投资理财相关的其他风险

与投资理财活动相关的其他风险包括利率风险、再投资风险、汇率风险、购买力风险、流动性风险和违约风险。

1. 利率风险

利率会随着货币市场供求关系以及政府的调控干预而变化。不只是理财市场,企业的经营状况、全球经济都会受到诸如美联储是否加息、是否开始实施负利率等因素的影响。前瞻性地为影响利率的因素做好准备,无论是对于个人投资、企业经营、机构投资,还是国家政策都是非常重要的。例如,有的企业在2014年举借大量美元债务用于投资扩张,结果美联储2015年年末开始进入加息周期,这时全球经济都会陷入收缩,企业生产的产品销量受到影响,利润减少,同时由于美元加息产生的利息负担增加,甚至叠加美元的升值本币的贬值,这时企业的财务负担就十分沉重,资金链断裂的风险就会比较大。

2. 再投资风险

如果投资者只购买了短期债券,而没有购买长期债券,就会有再投资风险。再投资风险其实还是一个利率风险问题。例如,长期债券利率为14%,短期债券利率为13%,投资者为了保持投资的灵活性,购买了短期债券。但在短期债券到期收回现金时,可能利率已经降低到10%,就不容易找到高于10%的投资机会,还不如当初投资于长期债券,仍可以获得14%的收益。所以保险公司会经常用再投资风险来说服顾客及时购买长期寿险,以在一定程度上锁定投资回报率,降低再投资风险。其实,再投资风险一点都不神秘,它就是我们日常生活中经常提到的,过了这个村没有这个店、苏州过后无艇搭、我们应该及时抓住历史机遇

的意思。

3. 汇率风险

汇率风险又称外汇风险或外汇暴露,是指一定时期的国际经济交易当中,以外币计价的资产(或债权)与负债(或债务),由于汇率的波动而引起其价值涨跌的可能性。例如,当美元贬值的时候,您持有的美元资产其价值就会下降。因此,当我们预期到未来美元会贬值时,就应该及时地将美元兑换为黄金、日元、瑞士法郎等避险资产,或者兑换为人民币资产,例如,以人民币计价的股票投资。

4. 购买力风险

购买力风险是考虑到在通货膨胀情况下,同样的币值,能买到的东西变少了,也就是说,货币贬值了,我们的资产回报率未能覆盖真实通货膨胀率。我们在做投资的时候,其目标之一就是要寻找能够长期对抗通货膨胀的核心资产。这种核心资产,例如,过去 20 年你购买的房子,近 10 年你持有的茅台股票。那么,未来你还能够通过投资房产和茅台股票跑赢通货膨胀吗?

5. 流动性风险

流动性风险是指因市场成交量不足或缺乏愿意交易的对手,导致未能在理想的时点完成买卖的风险。流动性风险表现为未能及时变现的风险,例如,房子太多,未能在短时间内及时以合适价格卖掉;企业主把企业的股权质押给银行获得短期贷款,但是投向了生产经营周期较长的项目,进行短贷长投,一旦宏观经济出现问题或者银根紧缩,或者股市大跌,极有可能导致企业主不能在短时间及时补充保证金,自己辛辛苦苦几十年创立的企业在短时间内失去控制权。因此,在投资理财活动中,选择投资的品种和方向,提前预判其流动性风险是非常重要的风险控制措施。

6. 违约风险

投资渠道有很多,无论是保险、信托,还是银行理财产品、银行大额存单以及结构性存款、基金等,投资者都需要提前对有关违约风险做充分的了解。

第二节 单项投资的风险与报酬

从前文我们了解到,风险就是预期结果的不确定性,即结果的波动性。那么风险如何度量呢?通常我们用波动性来衡量风险,在统计学上,我们用标准差或离散系数来度量波动性或者风险。

一、概率

在经济活动中,某一事件在相同的条件下可能发生也可能不发生,这类事件称为随机事件。概率是用来表示随机事件发生可能性大小的数值。一般随机事件的概率是介于 0~1 之间的一个数,概率越大,表示该事件发生的可能性越大。

【例 3-1】某高管人员的年终奖金取决于公司当年的效益。假设公司今年的效益情况有三种:非常好、跟去年一样、非常差,有关的概率分布和期望的年终奖金额如表 3-1 所示。

表 3-1　　　　　　　　　　公司效益与年终奖金

公司今年的效益	发生概率	期望的年终奖金额
非常好	30%	20 万元
跟去年一样	40%	10 万元
非常差	30%	4 万元

今年的年终奖到底是发 4 万元，10 万元，还是 20 万元，取决于公司的经济效益，有 30% 的可能性公司效益非常好，所以年终奖有 20 万元，有 40% 的可能性公司效益与去年一样，年终奖有 10 万元，当然公司也有 30% 的可能性效益是非常差的，只能得到 4 万元的年终奖。

二、预期值

随机变量的各个取值，以相应的概率为权数计算出的加权平均数，叫作随机变量的预期值（数学期望或均值），它反映随机变量取值的平均化。

$$预期值(\bar{K}) = \sum_{i=1}^{N} (P_i \cdot K_i) \tag{3-1}$$

式中：P_i——第 i 种结果出现的概率；

K_i——第 i 种结果的报酬率；

N——所有可能结果的数目。

【例 3-1】中，期望年终奖的三种结果及其对应的概率已知，我们可以计算出年终奖的预期值。预期值就是各种奖金额度的加权平均，概率就是权数，我们可以很容易地计算出来，年终奖的期望值为 11.2 万元。

预期年终奖 = 各种奖金额度的加权平均（以概率作为权数）

$$= 0.3 \times 20 + 0.4 \times 10 + 0.3 \times 4 = 11.2（万元）$$

两个期望报酬率相同的项目，其概率分布可能不同，也就是两个项目报酬率的波动是不同的。为了定量地衡量风险大小，还要使用统计学中衡量概率分布离散程度的指标。

三、离散程度

1. 标准差

表示随机变量离散程度的量数，最常用的是标准差。标准差是方差的平方根：

$$总体标准差 = \sqrt{\frac{\sum_{i=1}^{n}(K_i - \bar{K})^2}{N}} \tag{3-2}$$

$$样本标准差 = \sqrt{\frac{\sum_{i=1}^{n}(K_i - \bar{K})^2}{n-1}} \tag{3-3}$$

标准差是各种可能的报酬率偏离期望报酬率的综合差异，是反映离散程度的一种量度。它可以理解为实际报酬率偏离期望报酬率的距离，标准差越大，说明各个实际的数据点偏离期望值越远，因而波动越大，风险越大。

2. 离散系数

我们注意到，标准差的大小也会受到期望值本身大小的影响，例如，一个期望收益率为30%的项目，得到一个1%的标准差，也许波动并不大；但是如果是一个期望收益率为2%的项目，也得到一个1%的标准差，那么这个波动就比较大，一定要引起重视了。也就是说，我们在用标准差度量波动性也就是风险的时候，也要消除规模的影响，也就是用标准差除以期望值，即离散系数来表达风险程度。离散系数也叫变异系数，表达的是为了获得一个单位的期望收益率，你承担了多大的风险。一般来说，离散系数越大，项目的风险越大，获得一个单位的期望收益率，承担的波动越大。

那么，我们可不可以直接用离散系数来决定选择哪个投资项目呢？

【例3-2】有三种基金：

A基金，两年期期望收益率100%，标准差为50%；

B基金，两年期期望收益率12%，标准差为4%；

C基金，两年期期望收益率4%，标准差0.0001%。

计算这三种基金的离散系数，可以得到：

A基金的离散系数是1/2；

B基金的离散系数是1/3；

C基金的波动最小，离散系数接近于0，也就是对于C基金，你可以几乎零风险得到4%的期望收益率。

如果你的评价标准是离散系数，我们是不是肯定地应该选择C基金呢？因为C基金在获得单位收益率的时候，承担的波动是最小的。

然而，事实是否如此呢？那些年轻的偏好风险的投资者，可能更加喜欢A基金，即使它看起来离散系数是最大的。因为对于风险偏好的投资者，为了有机会获得100%的收益率，很可能愿意承担50%的波动。而对于一个有大量资金的富人或者退休人员，他们大多数更加愿意选择B基金或者C基金，因为它们更能规避风险，他们理财的目标是获得相对稳定的适度收益率。

通过这个例子，我们可以看到投资是一个非常个性化的决策，一个对其他人合适的投资项目，不一定符合你的理财目标。我们也无法通过一个单一的定量指标，告诉你哪个项目是最佳的，因为这里面有很多非定量的因素在左右着你的决策，例如，你的风险偏好、你的财务弹性也就是资金的充足程度、你的性格、你的心理承受能力等。可以总结为一句：萝卜青菜各有所爱。

第三节 投资组合的风险与报酬

将不同的项目（投资）放进一个组合的原因是，在保持预期收益为加权平均数的情况下，降低了投资组合的风险。证券投资组合的理论同样适用于其他资产的组合，在本节的多处表述中，我们直接使用"证券组合""投资组合"这样的词语。

一、分散化投资后的组合期望报酬率和标准差

（一）证券组合的期望报酬率

两种或两种以上证券的组合，其期望报酬率可以表示为：

$$r_p = \sum_{j=1}^{m} r_j A_j \tag{3-4}$$

其中：r_j 是第 j 种证券的期望报酬率；A_j 是第 j 种证券在全部投资额中的比重；m 是组合中的证券种类总数。可以看到，投资组合的期望报酬率就是各个证券的加权平均数，权数为金额比重。

（二）证券组合的标准差

不同于组合的期望报酬率，证券组合的标准差并不是单个证券标准差的简单加权平均。因为证券组合的风险不仅取决于组合内的各证券的风险，还取决于各个证券之间的关系。也就是说，证券组合的标准差不仅取决于组合内各个证券的标准差，还取决于各个证券两两组合之间的协方差。

【例 3-3】假设投资 200 万元，A 和 B 各投资 100 万元。

表 3-2 中，假设 A 和 B 标准差相等且完全负相关，即一个变量的增加值永远等于另一个变量的减少值，即组合的风险被全部抵消。

表 3-3 中，假设 A 和 B 标准差相等且完全正相关，即一个变量的增加值永远等于另一个变量的增加值，即组合的风险不减少也不扩大，保持不变。更加普遍地，完全正相关的两个股票的组合，其组合标准差是各自标准差的加权平均，以金额比重作为权数。

表 3-2　　　　完全负相关的证券组合：组合标准差为 0　　　　金额单位：万元

方案 年度	A 收益	A 报酬率	B 收益	B 报酬率	AB 组合 收益	AB 组合 报酬率
2018	30	30%	-10	-10%	20	10%
2019	-10	-10%	30	30%	20	10%
2020	15	15%	5	5%	20	10%
2021	5	5%	15	15%	20	10%
2022	10	10%	10	10%	20	10%
平均数	10	10%	10	10%	20	10%
标准差		14.58%		14.58%		0

表 3-3　　　　完全正相关的证券组合：组合标准差为加权平均数　　　　金额单位：万元

方案 年度	A 收益	A 报酬率	B 收益	B 报酬率	AB 组合 收益	AB 组合 报酬率
2018	30	30%	30	30%	60	30%
2019	-10	-10%	-10	-10%	-20	-10%
2020	15	15%	15	15%	30	15%
2021	5	5%	5	5%	10	5%
2022	10	10%	10	10%	20	10%
平均数	10	10%	10	10%	20	10%
标准差		14.58%		14.58%		14.58%

现实中，各种股票之间不可能完全正相关，也不可能完全负相关。因此，实际上证券组合的标准差不会是各个证券标准差的简单加权平均数，不同股票的投资组合可以降低风险，但又不能完全消除风险。一般而言，股票的种类越多，风险越小。

二、计算投资组合的风险

投资组合的风险不是各证券标准差的简单加权平均数，那么它如何计算呢？投资组合的风险仍然是用方差或标准差来衡量，其数值的大小由单只股票的风险、金额比重，以及股票之间的相关性共同决定。协方差和相关系数描述了两个变量之间的相关性。

（一）协方差的计算

两种证券报酬率的协方差 σ_{jk} 或 $Cov(R_j,R_k)$，用来衡量它们之间共同变动的程度：

$$\sigma_{jk} \text{ 或 } Cov(R_j,R_k) = \sum_{i=1}^{n}(R_{ji} - \overline{R}_j) \times (R_{ki} - \overline{R}_K) \times P_i \tag{3-5}$$

其中，R_{ji} 表示第 i 种结果出现时 j 股票的报酬率；$\overline{R}_j$ 表示 j 股票的预期报酬率；P_i 表示第 i 种情况出现的概率；n 表示可能的结果的个数。特别地，当 K 和 j 为同一只股票时，就变成方差公式：

$$\sigma_j^2 = \sum_{i=1}^{n}(R_{ji} - \overline{R}_j)^2 \times P_i \tag{3-6}$$

（二）相关系数的计算

相关系数反映两个变量之间的线性相关关系，等于两个变量的协方差除以两个变量的标准差的乘积。

$$\text{相关系数}(r) = \frac{\sum_{i=1}^{n}[(x_i - \bar{x}) \times (y_i - \bar{y})]}{\sqrt{\sum_{i=1}^{n}(x_i - \bar{x})^2} \times \sqrt{\sum_{i=1}^{n}(y_i - \bar{y})^2}} \tag{3-7}$$

式（3-5）中股票 j 和 k 的相关系数 r_{jk} 可以表示如下：

$$r_{jk} = \frac{\sigma_{jk}}{\sigma_j \cdot \sigma_k} \tag{3-8}$$

相关系数 r_{jk} 介于 -1 和 1 之间。相关系数为 1，表示两只股票的收益率完全正相关；相关系数为 -1，表示两只股票的收益率完全负相关；相关系数为 0，表示两只股票的收益率不相关，相互独立。由于面临相同的宏观环境，大多数股票的报酬率趋于同向变动，因此两种股票之间的相关系数多为小于 1 的正数。

结合相关系数的计算，我们可以推出协方差的另一个计算形式，协方差等于相关系数乘以各自的标准差：

$$\sigma_{jk} = r_{jk} \cdot \sigma_j \cdot \sigma_k \tag{3-9}$$

（三）协方差比方差更重要

证券组合的标准差不仅取决于单个证券的标准差，而且还取决于证券之间的协方差。随着证券组合中证券个数的增加，协方差项比方差项越来越重要。在两种证券的组合中，有两个方差项 $\sigma_{1,1}$ 和 $\sigma_{2,2}$，两项协方差项 $\sigma_{1,2}$ 和 $\sigma_{2,1}$。在三种证券的组合中，有 3 个方差项 $\sigma_{1,1}$、$\sigma_{2,2}$、$\sigma_{3,3}$，6 个协方差项 $\sigma_{1,2}$、$\sigma_{1,3}$、$\sigma_{2,3}$、$\sigma_{2,1}$、$\sigma_{3,1}$、$\sigma_{3,2}$。在四种证券的组合中，有 4 个方差项和12个协方差项。当组合中证券数量较多时,总方差主要取决于各证券间的协方差。例如,在含有20种证券的组合中,有20个方差项和380个协方差项。当一个组合扩大到能够包含所有证券时,只有协方差是重要的,方差项将变得微不足道。因此,充分投资组合的风险,只受证券之间协方差的影响,而与各证券本身的方差无关。

下面举例说明两种证券组合报酬率的期望值和标准差的计算过程。

【例3-4】 假设A证券的期望报酬率为20%,标准差是14%。B证券的期望报酬率是30%,标准差是24%。假设等比例投资于两种证券,即各占50%。

该组合的期望报酬率为:

$r_p = 20\% \times 0.5 + 30\% \times 0.5 = 25\%$

如果两种证券期望报酬率的相关系数等于1,没有任何抵消作用,在等比例投资的情况下,该组合的标准差等于两种证券各自标准差的简单算术平均数也即加权平均数,为19%。

如果两种证券期望报酬率的相关系数是0.2,组合的标准差会小于加权平均的标准差,其标准差是:

$$\sigma_p = \sqrt{(0.5 \times 0.14)^2 + 2 \times 0.2 \times (0.5 \times 0.14)(0.5 \times 0.24) + (0.5 \times 0.24)^2}$$
$$= \sqrt{0.0049 + 0.00336 + 0.0144}$$
$$= 15.05\%$$

可以看到,A证券和B证券各自报酬率标准差的加权平均数是19%,而它们组合的标准差是15.05%。从这个计算过程可以看出:只要两种证券预期报酬率的相关系数小于1,证券组合报酬率的标准差就小于各证券报酬率标准差的加权平均数。这个实例证明了投资组合的风险分散效应。

三、投资比例对组合标准差和报酬率的影响

在【例3-4】中,两种证券的投资比例是相等的。如投资比例变化了,投资组合的期望报酬率和标准差也会发生变化。对于这两种证券其他投资比例的组合,计算结果如表3-4所示。

表3-4　　　　　　　　　　　　不同投资比例的组合

组合	对A的投资比例	对B的投资比例	组合的期望报酬率	组合的标准差
1	1	0	20%	14.00%
2	0.8	0.2	22%	13.04%
3	0.6	0.4	24%	13.96%
4	0.5	0.5	25%	15.05%
5	0.4	0.6	26%	16.46%
6	0.2	0.8	28%	19.95%
7	0	1	30%	24.00%

图3-1描绘出当两种证券的相关系数为0.2时,随着这两种证券投资比例的改变,组合的期望报酬率与标准差之间的关系。图3-1中黑点与表3-4中的七种投资组合一一对应。连接这些黑点所形成的曲线称为机会集,它反映出风险与报酬之间的权衡关系。

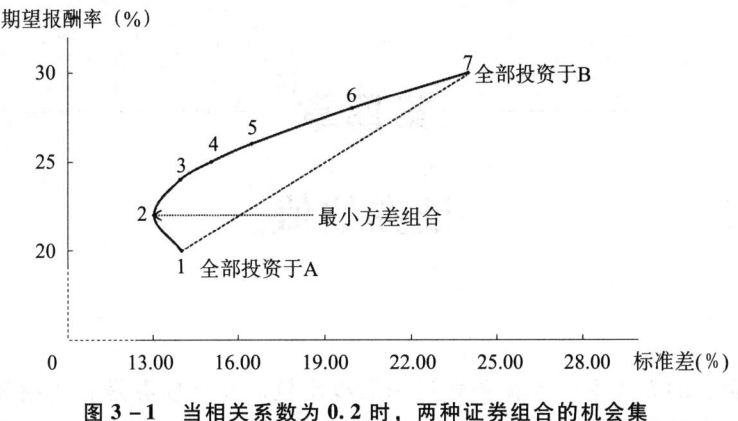

图 3-1　当相关系数为 0.2 时，两种证券组合的机会集

四、相关性对标准差和报酬率的影响

图 3-1 只列示了相关系数为 0.2 和 1 的机会集曲线，如果增加一条相关系数为 0.5 的机会集曲线，可以看到不同相关性的情况下投资组合的机会集曲线。从图 3-2 中可以看到：（1）相关系数为 0.5 的机会集曲线与完全正相关的直线的距离缩小了，并且没有向点 1 左侧凸出的现象。（2）最小方差组合是 100% 投资于 A 证券。将任何比例的资金投资于 B 证券，所形成的投资组合的方差都会高于将全部资金投资于风险较低的 A 证券的方差。因此，新的有效边界就是整个机会集。（3）证券报酬率之间的相关系数越小，机会集曲线就越弯曲，风险分散化效应也就越强。证券报酬率之间的相关系数越大，风险分散化效应就越弱。完全正相关的投资组合，不具有风险分散化效应，其机会集是一条直线。

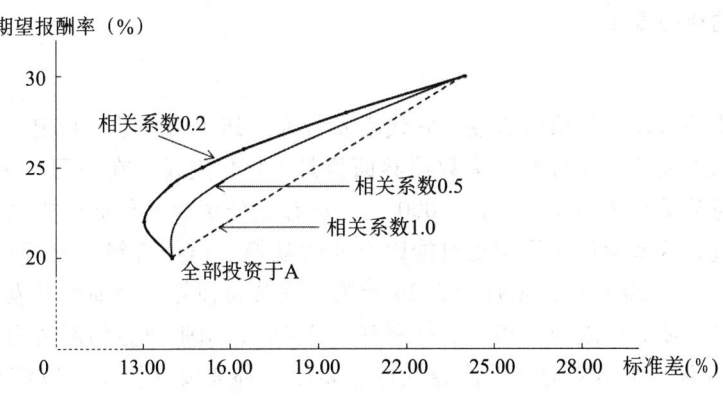

图 3-2　不同相关系数下的机会集曲线

第四章

证券估值

企业募集资金的方式主要有债务融资和股权融资。发行债券是企业债务融资的重要方式，而发行股票则是股权融资的重要方式。债券和股票是证券最主要的两种形式。债券的估值等于债券未来的利息折现加上未来的到期值折现，而股票的估值等于未来获得的股利折现加上未来的卖价折现。

第一节 债券的估值

债券是发行者为筹集资金发行的、在约定时间支付一定比例的利息，并在到期时偿还本金的一种有价证券。作为一种有价证券，其发行者和购买者之间的权利和义务是通过债券契约固定下来的。

一、债券的核心要素

1. 面值

债券的面值是指设定的票面金额，它代表发行人承诺于未来某一特定日期偿付给债券持有人的金额。如美国公司发行的大多数债券面值是 1 000 美元。在中国，企业发行债券时，其债券的面值通常是每张 100 元或者 1 000 元，也有部分企业发行面值更高的债券，如每张 10 000 元。不过，这些面值的设定也可能因企业的规模、信用等级、发行目的等因素而异。例如，中国移动于 2020 年 6 月发行的 2020 年第一期公司债券，该债券共发行 100 亿元，采用固定利率方式，债券期限为 3 年，发行利率为 2.4%，每张债券的面值为 100 元，发行数量共计 10 000 万张。中国移动这次债券发行主要用于补充流动资金，以满足公司日常运营和业务发展的资金需求。该债券的发行吸引了大量机构和个人投资者的关注和认购，反映了市场对中国移动公司信用状况和债券发行质量的高度认可。

2. 票面利率

债券的票面利率是指债券发行者预计一年内向投资者支付的利息占票面金额的比率。例如，假设 A 公司发行了一张债券，面值为 1 000 元，票面利率为 5%，到期日为 10 年后，投资者购买了该债券并将其持有至到期日。在此期间，A 公司每年会支付投资者 50 元的利息，债券到期时，还会返还 1 000 元的本金。这里的 5% 就是该债券的票面利率。票面利率不同于有效年利率（EAR）。有效年利率通常是指按复利计算的一年期的利率。债券的计息和付息方式有多种，可能使用单利或复利计息，利息支付可能半年一次、一年一次或到期日一次总付，这就使票面利率可能不等于有效年利率。

3. 到期日

债券的到期日指偿还本金的日期。债券一般都规定到期日，以便到期时归还本金。债券期限有的短至 3 个月，有的则长达 30 年。往往到期时间越长，其风险越大，债券的票面利率也越高。

二、债券的估值

任何金融资产的估值都是未来现金流入的折现，债券也不例外。债券的现金流主要由以下两部分构成。

利息收入：债券持有人可以从发行人获得利息收入，这是债券的主要现金流来源。利息收入通常按年度或半年度支付，这取决于债券的付息周期。

本金偿还：到期日，债券持有人将获得本金偿还。

对于一只典型的公司债券而言，如中国铝业公司发行的企业债券，其现金流由 5 年的债券利息支付加上债券到期时需偿还的本金（100 元面值）组成。如果是浮动利率债券，利息支付随时间变化而变化。如果是零息债券，则没有利息支付，只在债券到期时按面额支付。

1. 债券估值的基本模型

典型的债券是固定利率、每年计算并支付利息、到期归还本金。按照这种模式，债券价值计算的基本模型是：

$$V_d = \frac{I_1}{(1+r_d)^1} + \frac{I_2}{(1+r_d)^2} + \cdots + \frac{I_n}{(1+r_d)^n} + \frac{M}{(1+r_d)^n} \quad (4-1)$$

式中：V_d——债券价值；I——每年利息；M——面值；r_d——年折现率，一般用当前等风险投资的市场利率；n——到期前的年数。

【例 4-1】 ABC 公司拟于 20×1 年 2 月 1 日发行面额为 1 000 元的债券，其票面利率为 8%，每年 2 月 1 日计算并支付一次利息，并于 5 年后的 1 月 31 日到期。同等风险投资的必要报酬率为 10%，则债券的价值为：

$$V_d = \frac{80}{(1+10\%)^1} + \frac{80}{(1+10\%)^2} + \frac{80}{(1+10\%)^3} + \frac{80}{(1+10\%)^4} + \frac{80+1\,000}{(1+10\%)^5}$$

$= 80 \times (P/A, 10\%, 5) + 1\,000 \times (P/F, 10\%, 5)$

$= 80 \times 3.791 + 1\,000 \times 0.621$

$= 303.28 + 621$

$= 924.28$（元）

2. 一次还本分期付息的平息债券估值

平息债券指的是每期支付相等的利息，利息支付期限固定且不随市场利率变化而变化的债券。附息债券指的是每期支付的利息随市场利率变化而变化，利息支付期限固定的债券。如果一种债券是分期付息的，那么它可能是平息债券，也可能是附息债券，这取决于它的利息支付方式和利息支付期限。平息债券支付的频率可能是一年一次、半年一次或每季度一次等。平息债券价值的计算公式如下：

$$V_d = \sum_{t=1}^{mn} \frac{\frac{I}{m}}{(1+r_d)^{\frac{t}{m}}} + \frac{M}{(1+r_d)^n} \tag{4-2}$$

式中：V_d——债券价值；I——每年利息；M——面值；m——年付息次数；n——到期前的年数；r_d——年折现率。

【例 4-2】 有一债券面值为 1 000 元，票面利率为 7%，每半年支付一次利息，5 年到期。假设年折现率为 10.25%。

按惯例，票面利率为债券按年计算的报价利率，每半年计息时按票面利率的 1/2 计算利息，即按 3.5% 计息，每次支付 35 元。年折现率为按年计算的有效年利率，每半年期的折现率为 $(1+10.25\%)^{\frac{1}{2}} - 1 = 5\%$，该债券的价值为：

$$V_d = \frac{70}{2} \times (P/A, 5\%, 5 \times 2) + 1\,000 \times (P/F, 5\%, 5 \times 2)$$

$$= 35 \times 7.7217 + 1\,000 \times 0.6139$$

$$= 270.2595 + 613.9$$

$$= 884.16 (元)$$

3. 纯贴现债券的估值

纯贴现债券是指承诺在未来某一确定日期按面值支付的债券。这种债券在到期日前购买人不能得到任何现金支付，因此，也称为"零息债券"。零息债券没有标明利息计算规则的，通常采用按年计息的复利计算规则。一个简单的纯贴现债券例子是美国国债的零息债券。这种债券没有任何的利息支付，而是以面值折价出售，到期时支付面值。例如，一张 10 年期、面值为 1 000 美元的美国国债零息债券，在发行时可能以 750 美元的价格出售，到期时支付 1 000 美元的面值，相当于每年的复合利率为约 3.8%。这种债券的回报是通过买入价格和到期时收到的面值之间的差额来实现的。

纯贴现债券的价值计算公式如下：

$$V_d = \frac{F}{(1+r_d)^n} \tag{4-3}$$

式中：V_d——债券价值；F——到期日支付额；r_d——年折现率；n——到期时间的年数。

【例 4-3】 有一纯贴现债券，面值 1 000 元，20 年期。假设年折现率为 10%，其价值为：

$$R_d = \frac{1\,000}{(1+10\%)^{20}} = 148.6 (元)$$

在到期日一次还本付息债券，实际上也是一种纯贴现债券，只不过到期日不是按票面额支付而是按本利和作单笔支付。一个实际的例子是中国政府发行的零息国债，也被称为贴现国债。这种债券没有利息支付，而是在到期时以面值偿还。例如，中国政府于 2019 年发行的一笔 5 年期的零息国债，面值为 1 亿元，发行价格为 93.18 万元，到期时偿还 1 亿元，相当于年化收益率为 3.01%。这种类型的债券通常被用于资产配置和投资组合的风险管理，因为它们提供了一种相对低风险的投资选择。

第二节　股票的估值

股票是股份有限公司发给股东的所有权凭证，是股东凭以取得股利的一种证券。股票持有者即为该公司的股东，对该公司财产享有要求权。

一、普通股的核心要素

1. 股票的价值（内在价值）

投资股票通常是为了在未来能够获得一定的现金流入。这种现金流入包括两部分：每期将要获得的股利以及出售股票时得到的价格收入。有时为了将股票的价值与价格相区别，也把股票的价值称为"股票内在价值"。

2. 股票价格（市价）

股票价格是指其在市场上的交易价格，分为开盘价、收盘价、最高价和最低价等。股票的价格会受到各种宏观和微观因素的影响而出现频繁波动。

3. 现金股利

现金股利是股份有限公司以现金的形式从公司净利润中分配给股东的投资报酬，也称"红利"或"股息"。但也只有公司有利润并且管理层愿意将利润分给股东而不是将其进行再投资时股东才有可能获得股利。股利除了现金股利外，还有股票股利。

二、普通股的估值

普通股的估值与债券的估值本质上都是未来现金流的折现，但是由于普通股的未来现金流是不确定的，依赖于公司的股利政策，因此普通股的估值与债券的估值存在差异。

1. 股票估值的基本模型

股票带给持有者的现金流入包括两部分：股利收入和出售时的售价。股票的内在价值由一系列的股利和将来出售股票时售价的现值所构成。

如果股东永远持有股票，他只获得股利，是一个永续的现金流入。这个现金流入的现值就是股票的价值：

$$V_s = \frac{D_1}{(1+r_s)^1} + \frac{D_2}{(1+r_s)^2} + \cdots + \frac{D_n}{(1+r_s)^n} = \sum \frac{D_t}{(1+r_s)^t} \tag{4-4}$$

式中：V_s——普通股价值；D_t——第 t 年的股利；r_s——年折现率，一般采用资本成本率或投资的必要报酬率。

如果投资者不打算永久地持有该股票，而在一段时间后出售，他的未来现金流入是几次股利和出售时的股价。因此，买入时的价值 V_0（一年的股利现值加上一年后股价的现值）和一年后的价值 V_1（第二年股利在第二年年初的价值加上第二年年末股价在第二年年初的价值）为：

$$V_0 = \frac{D_1}{1+r_s} + \frac{V_1}{1+r_s} \tag{4-5}$$

$$V_1 = \frac{D_2}{1+r_s} + \frac{V_2}{1+r_s} \quad (4-6)$$

将式（4-5）代入式（4-6）：

$$V_0 = \frac{D_1}{1+r_s} + \left(\frac{D_2}{1+r_s} + \frac{V_2}{1+r_s}\right)/(1+r_s)$$

$$= \frac{D_1}{(1+r_s)^1} + \frac{D_2}{(1+r_s)^2} + \frac{V_2}{(1+r_s)^2}$$

如果不断继续上述代入过程，则可得出：

$$V_0 = \sum_{t=1}^{\infty} \frac{D_t}{(1+r_s)^t} \quad (4-7)$$

式（4-7）是股票估值的基本模型。它在实际应用时，面临的主要问题是如何预计未来每年的股利以及如何确定折现率。

股利的多少，取决于每股盈利和股利支付率两个因素。对其估计的方法是历史资料的统计分析，如回归分析、时间序列的趋势分析等。股票评价的基本模型要求无限期地预计历年的股利（D_t），实际上不可能做到。因此，应用的模型都是各种简化办法，如每年股利相同或固定比率增长等。

折现率的主要作用是把所有未来不同时间的现金流入折算为现在的价值。折现率应当是投资的必要报酬率。那么，投资股票的必要报酬率应当是多少呢？

投资股票的必要报酬率是投资者为了承担股票投资的风险所要求的回报率。通常情况下，必要报酬率应高于无风险投资收益率，以补偿股票投资所承担的风险。例如，假设国债利率为3%，某投资者想要投资一家公司的股票，这家公司的财务状况良好，行业前景看好，但也存在一定风险。该投资者认为这种风险比无风险投资高，因此需要高于国债利率的回报率。在这种情况下，该投资者可能会要求该股票的必要报酬率为7%或者更高。这意味着，如果该股票的回报率低于7%，那么投资者就不会选择购买该股票，因为投资者认为这样的投资风险过高，回报不足以弥补其风险。需要注意的是，必要报酬率是一种主观估计，不同的投资者对同一只股票的必要报酬率可能会有所不同，这取决于他们对投资风险的承受能力和投资目标。

2. 零增长的股票估值

假设未来股利不变，其支付过程是一个永续年金，则股票价值为：$V_0 = D \div X$，其中，D为现金股利，X为必要报酬率。

【例4-4】 每年分配股利2元，必要报酬率为16%，则：$V_0 = 2 \div 16\% = 12.5$（元）

这就是说，该股票每年给你带来2元的收益，在必要报酬率为16%的条件下，它相当于12.5元资本的收益，所以其价值是12.5元。当然，市场上的股价不一定就是12.5元，还要看投资人对风险的态度，可能高于或低于12.5元。如果当时的市价不等于股票价值，例如市价为12元，每年固定股利2元，则其预期报酬率为：$r_s = 2 \div 12 \times 100\% = 16.67\%$。可见，市价低于股票价值时，期望报酬率高于必要报酬率。由此可见，期望报酬率对应于市场价格，而必要报酬率对应于股票的内在价值。

3. 固定增长率的股票估值

固定增长率的股票估值即稳定增长的股利贴现模型，是一种用于估算公司未来股利增长率和股票的内在价值的方法。该模型假定公司将保持稳定的增长率,并且这种增长率将持续下去。

该模型的公式为: $V = D/(r-g)$,其中,V 是股票的内在价值,D 是未来一年的股息,r 是投资人要求的收益率,g 是股息增长率。该模型基于几个假设,包括:

(1) 公司的股息将保持稳定的增长率;
(2) 投资人要求的收益率不会改变;
(3) 公司的股息增长率与其长期增长率相同。

这个模型有一定局限性,比如,它假设公司将保持稳定的增长率,这在现实中很少发生。此外,该模型没有考虑股票的波动性和市场因素,所以它不能作为独立的投资决策工具。

从估值的模型来看,假设 ABC 公司今年的股利为 D_0,则 t 年的股利应为:

$$D_t = D_0 \cdot (1+g)^t$$

若 $D_0 = 2$,$g = 10\%$,则 5 年后的每年股利为:

$$D_t = D_0 \cdot (1+g)^5 = 2 \times (1+10\%)^5 = 2 \times 1.6105 = 3.22 （元）$$

固定增长股票的股价计算公式如下:

$$V_0 = \sum \frac{D_0 \cdot (1+g)^t}{(1+r_s)^t} \tag{4-8}$$

当 g 为常数,并且 $r_s > g$ 时,上式可简化为:

$$V_0 = \frac{D_0 \cdot (1+g)}{r_s - g} = \frac{D_1}{r_s - g} \tag{4-9}$$

【例 4-5】 假设一家公司目前每年支付 1 元的股息,预计未来 10 年内每年将以 5% 的稳定增长率增加股息。假设股息现值的折现率为 8%,则该公司的股票估值为:

$V = 1.05/(0.08 - 0.05) = 35$ (元)

如果该公司的股价低于 35 美元,根据稳定增长的股利贴现模型,这个公司的股票可能是被低估的。

三、影响股票价值的因素

股票价值是由多种因素影响的,包括但不限于以下几个方面:

1. 公司基本面:公司的盈利能力、营业收入、市场份额等基本面指标是影响股票价值的主要因素。这些因素通常可以通过公司财务报表和分析师的研究来评估。

2. 宏观经济因素:如通货膨胀率、利率、政府政策等,对整个股市的表现有很大影响,同时也影响着单个公司的业绩表现和股票价格。

3. 行业竞争力:公司所处行业的竞争力也是一个非常重要的因素,行业内的新技术、新产品的发展和竞争对手的战略举措等,都会对公司的业绩和股票价格产生影响。

4. 市场情绪和投资者情绪:市场情绪和投资者情绪也可能对股票价格产生很大的影响,当市场情绪乐观时,投资者可能更愿意购买股票,反之,则可能出现抛售行为。

5. 全球市场因素:全球经济、政治和地缘政治因素也会影响股票价格,例如,国际贸易关系、战争、自然灾害等都可能对全球股市造成影响。

需要注意的是,不同的股票可能受到不同的因素影响,因此投资者应该针对不同的股票进行个别分析。

第三节 资本资产定价模型

1964 年，威廉·夏普（William Sharp）根据投资组合理论提出了资本资产定价模型（CAPM）。资本资产定价模型是财务学形成和发展过程中最重要的里程碑。它第一次使人们可以量化市场的风险程度，并且能够对风险进行具体定价。

资本资产定价模型的研究对象是充分组合情况下风险与必要报酬率之间的均衡关系。资本资产定价模型可用于回答如下不容回避的问题：为了补偿某一特定程度的风险，投资者应该获得多大的报酬率？在前面的讨论中，我们将风险定义为期望报酬率的不确定性；然后根据投资理论将风险区分为系统风险和非系统风险，知道了在高度分散化的资本市场里只有系统风险，并且会得到相应的回报。现在将讨论如何衡量系统风险以及如何给风险定价。

一、系统风险的度量

度量一项资产系统风险的指标是贝塔系数，用希腊字母 β 表示。其计算公式如下：

$$\beta_J = \frac{cov(K_J, K_M)}{\sigma_M^2} = \frac{r_{JM} \sigma_J \sigma_M}{\sigma_M^2} = r_{JM}\left(\frac{\sigma_J}{\sigma_M}\right) \tag{4-10}$$

其中：分子 $cov(K_J, K_M)$ 是第 J 种证券的报酬率与市场组合报酬率之间的协方差。它等于该证券的标准差、市场组合的标准差及两者相关系数的乘积。

由式（4-10）可以看出，一种股票的 β 值的大小取决于：(1) 该股票与整个股票市场的相关性；(2) 它自身的标准差；(3) 整个市场的标准差。

β 系数的计算方法有两种：

一种是使用回归直线法。个股的收益率作为 Y，市场组合的收益率作为 X，β 系数就是这两者之间的时间序列数据构成的线性回归方程的斜率。

另一种方法是将个股与市场指数报酬率的相关系数、市场指数收益率的标准差和个股收益率的标准差用贝塔系数的定义和计算公式直接计算。

β 系数的经济意义在于：它告诉我们相对于市场组合而言特定资产的系统风险是多少。例如，市场组合相对于它自己的 β 系数是 1；如果一项资产的 $\beta = 0.5$，表明它的系统风险是市场组合系统风险的 0.5，其报酬率的波动幅度只及一般市场波动幅度的一半；如果一项资产的 $\beta = 2.0$，说明这种股票的波动幅度为一般市场波动幅度的 2 倍。总之，某一股票 β 值的大小反映了该股票报酬率波动与整个市场报酬率波动之间的相关性及敏感性程度。

二、投资组合的 β 系数

投资组合的 β_P 等于该组合中各证券 β 值的加权平均数：

$$\beta_P = \sum_{i=1}^{n} X_i \beta_i \tag{4-11}$$

如果一个高 β 值股票（$\beta > 1$）被加入一个平均风险组合（β_P）中，则组合风险将会提高;反之,如果一个低 β 值股票($\beta<1$)加入一个平均风险组合中,则组合风险将会降低。需要注意的是,β 系数是系统风险,组合的 β 系数等于个股 β 系数的加权平均数。那么,组合的标准值是否等于个股收益率标准差的加权平均数呢?

【例 4-6】假设有一个投资组合,其持有两只股票:股票 A 和股票 B。该投资组合的权重分别为 50% 和 50%。请计算该投资组合的贝塔系数。

为了计算贝塔系数,我们需要先计算每只股票的贝塔系数,然后将其加权平均得出投资组合的贝塔系数。

假设股票 A 的贝塔系数为 1.2,股票 B 的贝塔系数为 0.8。那么投资组合的贝塔系数可以计算如下:

投资组合的贝塔系数 = 0.5 × 股票 A 的贝塔系数 + 0.5 × 股票 B 的贝塔系数
　　　　　　　　　 = 0.5 × 1.2 + 0.5 × 0.8
　　　　　　　　　 = 1.0

该投资组合的贝塔系数为 1.0,表明该投资组合的波动率与市场平均水平相当。

三、证券市场线

按照资本资产定价模型理论,单一证券的系统风险可由 β 系数来度量,而且其风险与收益之间的关系可由证券市场线来描述。

证券市场线:$R_i = R_f + \beta(R_m - R_f)$ (4-12)

这个等式被称为资本资产定价模型。式中:R_i 是第 i 个股票的必要报酬率;R_f 是无风险报酬率(通常以国库券的报酬率作为无风险报酬率);R_m 是平均股票的必要报酬率(指 $\beta = 1$ 的股票的必要报酬率,也指包括所有股票的组合即市场组合的必要报酬率)。在均衡状态下,$(R_m - R_f)$ 是投资者为补偿承担超过无风险报酬的平均风险而要求的额外收益,即风险价格,如图 4-1 所示。

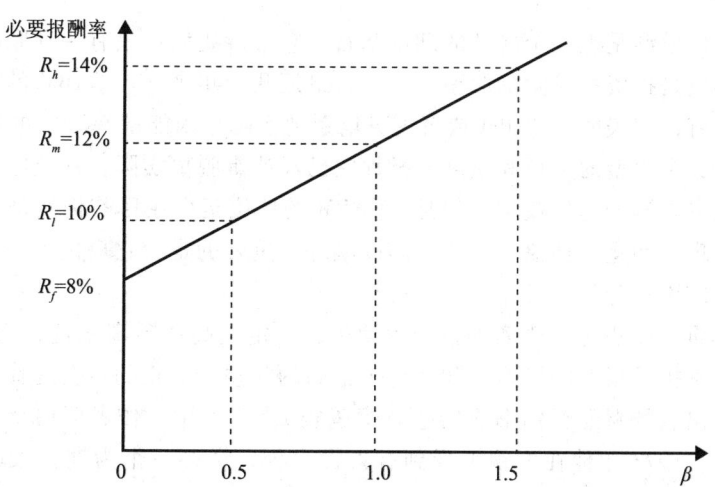

图 4-1　CAPM 即证券市场线:β 值与必要报酬率

证券市场线的主要含义如下:
(1)纵轴为必要报酬率,横轴则是以 β 值表示的风险。

（2）无风险证券的 $\beta=0$，故 R_f 成为证券市场线在纵轴的截距。

（3）证券市场线的斜率 $\left[\dfrac{\Delta Y}{\Delta X} = \dfrac{(R_m - R_f)}{(1-0)} = 12\% - 8\% = 4\%\right]$ 表示经济系统中风险厌恶感的程度。一般来说，投资者对风险的厌恶感越强，证券市场线的斜率越大，对风险资产所要求的风险补偿越大，风险资产的必要报酬率越高。

（4）在 β 值分别为 0.5、1 和 1.5 的情况下，必要报酬率由最低 $R_l = 10\%$，到市场平均的 $R_m = 12\%$，再到最高的 $R_h = 14\%$。β 值越大，必要报酬率越高。

从证券市场线可以看出，投资者的必要报酬率不仅取决于市场风险，而且还取决于无风险报酬率（证券市场线的截距）和市场风险补偿程度（证券市场线的斜率）。由于这些因素始终处于变动之中，所以证券市场线也不会一成不变。

预计通货膨胀提高时，无风险报酬率会随之提高，进而导致证券市场线的向上平移。投资者风险厌恶感的加强，也会提高证券市场线的斜率。

证券市场线描述的是在市场均衡条件下单项资产或资产组合（不论它是否已经有效地分散风险）的必要报酬率与风险之间的关系。测度风险的工具是单项资产或资产组合对于整个市场组合方差的贡献程度，即 β 系数。

必要报酬率也称最低要求报酬率，是指准确反映预期未来现金流量风险的报酬率，是等风险投资的机会成本；期望报酬率则是使净现值为零的报酬率。期望报酬率和必要报酬率的关系决定了投资者的行为。以股票投资为例，当期望报酬率大于必要报酬率时，表明投资会有超额回报，投资者应购入股票；当期望报酬率等于必要报酬率时，表明投资获得与所承担风险相应的回报，投资者可选择采取或不采取行动；当期望报酬率小于必要报酬率时，表明投资无法获得应有回报，投资者应卖出股票。在完美的资本市场上，投资的期望报酬率等于必要报酬率。

四、资本资产定价模型的讨论

资本资产定价模型是现代金融学的理论基石，它告诉我们：只有一种原因会使投资者得到更高回报，那就是投资高风险的股票！其实，最近几十年来，对 CAPM 的质疑不断。在学术界，国内外都有证据表明，CAPM 或者说贝塔系数实际上未能解释真实的股价表现。实务界时不时也有对这个模型的批评和质疑，批评它已经严重脱离实际，甚至巴菲特和索罗斯也旗帜鲜明地质疑资本资产定价模型。但是，CAPM 的地位至少在目前仍然是无法撼动的，所有的模型都是对现实问题的抽象、简化，高度凝练！重要的是，它提供了一个分析的框架和思路，而不是其结论本身！

对 CAPM 的进一步思考：现实的投资活动中，一定是高风险高收益、低风险低收益吗？有没有可能你只承担了很低的风险，却获得了很高的收益？真正的机会是什么？不知道大家有没有看过非常出名的财经畅销书《穷爸爸富爸爸》。在书中，作者罗伯特·清崎说到，他人生的转机在于，1973 年他在电视上看到有人做广告，举办一个为期三天的研讨班，讨论如何在不支付首期付款的情况下购买房地产。参加这个班清崎先生只花了 385 美元，要知道当时清崎先生借住在亲戚的地下室，所有的财产也不过就是几百美元，而他却用 385 美元去学习投资，这样的学习帮助他挣回了至少 200 万美元。这一笔学习的支出，为清崎先生创造了新的生活，使他在以后的岁月里不必再为了生计而辛苦工作。

也许我们也能发现一些低风险而高回报的投资项目。这种低风险、高回报的投资项目是存在的，例如，过去 20 年买房。只不过这种结论，是我们事后的总结，而面对未来，我们只有通过不断学习，不断迭代认知，保持敏感度，才能发现机遇。此外，《穷爸爸富爸爸》清崎先生投资成功的案例，给我们的一个重要启示是：信息差是非常值钱的。所以，最好的理财是投资自己，去学习，知识改变命运，认知改变命运。

第五章

筹　资

第一节　筹资概述

筹资是财务管理的一项最原始、最基本的职能。财务管理最初从企业管理职能中分离出来，就是为了专门满足企业筹集资本的需要。资本是企业经营和投资活动的一种基本要素，是企业创建和生存发展的必要条件。一个企业从创建到生存发展的整个过程都需要筹集资本。企业最初创建就需要筹资，以获得设立企业必需的初始资本，才能开展生产经营活动。以后随着生产经营活动的发展变化，往往需要追加资本。比如，扩大生产经营规模，对外并购扩张等经营策略的实施通常都要求有相应的资本作为基础。此外，在企业生产经营过程中，还需要根据内外部环境的变化，适时调整资本结构，例如，有的企业由于资本结构不合理，负债比率过高，偿债压力过大，财务风险过高，就需要主动通过筹资来调整资本结构。

资本可以从多种来源渠道，采用不同的方式获取。筹资渠道指筹集资本的来源方向，体现着所筹集资本的源泉和性质。筹资方式是指企业筹措资本所采用的具体形式，体现着不同的经济关系。企业筹资方式多种多样，通常有吸收直接投资、发行股票、向金融机构借款、发行债券、融资租赁等。筹资渠道是指资本从哪里来，而筹资方式则是指以什么方式得到。一种筹资渠道可以采用多种筹资方式，同一种筹资方式可以从多种筹资渠道取得资本。

一、筹资的动机

企业要想在激烈的竞争中求得持续的生存，获得良好的发展和获取尽可能多的利润，就必须做到及时偿还到期债务，同时适时筹集发展所需的资本。企业筹资的动机多种多样，总体上可分为以下几类：

1. 扩张性筹资动机

处于成长期、具有良好发展前景的企业通常会产生扩张性筹资动机。企业的扩张有两种形式：一种是内部扩张，即扩大现有生产经营规模；另一种是对外扩张，增加外部投资，或者发起并购活动。无论是内部扩张，还是外部扩张，都必须增加企业的资本总量。

2. 调整性筹资动机

企业在生产经营过程中，需要根据自身和经营环境状况，对资本结构和资产结构不断作出调整，以维持企业财务健康，为股东创造更多财富。为适应这种调整，企业需要开展筹资活动。资本结构是指企业各种资本来源的构成及其比例关系。企业总体资本结构是债务资本和股权资本这两种不同性质资本的比例关系。当一个企业由于客观情况的变化，现有的资本结构中债务资本所占的比例过大，财务风险过高，偿债压力过大时，就需要降低债务资本在总资本中的比例，使资本结构趋于合理。反之，当资本结构中股权资本所占的比例过大时，可以适当提高债务资本在总资本中的比例，加大企业的财务杠杆。资本结构的调整还包括股权资本内部结构的调整以及债务资本期限结构的调整等。企业可以通过筹资安排实现不同股东持股比例的调整，也可以通过借入长期债务资本，偿还到期债务，改变债务的期限结构。企业发展中也会经常遇到资产流动性不足、支付能力低下的窘境，此时就需要通过筹资操作，改进资产结构，提高流动资产的比例，增强资产的流动性。调整性筹资动机总体特点是在不增加资本和资产总量的情况下，通过筹资活动实现资本和资产内部结构的优化。

3. 混合性筹资动机

企业既为扩大规模又为调整资本结构而产生的筹资动机，称为混合性筹资动机。企业通过筹资，扩大了资产和资本的规模，同时又顺带调整了资本结构，这种混合性筹资动机在实践中非常普遍。

二、筹资的类型

1. 按资本的性质分类

按照资本属性的不同，企业的长期筹资可以分为权益性资本筹资和债务性资本筹资。

（1）权益性资本筹资。权益性资本筹资（Equity Financing）形成企业的股权资本，亦称股权性筹资，是企业依法取得并长期拥有，可自主调配运用的资本。企业的股权资本由实收资本（或股本）、资本公积、盈余公积和未分配利润组成。前两者是股东投资进来的，后两者是企业经营过程中赚取的，称作留存收益。

权益资本具有下列属性：①权益资本的所有权归属于企业的所有者。企业所有者凭借所有权参与企业的经营管理和利润分配。②企业对权益资本依法享有经营权。权益资本一旦投入企业或留在企业，企业就有权调配使用，形成企业的法人财产，法人财产权归属于企业。

企业权益性资本可以通过吸收直接投资、发行股票、留存收益等方式取得。

（2）债务性资本筹资。债务性资本筹资（Debt Financing）形成企业的债务资本，是企业依法取得并依约运用，按期偿还的资本。债务性资本筹资具有下列特性：

第一，债务资本体现企业与债权人的债务与债权关系。

第二，企业的债权人有权按期索取债权本息，但无权参与企业的经营管理和利润分配。

第三，企业对筹集到手的债务资本在约定的期限内享有经营权，不论企业经营好坏，需固定支付债务利息，并承担按期偿还本金的义务。

企业的债务性资本一般采用长期借款、发行债券和融资租赁等方式取得或形成。

企业的权益资本与债务资本具有一定的比例关系，合理安排权益资本与债务资本的比例关系即资本结构，是企业筹资的核心问题。

实务中，有一些筹资方式兼具权益性筹资和债务性筹资双重属性。例如，优先股筹资、可转换债券筹资和永续债券筹资。从筹资企业的角度看，优先股股本属于企业的股权资本，但又具有类似债券的固定股息率。可转换债券在持有者将其转换为发行公司股票之前，属于筹资企业的债务资本；在持有者将其转换为发行公司股票之后，则变成了权益资本。永续债券是一种不规定到期期限，只需付息而不还本的债券。发行人有一直续期的选择权，持有人不能要求发行人清偿本金，但可以按期取得利息。永续债券被视为债券中的股票，兼具债权和股权属性。

2. 按资本来源的范围分类

按资本来源的范围不同，可分为内部筹资和外部筹资两种类型。企业一般应在充分利用内部筹资来源之后，再考虑外部筹资。

（1）内部筹资。内部筹资（Internal Financing）是指企业在企业内部通过留用利润而形成的资本来源。内部筹资是在企业内部自然形成的，一般无须支付筹资费用，其数量通常由企业可分配利润的规模和股利政策所决定。

（2）外部筹资。外部筹资（External Financing）是指企业在内部筹资不能满足需要时，向企业外部筹资而形成的资本来源。处于初创期的企业，内部筹资是有限的；处于成长期的企业，内部筹资往往难以满足需要，企业就要广泛开展外部筹资。

企业外部筹资的方式很多，主要有吸收直接投资、发行股票、长期借款、发行债券和融资租赁等。企业的外部筹资大多需要支付筹资费用。例如，发行股票、发行债券须支付发行费用；取得长期借款有时须支付一定的手续费。

3. 按照资本使用时间长短分类

按照所筹资本使用期限的长短，可将企业筹资分为短期筹资与长期筹资。

短期资本是指使用期限在一年以内或超过一年的一个营业周期以内的资本。配置短期资本主要目的不在于盈利，而是保证长期资本赚取利润的过程能够顺利进行，因此我们习惯将短期资本称作短期资金或流动资金。短期资金以货币资金、应收款项、存货等流动资产形式存在并且经常相互转换。短期资金筹集方式通常有短期借款、商业信用、发行短期融资券、其他应付或暂收款项等。

长期资本是指使用期限在一年以上或超过一年的一个营业周期以上的资本。长期资本主要用于新产品的开发和推广、生产规模的扩大、厂房和设备的更新等，一般需要几年甚至十几年才能收回。长期资本通常采用吸收直接投资、发行股票、发行债券、长期借款、融资租赁和利用留存收益等方式来筹集。

三、筹资的原则

筹资是企业的基本财务活动，是企业扩大生产经营规模和调整资本结构所必须采取的行为。为了经济有效地筹集资本，必须遵循适时、适量、结构合理、成本节约、手段合法等基本原则。

1. 适时原则

企业筹资必须根据企业资本的投放时间安排进行合理筹划，及时地取得资本，使筹资与投资在时间上相协调。企业投资一般都有投放时间上的要求，尤其是证券投资，其投资的时间性要求非常重要，筹资必须与此相配合，避免筹资过早而造成投资前的资本闲置或筹资滞后而贻误投资的有利时机。

2. 适量原则

筹资必须合理确定所需筹资的数量。不论通过何种筹资渠道，运用哪些筹资方式，都要预先确定筹资的数量。企业筹资固然应当广开财路，但也必须有合理的限度，使所需筹资的数量与投资所需数量达到平衡,避免因筹资数量不足而影响投资活动,或因筹资数量过剩而影响投资效益。

3. 结构合理原则

企业的筹资还必须合理确定资本结构。合理确定企业的资本结构,主要有两方面的内容:一方面是合理确定权益资本与债务资本的结构,也就是合理确定企业的债务资本规模或比例,债务资本的规模应当与权益资本的规模和偿债能力的要求相适应。在这方面,既要避免债务资本过多,导致财务风险过高,偿债负担过重;又要有效地利用债务资本的杠杆效应,提高权益资本的收益水平。另一方面是合理确定长期资本与短期资本的比例,也就是合理确定企业全部资本的期限结构,这要与企业资产所需持有的期限相匹配。

4. 成本节约原则

企业筹资可以采用的渠道和方式多种多样,不同筹资渠道和方式的筹资难易程度、资本成本和财务风险各不相同。企业筹资活动中,一方面要认真分析投资机会,追求投资效益,避免不顾投资效益的盲目筹资;另一方面,由于不同长期筹资方式资本成本的高低不尽相同,也需要综合研究各种长期筹资方式,寻求最优的筹资组合,以便降低综合资本成本。

5. 合法性原则

企业的筹资活动影响社会资本及资源的流向和流量,涉及相关主体的经济权益。为此,必须遵守国家有关法律法规,依法履行约定的责任,维护有关各方的合法权益,避免非法筹资行为给企业本身及相关主体造成损失。

第二节 权益性筹资

权益性筹资的主要方式有吸收直接投资、公开发行股票和收益留存等。

一、吸收直接投资

吸收直接投资是指非股份制企业以协议等方式,直接从其他企业、机构、自然人处获得直接资本投入。在企业设立时以及后续经营过程中,都可能需要以吸收直接投资的方式获取权益资本。

企业获取的权益资本不限于货币资金,也可以是非货币资产形态。比如,投资者以设备、厂房、专利技术等非货币资产作价出资。直接获取投资者的先进设备或先进技术,有利于尽快形成生产能力,尽快开拓市场。企业接受作为出资的非货币资产必须确为企业科研、生产、经营所需,且作价公平合理。

企业吸收直接投资,在获得权益资本的同时,通常还能获得其他好处,比如,转移部分经营风险、获得经营管理方面的专业帮助等。初创企业可以寻找天使投资者,获得天使投资者一定数额的资金支持。中小企业可以引进风险投资公司的风险资本,风险投资机构通常追求高风险高回报,除了向目标企业提供资本出资外,通常会积极参与所投企业的经营,在企业管理、市场开拓、资本市场融资等方面为投资对象提供专业帮助。企业在发展过程中也可以适时引入战略投资者的直接投资,在获得资金的同时,能够促进产业结构升级、增强企业核心竞争力和创新能力，拓展企业产品市场占有率，提升公司治理水平。

吸收直接投资所筹集的资本属于权益资本，能增强企业自身的信誉，进而提高借款能力，因此吸收直接投资对扩大企业经营规模、壮大企业实力具有重要作用。但是采用吸收直接投资方式筹集资本所付出的代价往往也是很大的。首先，需要让出一定比例的股权，稀释原股东的持股比例，因此在引进新投资者的时候需要考虑股权被稀释的问题。其次，来自新投资者在管理决策上的支持，从另外一个角度讲也可以说是经营管理方面会受到新进投资者的制约。最后，吸收直接投资对原股东而言负担的资本成本较高，企业经营获利需要按新进投资者的持股比例分享出去，当企业盈利较多时，分享出去的利润要远远高于银行借款的利息。

二、发行普通股筹资

股份公司的资本金称为股本，将股本划分成若干等份，即股份。股份是抽象的，要通过具体的物化形式来表现，这就是股票。发行股票是股份公司筹集资本金的基本方式。股票持有人即为公司的股东，公司股东作为出资人按投入公司的资本额享有相应的权利，并以其所持有的股份为限对公司承担责任。

（一）股票的分类

股份公司根据筹资者和投资者的需要，发行各种不同的股票。股票的种类很多，可以按不同的标准进行分类。

1. 按股东权利和义务的不同，可将股票分为普通股股票和优先股股票

普通股股票简称普通股，是股份公司依法发行的具有平等的权利、义务和股利不固定的股票。普通股具备股票的最一般特征，是股份公司资本的最基本部分。

优先股股票简称优先股，是股份公司发行的、相对于普通股具有一定优先权的股票。这种优先权主要体现在分配股利和分配剩余财产权利上。公司对优先股不承担法定的还本义务。对优先股股东来说，其收益相对稳定而风险较小。优先股一般无表决权。通常情况下，股份公司只发行普通股。

2. 按股票票面是否记名，可将股票分为记名股票和无记名股票

记名股票是指在股票上载有股东姓名或名称并将其记入公司股东名册的股票。记名股票要同时附有股权手册，只有同时具备股票和股权手册，才能领取股利。记名股票的转让、继承都要办理过户手续。

无记名股票是指在股票上不记载股东姓名或名称，也不将股东姓名和名称记入公司股东名册的股票。凡持有无记名股票者，都可以成为公司股东。无记名股票的转让、继承无须办理过户手续，只要将股票转让给受让人，就可发生转让效力，移交股权。

我国《公司法》规定，公司向发起人、法人发行的股票，应当为记名股票；向社会公众发行的股票，可以为记名股票，也可以为无记名股票。

3. 按投资主体的不同，可分为国家股、法人股、个人股等

国家股是有权代表国家投资的部门或机构以国有资产向公司投资而形成的股份。法人股是企业法人依法以其可支配的财产向公司投资而形成的股份，或具有法人资格的事业单位和社会团体以国家允许用于经营的资产向公司投资而形成的股份。个人股是社会个人或公司内部职工以个人合法财产投入公司而形成的股份。

4. 按发行对象和上市地区分类

我国公司目前发行的股票按发行对象和上市地区分为 A 股、B 股、H 股、N 股和 S 股等。在我国内地上市交易的股票主要有 A 股和 B 股。A 股是以人民币标明票面金额并以人民币认购和交易的股票。B 股是以人民币标明票面金额、以外币认购和交易的股票。A 股和 B 股在上海、深圳、北京证券交易所上市。另外，H 股、N 股、S 股是指公司注册地在我国内地，但上市地分别在我国香港、美国纽约和新加坡的股票。

（二）普通股股东的权利

依照我国《公司法》的规定，普通股股东一般具有以下四大权利：

（1）经营管理权。普通股股东对公司具有经营管理权，但由于公司特别是规模较大的公司的股东众多且分散，每个股东不可能都直接参与公司的经营管理，大部分只能通过间接的途径参与其中。

（2）收益分享权。收益分享权是普通股股东的一项基本权利。投资人购买普通股的目的是获得投资收益。公司获得的可分配利润，经董事会决定并经股东大会批准发放股利时，普通股股东有权按其所持股份的比例获得股利。

（3）优先认股权。普通股股东是公司的所有者，也是风险的主要承担者，当公司需要增发新股时，持有同类股票的现有股东享有按其股权比例优先认购新股票的权利，以保证他们对企业的控制权。

（4）剩余资产分配权。当公司解散、清算时，普通股股东对剩余财产有要求权。但是，公司破产清算时，财产的变价收入，首先要用来清偿债务，其次支付给优先股股东，最后才能分配给普通股股东。

（三）股票发行

股份有限公司发行股票，分为设立发行和增资发行。无论是设立发行还是增资发行，股票的发行都应遵循公平、公正的原则。同次发行的股票，每股的发行条件和价格应当相同。任何单位或个人所认购的股份，每股应支付相同的价款。同时，发行股票还应接受国务院证券监督管理机构的管理和监督。

1. 股票发行的一般条件

我国股市 A 股主板、创业板和科创板股票发行的具体条件有所不同，但一般都包括以下条件：（1）具备健全且运行良好的组织机构；（2）具有持续盈利能力，财务状况良好；（3）最近 3 年财务会计文件无虚假记载，无其他重大违法行为；（4）国务院证券监督管理机构规定的其他条件。

2. 股票发行的程序

股份有限公司在设立时发行股票与增资时发行新股，程序上有所不同。

（1）设立时发行股票的基本程序。

第一，发起人认足股份，交付出资。股份有限公司的设立，可以采取发起设立或募集设立两种方式。无论采用哪种方式，发起人均须认足其应认购的股份。若采用发起设立方式，须由发起人认购公司应发行的全部股份；若采用募集设立方式，发起人认购的股份不得少于公司股份总数的 35%，其余股份向社会公开募集或者向特定对象募集。

第二，提出募集股份申请。发起人向社会公开募集股份时，必须向证券监督管理部门递交募股申请，并报送批准设立公司的文件，主要包括公司章程、发起人协议、发起人姓名或名称、发起人认购的股份数、招股说明书、代收股款银行的名称及地址、承销机构的名称及有关协议等。

第三，公告招股说明书，制作认股书，签订承销协议和代收股款协议。募股申请获得主管部门批准后，发起人应在规定的时期内向社会公告招股说明书，并制作认股书。招股说明书中应附有发起人制定的公司章程，并载明发起人认购的股份数、每股的票面金额和发行价格、认购人的权利和义务、本次募股的起止期限等事项。认股书应当载明招股说明书所列事项，由认购人填写所认股数、金额、认购人住所，并签名盖章。

发起人向社会公开发行股票，应当由依法设立的证券承销机构承销，并签订承销协议。另外，还应当同银行签订代收股款协议。

第四，招认股份，缴纳股款。发行股票的发起人或其股票承销机构，通常以广告或书面通知的方式招募股份。认购者认购时，须在由发起人制作的认股书中填写认购股数、金额、认购人住所，并签名盖章。认购者一旦填写了认股书，就要承担认股书中约定的缴纳股款的义务。认股人应在规定的期限内向代收股款的银行缴纳股款。无论股票有无面值、股票面额大小，股款一律按发行价格一次缴足。

第五，召开创立大会，选举董事会、监事会。发行股份的股数募足后，发起人应在规定的期限内（30天内）主持召开创立大会。创立大会应有代表股份总数过半数的发起人、认股人出席方可举行。创立大会通过公司章程，选举董事会和监事会成员，并有权对公司设立费用进行审核，对发起人用于抵作股款的财产的作价进行审核。

第六，办理设立登记，交割股票。经创立大会选举的董事会，应在创立大会结束后30天内，办理申请公司设立的登记事项。股份有限公司成立后，即向股东正式交割股票。

（2）增资发行新股的程序。

第一，股东大会做出发行新股的决议。根据我国《公司法》的规定，公司发行新股必须由股东大会做出决议，包括新股种类及数额、新股发行价格、新股发行的起止日期、向原股东发行新股的种类及数额等事项。

第二，由董事会向国务院授权的部门或省级人民政府申请并经批准。

第三，公告新股招股说明书和财务会计报表及附属明细表，与证券经营机构签订承销协议，定向募集时向新股认购人发出认购公告或通知。

第四，招认股份，缴纳股款。

第五，改组董事会、监事会，办理变更登记并向社会公告。

3. 股票发行方式、销售方式和发行价格

公司发行股票筹资，应当选择适宜的股票发行方式和销售方式，并恰当地制定发行价格，以便及时募足资本。

（1）股票发行方式。股票发行方式指的是公司通过何种途径发行股票。股票可以公开向社会公众发售，也可以只面向少数特定的投资者发售。无论是设立时向社会公众募集资金，还是运行中的公司增资扩股，只要是首次面向社会公众发行股票都称为IPO（Initial Public Offerings）。而已经公开发行过股票的上市公司再次公开增发新股筹集资金，则被称为股权再融资（Seasoned Equity Offerings，SEO）。只向少数特定的对象直接发行，不经中介机构承销，称作非公开发行，又称私募发行。非公开发行方式弹性较大，发行成本低，但发行范围小，股票变现性差。

(2) 股票的销售方式。股票的销售方式指的是股份有限公司向社会公开发行股票时所采取的股票销售方法。股票销售方式有两类，即自销和委托承销。

委托中介机构销售是发行股票普遍采用的方式。我国《公司法》规定，股份有限公司向社会公开发行股票，必须与依法设立的证券经营机构签订承销协议，由证券经营机构承销。委托销售又分为代销和包销两种具体形式。代销是证券经营机构帮助发行公司代售股票，收取一定比例的佣金，但代销机构不保证能将股票全部售出。包销则是由证券经营机构一次性购进发行公司公开募集的全部股份，然后以较高的价格出售给社会上的认购者，如果未能全部售出，包销机构就只能自己做发行公司的股东。包销形式可保证发行公司筹足资本，因为股款未募足的风险转移给了承销商。

(3) 股票的发行价格。股票发行价格通常有等价、时价和中间价三种。等价是指以股票面额为发行价格，即股票的发行价格与其面额等价，也称平价发行或面值发行。时价是以公司原发行同种股票的现行市场价格为基准来选择增发新股的发行价格，也称市价发行。中间价是取股票市场价格与面额的中间值作为股票的发行价格。以中间价和时价发行既可能是溢价发行，也可能是折价发行。值得注意的是，我国《公司法》规定，公司发行股票不准折价发行，即不准以低于股票面额的价格发行。

根据我国《证券法》的规定，股票发行采取溢价发行的，其发行价格由发行人与承销的证券公司协商确定。发行人通常会参考公司经营业绩、净资产、发展潜力、发行数量、行业特点、股市状态等，确定发行价格。

(四) 股票上市

1. 股票上市与股票发行的区别

股票上市，是指股份有限公司公开发行的股票经批准在证券交易所挂牌交易。经批准在证券交易所上市交易的股票称为上市股票，其发行公司则称为上市公司。股票发行和股票上市是两个不同的概念。公开发行股票需要满足发行条件，并经股票发行审核委员会审核通过，而公司公开发行的股票进入证券交易所挂牌买卖（即股票上市），须符合证券交易所规定的上市条件。股票发行完成后可以不上市，也可以选择上市，但是面向社会公众公开发行的股票都会选择挂牌上市，便于投资者之间的股票买卖交易。正因为面向社会公众公开发行的股票和挂牌上市是两个连续的过程，因此在实务中一些人对股票发行和股票上市两个概念没有严格加以区分。

2. 股票上市的好处

(1) 改善公司融资环境。公司一旦上市，以后就可以有更多的机会从证券市场上筹集资金，并且更容易获得银行的贷款。

(2) 促进公司股权的社会化，防止股权过于集中，分散风险。

(3) 提高公司所发行股票的流动性和变现能力，便于投资者认购、交易。

(4) 提高公司的知名度，吸引更多顾客。股票上市的公司为社会所知，并被认为经营优良，这会给公司带来良好的声誉，从而吸引更多的顾客，扩大公司的销售。

(5) 便于确定公司的价值，以利于促进公司实现股东财富最大化目标。

3. 股票上市的缺点

(1) 使公司失去隐私权。一家公司转为上市公司，其最大的变化是公司隐私权的消失。上市公司需要将关键的经营情况和财务情况向社会公众公开。

(2) 上市后需要负担较高的信息披露成本，尤其是在海外上市。

(3) 限制经理人员操作的自由度。公司上市后，其所有重要决策都需要经董事会讨论通过，有些对企业至关重要的决策则须全体股东投票决定。股东通常以公司盈利、分红、股价等来判断经理人员的业绩，这些压力往往使企业经理人员只注重短期效益而忽略长期效益。

(4) 股票公开上市后更容易招来敌意收购，使原控制人失去控制权。

（五）股票发行上市地的选择

我国股票市场经过三十多年的发展和完善，逐步建立起多层次资本市场架构，包括上海证券交易所主板、深圳证券交易所主板、深圳证券交易所创业板、上海证券交易所科创板、北京证券交易所、全国股转系统（新三板）以及区域性股权交易市场（四板市场）。多层次资本市场为不同的股票投资者与筹资者提供多样化的投融资金融服务。

随着经济的全球化，一些海外资本市场也成为许多中国企业发行上市的可选之地。如美国纽约证券交易所、香港联合证券交易所、英国伦敦证券交易所、新加坡证券交易所、瑞士证券交易所等。如今在世界各地的证券发行交易场所都可见到中国公司的身影。

中国公司选择股票发行上市地点考量的因素一般有：

(1) 从提出申请到资金筹集到手所需等待时间。

(2) 证券市场设定的发行条件。

(3) 证券交易所股票交易活跃的程度。交易所股票交易活跃程度会影响股票发行的市盈率倍数，也会影响日后的再融资成本。

(4) 上市维持成本。上市后维持成本通常包括上市年费，支付给会计师、律师、券商等的中介费及媒体披露费、市场推介费等。

(5) 跨国经营便利性。选择发行上市地点时公司通常还会考虑自身在国际市场上开展业务的地域。

（六）普通股筹资的优缺点

1. 普通股筹资的优点

(1) 没有固定利息负担。公司有盈余并认为适合分配股利时，就可以分配股利；公司盈余较少，或虽有盈余但资金短缺或有更有利的投资机会时，就可以少支付或不支付股利。

(2) 没有固定到期日，不用偿还，成为公司的永久性资本。这对于保证公司对资本的最低需求，促进公司长期持续稳定经营具有重要意义。

(3) 筹资风险小。由于普通股没有固定到期日，不用支付固定的股利，这种筹资实际上不存在不能偿付的风险，因此，风险最小。

(4) 能增加公司的信誉。普通股筹资既可以提高公司的信用价值，同时也增强了公司的举债能力，为使用更多的债务融资提供了强有力的支持。

(5) 筹资限制较少。利用优先股或债券筹资通常有许多限制，这些限制往往会影响公司经营的灵活性，而利用普通股筹资则没有这种限制。

2. 普通股筹资的缺点

(1) 资本成本较高。一般而言，普通股筹资的成本要高于债务筹资。这主要是由于投资于股票的风险较高，股东相应要求得到较高的报酬率，并且股利从税后利润中支付；而使用债务资本的占用成本（表现形式如利息）却允许从所得税前利润中扣除。此外，普通股的发行、上市等方面的费用也十分庞大。

（2）容易分散控制权。利用普通股筹资，出售了新的股票，引进了新的股东，容易导致公司控制权的分散。新股东对发行新股前积累的盈余具有分享权，会降低普通股的每股收益，从而可能引起股价的下跌。

三、留存收益筹资

（一）留存收益筹资的内容

留存收益是企业筹集内部资金的主要方式，其筹集资本的性质亦属权益资本。公司将收益留存有主动和被动两方面的原因。首先，法律法规限制企业将收益分光，必须提取法定盈余公积；其次，会计收益与现金流量暂时不对应。虽然公司按权责发生制核算有净利润，但不一定有相应数额的现金净流量增加，因而不一定有足够的现金将收益全部分派给股东。最后，公司对投资机会、控制权及偿债等方面的通盘考虑。

留存收益筹资主要包括盈余公积和未分配利润。

1. 盈余公积

盈余公积是指限定不能用于分配的净利润，按照《公司法》规定或公司自愿从净利润中提取的积累资金，包括法定盈余公积金和任意盈余公积金。

2. 未分配利润

未分配利润是指未限定用途的留存净利润。其具体有两层含义：一是这部分净利润没有分配给企业的股东；二是这部分净利润未指定用途。

（二）留存收益筹资的优缺点

1. 留存收益筹资的优点

（1）资本成本较普通股低。留存收益筹资，不用考虑筹资费用，资本成本较普通股低。

（2）保持普通股股东的控制权。留存收益筹资，不用对外发行股票，由此增加的权益资本不会改变企业的股权结构，不会稀释原有股东的控制权。

（3）增强企业的信誉。留存收益筹资能够使企业保持较大的可支配的现金流，既可解决企业经营发展的资金需要，又能提高企业举债的能力。

2. 留存收益筹资的缺点

（1）筹资数额有限制。留存收益筹资最大可能的数额是企业当期的税后利润。如果企业经营亏损，则不存在这一渠道的资金来源。此外，留存收益的比例常常受到某些股东的限制，他们可能从消费需求、风险偏好等因素出发，要求股利支付比率维持在一定水平上。留存收益过多，股利支付过少，可能会影响到今后的外部筹资。

（2）资金使用受制约。留存收益中某些项目的使用，如法定盈余公积金等，要受国家有关规定的制约。

第三节 债务资本筹资

负债是企业重要的资本来源，几乎没有一家企业只靠自有资本经营而不借债。负债有长期负债和短期负债之分，长期负债是指期限超过一年的负债。长期负债一般用于解决企业长期资金的不足，如满足购建固定资产的需要。与短期负债相比，长期负债的利率一般会高于短期负债，在资金使用上一般会有严格的约束条件。目前在我国，长期债务筹资主要有长期借款、发行债券和融资租赁等方式。

一、长期借款

长期借款是指企业向银行或非银行金融机构借入的期限超过一年的贷款。

（一）长期借款的种类

长期借款的种类很多，按不同的标准，长期借款可作如下分类：

（1）按贷款提供者的单位不同，分为政策性银行贷款、商业银行贷款和其他金融机构贷款等。

（2）长期借款按有无抵押品作担保，分为抵押贷款和信用贷款。抵押贷款是指以特定的抵押品（如房屋、建筑物、机器设备、有价证券、存货等）为担保而取得的贷款。抵押贷款有利于银行降低其贷款的风险程度，提高贷款的安全性。

信用贷款是指企业不需要提供抵押品，仅凭借自身信用或担保人的信誉就能取得的贷款。需要贷款的企业通常仅出具签字的文书即可得到信用贷款，但只有那些资本实力雄厚、财务形象佳、信誉良好的企业才能取得。

（二）借款条件和程序

金融机构对企业发放贷款的原则是：按计划发放、择优扶植、有物资保证、按期归还。企业申请贷款一般应具备的条件有：

（1）独立核算、自负盈亏、有法人资格。

（2）经营方向和业务范围符合国家产业政策，借款用途属于银行贷款办法规定的范围。

（3）借款企业具有一定的物资和财产保证，担保单位具有相应的经济实力。

（4）具有偿还贷款的能力。

（5）财务管理和经济核算制度健全，资金使用效益及企业经济效益良好。

（6）在银行设有账户，办理结算。

具备上述条件的企业欲取得贷款，先要向银行提出申请，陈述借款原因与金额、用款时间与计划、还款期限与计划。银行根据企业的借款申请，针对企业的财务状况、信用情况、盈利的稳定性、发展前景、借款投资项目的可行性等进行审查。银行审查同意贷款后，再与借款企业进一步协商贷款的具体条件，明确贷款的种类、用途、金额、利率、期限、还款的资金来源及方式、保护性条件、违约责任等，并以借款合同的形式将其法律化。借款合同生效后，企业便可取得借款。

（三）借款的偿还方式

长期借款的偿还方式不一，比如：定期支付利息、到期一次性偿还本金；定期等额偿还本息；平时逐期偿还小额本金和利息，期末偿还大额部分，即所谓的气球膨胀式还款方式。不同还款方式给借款人造成的还款压力不同，借款人可以根据自己企业现金流的特点，与银行协商具体的偿还方式。

【例 5-1】A 公司向市工商银行贷款 500 万元用于一项技术改造项目，贷款年利率 5%。

（1）贷款合同约定每年年末付息一次，到期还本。则该项贷款各期本息偿还金额如表 5-1 所示。

表 5 – 1   贷款本息偿还表（1）

贷款期限：3 年   贷款金额：500 万元   用途：技术改造   单位：万元

年序号	年偿还额	利息支付额	本金偿还额	本金剩余额
0				500
1	25	25	0	500
2	25	25	0	500
3	525	25	500	0
合计	575	75	500	0

（2）贷款合同约定本金分 3 年平均偿还。则该项贷款各期本息偿还金额如表 5 – 2 所示。

表 5 – 2   贷款本息偿还表（2）

贷款期限：3 年   贷款金额：500 万元   用途：技术改造   单位：万元

年序号	年偿还额	利息支付额	本金偿还额	本金剩余额
0				500
1	191.67	25	166.67	333.33
2	183.34	16.67	166.67	166.66
3	174.99	8.33	166.66	0
合计	550	50	500	

（3）贷款合同约定在未来 3 年每年年末等额还本付息。则该项贷款各期本息偿还金额如表 5 – 3 所示。

表 5 – 3   贷款本息偿还表（3）

贷款期限：3 年   贷款金额：500 万元   用途：技术改造   单位：万元

年序号	年偿还额	利息支付额	本金偿还额	本金剩余额
0				500
1	183.61[①]	25	158.61	341.39
2	183.61	17.07	166.54	174.85
3	183.59[②]	8.74	174.85	0
合计	550.81	50.81	500	

注：①年等额偿还额 = 500 ÷ 年金现值系数 = 183.61（万元）；②本表数字计算过程中仅保留两位小数，导致最后一期偿还额略有差异。

（四）长期借款的优缺点

1. 长期借款筹资的优点

（1）筹资速度快。发行各种证券筹集长期资金所需时间一般较长，做好证券发行的准备以及证券的发行都需要一定时间。而向金融机构借款与发行证券相比，一般借款所需时间较短，可以迅速地获取资金。

（2）资本成本较低。利用长期借款筹资，其利息可在所得税前列支，故可减少企业实际负担的成本；与债券相比，借款利率低于债券利率，而且没有庞大的发行费用，借款筹资成本较低。

（3）灵活性较强。企业与金融机构可以直接接触，可通过直接商谈来确定借款的时间、数量、利息、偿付方式等条件。在借款期间，如果企业情况发生了变化，也可与金融机构进行协商，修改借款合同。借款到期后，如有正当理由，还可延期归还。

（4）可以发挥财务杠杆作用。如果企业投资报酬率大于借款利率，企业所有者将会因财务杠杆的作用而得到更多的收益。

2. 长期借款筹资的缺点

（1）财务风险高。企业举借长期借款，必须定期还本付息。在经营不利的情况下，可能会产生不能偿付的风险，甚至会导致破产。

（2）限制条款较多。企业与金融机构签订的借款合同中，一般都有较多的限制条款，这些条款可能会限制企业的经营活动。

（3）筹资数额有限。长期借款的数额通常会受制于贷款金融机构的实力或贷款意愿，金融机构一般不愿出借巨额的长期借款给一家企业。

二、发行债券

债券是发行人依照法定程序发行，约定在一定期限内还本付息的一种有价证券。债券的发行人是债务人，投资于债券的人是债权人。债券融资是一种非常重要的负债融资方式。我国非公司制企业发行的债券称为企业债券，公司发行的债券称为公司债券，简称公司债，此外还有银行间债券，比如中期票据。

（一）债券的种类

债券的品种非常多，可以按不同的标准进行分类。

1. 记名债券与不记名债券

记名债券是指在券面上记有持券人的姓名或名称。对于这种债券，公司只对记名人偿本付息，凭身份证或其他有效证件领取本息。记名债券的转让，由债券持有者以背书等方式进行，并向发行公司通报受让人的姓名或名称，以便公司登记在债券存根簿上。

不记名债券是指在券面上不记载持券人的姓名或名称，还本付息以债券为凭。其转让手续简单，只需将债券交付给受让人即发生效力。

2. 有担保债券与无担保债券

有担保债券是指企业发行的有指定的财产作为担保的债券。借款人可以不动产或其他长期资产作抵押品进行担保。

无担保债券是指没有具体财产担保而仅凭发行企业的信誉发行的债券，又称"信用债券"。由信誉良好的公司发行，利率一般略高于有担保债券。

3. 按特殊偿还方式分类

许多债券附有特殊的条款。比如可赎回债券，发行公司有权于债券到期前清偿。可转换债券允许持有人在规定的时间内按规定的价格转换为发行公司普通股。附认股权债券附有允许债券持有人按特定的价格认购股票的一种长期选择权。表5-4中珠海正方集团有限公司发行的债券规定发行人第3年年末有调整票面利率选择权，投资者有回售选择权。

表 5-4 珠海正方集团有限公司 2022 年面向专业投资者非公开发行的公司债券（第一期）

发行单位	珠海正方集团有限公司	债券简称	22 正方 01	债券代码	133182
发行量	5 亿元	发行价	100 元	计息方式	累进利率
期限	5（3+2）年*	发行票面利率	3.85%	剩余期限	1 698 天
起息日期	2022-01-17	到期日期	2027-01-17	发行起始日	2022-01-13
上市日期	2022-01-27	每年付息日	01-17	付息方式	附息
币种	CNY	交易市场	深圳证券交易所		

* 第 3 年年末发行人有调整票面利率选择权，投资者有回售选择权。

（二）债券发行价格

债券发行价格是指债券发行时使用的价格，亦即投资者购买债券时所支付的价格。公司债券的发行价格通常有三种：平价、溢价和折价。平价是指以债券的票面金额为发行价格；溢价是指以高出债券票面金额的价格为发行价格；折价是指以低于债券票面金额的价格为发行价格。债券发行价格主要取决于债券票面利率与市场利率的对比。如果债券票面利率大于（小于、等于）市场利率，企业可以溢价（折价、平价）出售债券。债券的票面金额、票面利率在债券发行前即已参照市场利率和发行公司的具体情况确定下来，一并载明于债券之上。但在发行债券时已确定的票面利率不一定与当时的市场利率一致，为了平衡债券发行方和购买方的利益，就只能调整债券实际出售的价格。

债券发行价格主要由两部分组成，即债券利息（有时简称债息）的年金现值和到期本金的复利现值。举例如下：

【例 5-2】 某公司拟发行一批公司债券，每张面额为 100 元，票面利率 6%，期限 5 年，每年年末付息一次，到期还本。假设实际发行时市场利率为 5%。则该债券的发行价格计算如下：

$$债券发行价格 = 100 \times 6\% \times (P/A, 5\%, 5) + 100 \times (P/F, 5\%, 5)$$
$$= 104.33（元）$$

如果实际发行时市场利率为 5% 和 7%，则债券应分别按照平价和折价发行。

（三）信用评级

公开发行债券通常需要由债券评信机构评定等级。债券的信用等级对于发行公司和购买人都有重要影响。这是因为债券评级是度量违约风险的一个重要指标，债券的等级对于债务融资的利率以及公司债务成本有着直接的影响。一般来说，资信等级高的债券，能够以较低的利率发行；资信等级低的债券，风险较大，只能以较高的利率发行。对于发行企业来说，总是争取划入更高级别，如果划入较高等级，这样有利于吸引投资者，成功地实现筹资目的，而且支付的利息率也较低。

债券的信用等级代表发债人还本付息的能力或者投资者投资债券面临的风险。债券的信用等级通常由独立的专业机构进行评估，从发行人还本付息的可靠程度进行客观、公正和权威的评定。国际上流行的债券等级是三等九级，从高到低依次为 AAA、AA、A、BBB、BB、B、CCC、CC、C（或 D）。AAA 级为最高级，AA 级为高级，A 级为上中级，BBB 级为中级，BB 级为中下级，B 级为投机级，CCC 级为完全投机级，CC 级为极大投机级，C 级为最低级。这些简单的符号向广大投资者传递着债券的风险大小。AAA 级债券的发行方到期具有极高的还本付息能力,投资者基本不必担心风险,C级债券的发行企业面临破产,投资者购买该等级债券可能血本无归。

根据中国人民银行的有关规定,凡是向社会公开发行的企业债券,需要由经中国人民银行认可的资信评级机构评定信用等级。这些机构对发债企业的企业素质、财务质量、项目状况、项目前景和偿债能力进行评分,以此评定信用级别。

(四) 债券筹资的优缺点

1. 债券筹资的优点

(1) 资本成本较低。与股票的股利相比,债券的利息允许在所得税前支付,公司可享受税收上的利益。但是因为发行手续复杂,需要承担较高的发行成本。

(2) 可获得财务杠杆收益。无论发行公司的盈利多少,只需支付固定的利息,若公司用资后收益丰厚,增加的收益大于支付的债息额,则会增加股东财富。

(3) 可保障公司的控制权。债券持有人没有投票权和企业控制权,无权干涉企业的管理事务,因此,可保障企业所有者的控制权。

2. 债券筹资的缺点

(1) 财务风险较高。债券通常有固定的到期日,需要定期还本付息,财务上始终有压力。在公司不景气时,还本付息将成为公司沉重的财务负担。

(2) 限制条件多。发行债券的限制条件较长期借款多且严格,可能会影响企业的资本使用和以后的筹资能力。

三、租赁融资

(一) 租赁的概念

租赁是出租人以收取租金为条件,在约定的期间内将其所拥有的资产租让给承租人使用的一种经济行为。租赁被视为一种特殊的融资方式,本质上具有借贷属性,但其直接涉及的是物而不是钱。在租赁业务中,出租人主要是各种专业租赁公司,承租人主要是其他各类企业,租赁物大多为设备等固定资产。

现代租赁已经成为企业筹资的一种方式,用于补充或部分替代其他筹资方式。在租赁业务发达的条件下,它为企业所普遍采用。

(二) 经营租赁和融资租赁

1. 经营租赁。经营租赁是由出租人向承租企业提供租赁设备,并提供设备维修保养和人员培训等的服务性业务。经营租赁通常为短期租赁。承租企业采用经营租赁的目的主要不是融通资本,而是获得设备的短期使用以及出租人提供的专门技术服务。从承租企业无须先筹资再购买设备即可享有设备使用权的角度来看,经营租赁也有短期筹资的功效。

经营租赁的特点主要有:(1) 承租企业根据需要可随时向出租人提出租赁资产;(2) 租赁期较短,不涉及长期而固定的义务;(3) 在设备租赁期内,如有新设备出现或不需用租入设备时,承租企业可按规定提前解除租赁合同,这对承租企业比较有利;(4) 出租人提供专门服务;(5) 租赁期满或合同中止时,租赁设备由出租人收回。

2. 融资租赁。融资租赁是由租赁公司按照承租企业的要求购买设备,并在合同规定的较长期限内提供给承租企业使用的信用性业务,是现代租赁的主要类型。承租企业的主要目的是融通资本。融资租赁集融资与融物于一体,具有借贷的性质,是承租企业筹集长期债务资本的一种特殊方式。

融资租赁通常为长期租赁，可满足承租企业对设备的长期需求。主要特点有：(1) 一般由承租企业向租赁公司提出正式申请，由租赁公司购进设备租给承租企业使用；(2) 租赁期限较长，大多为设备使用年限的一半以上；(3) 租赁合同比较稳定，在规定的租期内非经双方同意，任何一方不得中途解约，有利于维护双方的权益；(4) 由承租企业负责设备的维修保养和投保事宜，但无权自行拆卸改装；(5) 租赁期满时，按事先约定的办法处置设备，一般有续租、留购或退还三种选择，通常由承租企业留购。

（三）售后回租

售后回租是一种特殊形式的租赁业务，是指卖主（承租人）将一项自制或外购的资产出售后，又将该项资产从买主（出租人）租回。在售后回租方式下，卖主同时是承租人，买主同时是出租人。通过售后回租交易，资产的原所有者（承租人）在保留对资产的占有权、使用权和控制权的前提下，将固定资产转化为货币资本，在出售时可取得全部价款的现金，而租金则是分期支付的，从而获得了所需的资金；而资产的新所有者（出租人）通过售后回租交易，找到一个风险小、回报有保障的投资机会。由于在售后回租交易中资产的售价和租金是相互关联的，是以一揽子方式谈判的，是一并计算的，因此资产的出售和租回实质上是同一笔业务。

案例：珠海拾比佰股份有限公司的融资租赁业务

2014年4月，拾比佰公司考虑到：①新生产线建设及后续所需配套流动资金较大，需要长期资金投入；②银行的长期贷款较难获得；③相较于银行抵押贷款，融资租赁融资成本相对较低，因此与远东国际租赁有限公司签订合同，约定租赁公司将其向深圳多枝进口公司购买的家电彩色涂层钢板生产线出租给拾比佰公司使用，租金总额为4 000万元。

2017年6月，拾比佰公司为盘活现有资产、拓宽融资渠道，以满足其长期发展对资金的需求，又以控股子公司珠海拾比佰新型材料有限公司拥有的部分机器设备与远东国际租赁有限公司开展融资租赁业务，采用"售后回租"的方式融得资金4 500万元人民币，融资期限36个月，并由公司实际控制人无偿提供连带责任担保。

（四）融资租赁筹资的优缺点

采用融资租赁方式，企业不必预先筹措一笔相当于设备价款的现金即可获得需用的设备。与其他筹资方式相比，融资租赁筹资优缺点如下：

1. 融资租赁筹资的优点

（1）能够迅速获得所需资产。融资租赁集融资与融物于一体，一般要比先筹措现金再购置设备来得更快，可使企业尽快形成生产经营能力。

（2）限制条款较少。企业运用股票、债券、长期借款等筹资方式，都受到相当多的资格条件的限制，相比之下，租赁筹资的限制条款一般比较少。

（3）设备陈旧过时风险小。随着科学技术的不断进步，设备陈旧过时的风险很大，而多数租赁协议规定这种风险由出租人承担，承租企业不必承担。

（4）财务风险小。融资租赁的全部租金通常在整个租期内分期支付，可以适当降低到期不能一次性偿付本金的风险。

（5）租金的抵税作用。融资租赁的租金费用允许在所得税前扣除，承租企业能够享受节税利益。

2. 融资租赁筹资的缺点

融资租赁筹资也有其不足之处,主要是:租赁筹资的成本较高,租金总额通常要比设备价值高出 30%,计算下来租息要比银行借款或发行债券所负担的利息高得多;承租企业在财务困难时期,支付固定的租金将成为一项沉重的负担。

第四节 短期债务性筹资

短期债务性筹资也称流动负债筹资,可以通过短期借款、票据贴现、商业信用、短期融资券等方式进行。

一、短期借款

短期借款是指企业向银行或其他非银行金融机构借入的期限在一年以内的借款。在我国,短期借款是企业筹集短期资金的主要来源之一。

(一)短期借款的类型

我国目前的短期借款按照目的和用途划分,主要分为生产周转借款、临时借款和结算借款。按照国际通行的做法,短期借款还可以按有无抵押担保,分为信用借款、抵押借款和担保借款。

(二)短期借款的信用条件

按照国际同行做法,银行发放短期借款往往带有一些信用条件,主要有以下方面。

1. 信用额度。信用额度是银行对借款人规定的无担保贷款的最高额,信用额度的有效期限通常为一年。一般来说,企业在获批的信用额度内可以随借随还。

2. 周转信贷协定。周转信贷协定是银行具有法律义务地承诺提供不超过某一最高限额的贷款协定。在协定的有效期内,只要企业的借款总额未超过最高限额,银行必须满足企业任何时候提出的借款要求。企业享用周转信贷协定,通常就贷款限额的未使用部分付给银行一笔承诺费。这是银行向企业提供此项贷款的一种附加条件。

【例 5-3】某企业与银行商定的周转信贷额为 5 000 万元,承诺费率为 5‰,借款企业年度内使用了 3 200 万元,余额为 1 800 万元。则该企业应向银行支付承诺费的金额为:

承诺费 = 1 800 × 5‰ = 9(万元)

周转信贷协定的有效期通常超过一年,但实际上贷款每几个月发放一次,所以这种信贷具有短期借款和长期借款的双重特点。

3. 补偿性余额。补偿性余额是银行要求借款企业在银行中保持按贷款限额或实际借用额一定百分比(一般为 10%~20%)的最低存款余额。从银行的角度来说,补偿性余额可降低贷款风险,补偿其可能遭受的贷款损失。对于借款企业来说,补偿性余额则提高了借款的实际利率,加重了企业的利息负担。

【例 5-4】某企业按年利率 8% 向银行借款 1 000 万元,银行要求维持贷款限额 15% 的补偿性余额,那么该企业实际可用的借款只有 850 万元,这项借款的实际利率为:1 000 ×

8%÷850=9.41%。

(三)短期借款筹资的优缺点

1. 短期借款筹资的优点

(1)短期借款筹资效率较高。短期借款在较短的时间内即要归还,对银行来说风险相对较小,因此银行审批、放款的速度一般都较快,企业能比较及时地借到款项。

(2)短期借款筹资比较灵活。短期借款的限制性条款比长期借款少,企业资金使用较灵活;另外,企业如果资金暂时周转困难,无法偿还到期的短期借款,可以与银行商量延期,这比商业信用等筹资方式稍微灵活一些。

(3)短期借款筹资成本较低。这主要是相对于长期借款而言的,对银行来说,短期放款比长期放款风险小,所以利率低一些,因此短期借款的筹资成本也低一些。

2. 短期借款筹资的缺点

(1)短期借款筹资手续较麻烦。向银行借款需要办理一些相关手续,这与商业信用由商品交易自动而形成的筹资相比,手续相对麻烦。

(2)短期借款筹资风险较大。短期借款要在短期内归还,这要求企业在短期内要有足够的资本,否则就容易陷入危机,特别是在带有一些附加条件的情况下会使风险加剧。

二、票据贴现

票据贴现是指持票人把未到期的商业票据转让给银行,贴付一定的利息以取得银行资金的一种借贷行为。它是一种以票据为担保的贷款,是一种银行信用。票据贴现涉及贴现利息和银行实付贴现金额,计算公式为:

贴现利息 = 票据到期金额 × 贴现率 × 贴现期   (5-1)

银行实付贴现金额 = 票据到期金额 - 贴现利息   (5-2)

其中,贴现期是指自贴现日至票据到期前一日的实际天数。

【例5-5】 某企业2022年7月10日将一张出票日为4月10日、期限为6个月、票面价值1 000万元、票面利率月息5‰的商业汇票向银行贴现,贴现率为月息6‰。该汇票到期日为10月10日,贴现期为91天。

汇票到期金额 = 1 000 × (1 + 5‰ × 6) = 1 030(万元)

贴现利息 = 1 030 × 6‰ ÷ 30 × 91 = 18.746(万元)

银行实付贴现金额 = 1 030 - 18.746 = 1 011.254(万元)

如果办理贴现的是商业承兑汇票,而该票据到期时债务人未能付款,那么贴现银行因收不到款项而有权向贴现企业行使追索权。

三、商业信用

商业信用是指商品交易中的延期付款、预收货款或延期交货而形成的借贷关系,是企业之间的直接信用行为。企业之间商业信用的形式很多,主要有应付账款、应付票据、预收货款。一般来说,企业以赊购的方式向其他单位购入原材料或其他货物,而以应付账款或应付票据的形式在企业账面上反映,这实质上是企业获得了临时性的资本来源。同样,企业以预收货款的方式从购买本企业产品的单位收取预收款,并以预收账款的形式在企业账面上反映,企业也同样获得了临时性的资本来源。商业信用运用广泛,已成为企业短期筹资的主要来源之一。当然，一家企业能否获得以及多长时间使用供应商或客户的商业信用，取决于企业的市场势力，如果在商业交易中市场势力弱是很难通过商业信用融资的。

（一）应付账款

应付账款即赊购商品形成的欠款，是一种典型的商业信用形式。应付账款是卖方向买方提供信用，允许买方收到商品后不立即付款，可延续一定时间。这样做既解决了买方暂时性的资金短缺困难，又便于卖方推销商品。

卖方在销售中推出信用期限的同时，往往会提出现金折扣条款。如（2/10, n/30）表示信用期为30天，允许买方在30天内免费占用资金；如买方在10天内付款，可以享有2%的现金折扣。这时，买方就面临一项应付账款决策：要不要提前在现金折扣期内付款。

供应商在信用条件中规定现金折扣，目的在于加速资金回收。购买方决定放弃现金折扣，相当于在向卖方短期融资。放弃现金折扣隐含的利息成本通常比较高。计算公式如下：

$$放弃现金折扣成本率 = \frac{现金折扣率 \times 360}{(1 - 现金折扣率) \times (信用期 - 折扣期)} \quad (5-3)$$

【例5-6】 A企业向B企业购入一批原材料，价款总额为100万元，付款约定为（2/10, n/30）。A企业放弃现金折扣的成本为：

$$放弃现金折扣成本率为：\frac{2}{98} \times \frac{360}{20} = 36.73\%$$

A企业可以在第10天时付款98万元，也可以到第30天时付款100万元。放弃现金折扣，把98万元多占用20天，就需支付"利息"2万元。放弃现金折扣的成本是一种机会成本，它是买方该不该放弃现金折扣的决策依据。

（二）商业汇票

商业汇票是企业之间根据购销合同进行延期付款的商品交易时，开具的反映债权债务关系的商业票据。商业票据是现代商业活动中一种载有一定付款日期、付款地点、付款金额和付款人的无条件支付的流动证券，也是一种可以由持票人自由转让给他人的债权凭证。

商业汇票按承兑人的不同，分为商业承兑汇票和银行承兑汇票。商业承兑汇票是由收款人签发，经付款人承兑，或由付款人签发并承兑的票据。银行承兑汇票是由收款人或承兑申请人签发，并由承兑申请人向银行申请，经由银行审查同意承兑的票据。

商业汇票的承兑期（付款期限）是由交易双方商定的。在我国，商业汇票的承兑期一般为1-6个月，最长不超过9个月，遇有特殊情况可以适当延长。作为一种短期筹资方式，商业汇票是一种约期支付的书面凭证，比应付账款更有法律约束力。

商业汇票按照是否带息，分为带息票据和不带息票据。带息票据是指商业汇票到期时，承兑人除向收款人或被背书人支付票面金额外，还应按票面金额和票据规定的利率支付自票据生效之日起至票据到期日止的利息的商业汇票。不带息票据是指商业汇票到期时，承兑人只按票面金额向收款人或被背书人支付款项的商业汇票。

（三）预收货款

预收货款是指卖方按照合同或协议的规定，在发出商品之前向买方预收的部分或全部货款的信用行为。它等于卖方向买方先借一笔款项，然后用商品偿还。这种情况中的商品往往是紧俏的，买方乐意预付货款而取得期货，卖方由此筹集到资金。

(四) 商业信用筹资的优缺点

1. 商业信用筹资的优点

(1) 商业信用筹资便利、及时。商业信用筹资与商品交易或经营中的其他业务同时进行，属于"自动性筹资"，不需要做正规的安排、办理正式的筹资手续，筹资便利、及时。

(2) 商业信用筹资有时没有成本或成本很低。预收账款、应付账款等筹资方式没有筹资成本，采用应付票据筹资的成本也比较低。

(3) 商业信用筹资的限制条件少。企业采用银行借款的筹资方式，常常会有一些限制条件，而商业信用筹资则限制少。

2. 商业信用筹资的缺点

(1) 商业信用筹资有时机会成本很高。如果企业采用应付账款筹资，有时会放弃现金折扣，其机会成本是相当高的。

(2) 商业信用筹资的期限较短。商业信用的信用期、折扣期一般都是比较短的，最长的票据期也就6个月，比银行借款等筹资方式的期限短。

四、短期融资券

(一) 短期融资券的含义和特征

短期融资券是由企业依法发行的无担保短期本票。在我国，短期融资券是指企业依照《银行间债券市场非金融企业债务融资工具管理办法》规定的条件和程序在银行间债券市场发行和交易并约定在一定期限内还本付息的有价证券，是企业筹措短期（一年以内）资金的直接融资方式。

我国短期融资券具有以下特征：

(1) 发行人为非金融企业。

(2) 发行和交易的对象是银行间债券市场的机构投资者，不向社会公众发行和交易。

(3) 由符合条件的金融机构承销，企业不得自行销售融资券，发行融资券募集的资金用于本企业的生产经营。

(4) 融资券采用实名记账方式在中央国债登记结算有限责任公司（简称中央结算公司）登记托管，中央结算公司负责提供有关服务。

(5) 债务融资工具发行利率、发行价格和所涉及费率以市场化方式确定，任何商业机构不得以欺诈、操纵市场等行为获取不正当利益。

(二) 短期融资券筹资的优缺点

1. 短期融资券筹资的优点

(1) 筹资成本较低。相对于发行公司债券筹资而言，发行短期融资券的筹资成本较低。

(2) 筹资数额较大。相对于银行借款而言，发行短期融资券筹资的数额往往较大。

(3) 可以提高企业信誉和知名度。由于能在货币市场上发行短期融资券的都是著名的大公司，因而一个公司如果能发行自己的短期融资券，说明该企业有较好的信誉；同时，随着短期融资券的发行，公司的知名度也大大提高。

2. 短期融资券筹资的缺点

(1) 风险较大。短期融资券到期必须归还，一般不会有延期的可能。如果到期无法归还，会对企业信誉产生较严重的不良影响，因而风险较大。

（2）弹性较小。只有当企业的资金需求达到一定数量时才能使用短期融资券，如果数量较小，则会加大单位资金的筹资成本。另外，短期融资券一般不能提前偿还，即使企业资金比较宽余，也要到期才能偿还。

（3）发行条件比较严格。能够达到发行短期融资券条件的企业，必须是信誉好、实力强、效益高的个别企业，因此，大多数企业不可能利用短期融资券方式来筹集资金。

第六章

资本成本

第一节　成本概述

成本通常是指一个组织为了实现现在或者未来经济利益目标所支付的现金或现金等价物。企业要实现利润最大化财务目标，必须加强对生产经营成本的控制，树立成本效益观念。同时要尽可能降低资本成本，实现企业价值最大化目标。

一、生产经营成本

所谓生产经营成本，是指从事生产经营活动而发生的各种物化劳动和活劳动的货币表现。生产经营成本包括产品成本与期间费用两大类。产品成本，又称产品制造成本，是与产品的生产直接相关的成本，包括产品生产中所耗用的直接材料、直接人工和制造费用三项。期间费用是企业经营活动中所发生的与该会计期间的销售、经营和管理等活动相关的支出，例如，管理费用、研发费用、销售费用、财务费用等。产品成本是归属于某个成本对象所消耗的支出，是对象化的费用；期间费用是相对于某一会计期间发生的费用化支出。

二、生产经营成本的性态

（一）生产经营成本的类型

成本性态，又称作成本习性，是指成本总额的变动与业务量之间的依存关系。生产经营成本按成本性态可以分为固定成本、变动成本和混合成本。

1. 固定成本。在一定时期和一定业务量范围内成本总额不随业务量增减变动而变动的成本项目，属于固定成本。例如，房屋和设备的折旧费、管理人员的工资等。

2. 变动成本。在一定时期和一定业务量范围内成本总额与业务量变动成正比例变动的成本项目，属于变动成本。例如，直接材料成本、直接人工成本、生产中耗用的水电费等。

3. 混合成本。混合成本是指成本总额与业务量同向变动，但不是成正比例关系的成本项目。在实际的项目中如维修费用、检验费用等，其成本性态并不明显，这些项目也随着业务量的变化而变化，但并不是正比例变动，兼具固定成本和变动成本两种不同性质的成本，简称混合成本。

(二) 总成本习性模型

混合成本可以拆分成固定和变动两部分,因此生产经营总成本按照成本习性(性态)最终可分为固定成本、变动成本两部分,如图 6-1 所示。

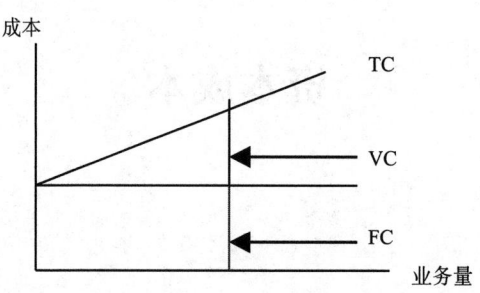

图 6-1 生产经营成本的构成

从图 6-1 可以看出,在某一业务量水平上,企业发生的总成本(TC)可以分为固定成本(FC)和变动成本(VC)两部分,即 $TC = FC + VC$。

三、几个相关财务变量

这里引出几个相关财务变量,这些变量在下一章关于杠杆效应的计算中将会用到。

1. 边际贡献(MC)

所谓边际贡献,是指增加单位销售收入而导致的税前利润的增量。其计算公式为:

边际贡献总额 = 销售收入总额 − 变动成本总额 (6-1)

即:$MC = S - VC = (p - b)Q = mQ$ (6-2)

式中,MC 为边际贡献总额;S 为销售收入总额;VC 为变动成本总额;p 为销售单价;b 为单位变动成本;Q 为销量,这里假设销售量等于生产量;m 为单位边际贡献。

2. 息税前利润(EBIT)

息税前利润,顾名思义就是支付利息和缴纳所得税之前的利润。其计算公式为:

息税前利润 = 边际贡献总额 − 固定成本 (6-3)

即:$EBIT = MC - FC = S - VC - FC$ (6-4)

式中,$EBIT$ 为息税前利润;FC 为固定成本,其他同上。

息税前利润的另一种计算方法是,从税后净利润开始调整,将债务利息和企业所得税加回来。

这几个变量之间的关系如图 6-2 所示。

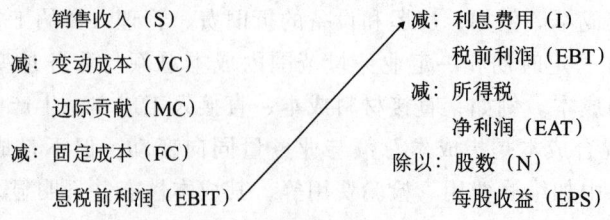

图 6-2 财务变量关系图

【例 6-1】某企业只生产和销售 A 产品，其中固定成本为 10 000 元，单位变动成本为 3 元/件，假定该企业 2022 年度 A 产品销售量为 10 000 件，每件售价为 5 元。则该企业 2022 年边际贡献总额为：

$MC_{2022} = (5-3) \times 10\,000 = 20\,000$（元）

该企业 2022 年息税前利润为：

$EBIT_{2022} = MC_{2022} - 10\,000 = 10\,000$（元）

【例 6-2】某企业税后净利润是 75 万元，所得税税率是 25%，利息费用是 20 万元，则息税前利润 EBIT 计算如下：

$EBIT = \dfrac{75}{1-25\%} + 20 = 120$（万元）

四、资本成本

资本成本是企业为取得和使用资本而付出的代价，它包括资本的取得成本和占用成本。取得成本，又称为筹资费用，是指企业在资本筹措过程中所发生的各种费用，比如，证券的发行手续费、律师费、审计费、资信评估费、公证费等。资本的占用成本是指企业因占用资本而向资本供给者支付的代价，如长期借款的利息、优先股的股息、普通股的股利等。

货币时间价值是资本成本的基础，货币时间价值越大，资本成本也就越高。但是，货币时间价值和资本成本在数量上并不一致。货币时间价值是无风险无通货膨胀情况下的社会平均利润率，资本的供给者除了期望得到货币时间价值外，还期望得到通货膨胀补偿和风险补偿才愿意让出资本的使用权。因此，资本筹集方付出的资本成本不仅要包括货币时间价值，而且还必须包括通货膨胀补偿、风险补偿，除此之外，还包括发生的筹资费用。图 6-3 是关于资本成本与货币时间价值的理论分析模型。

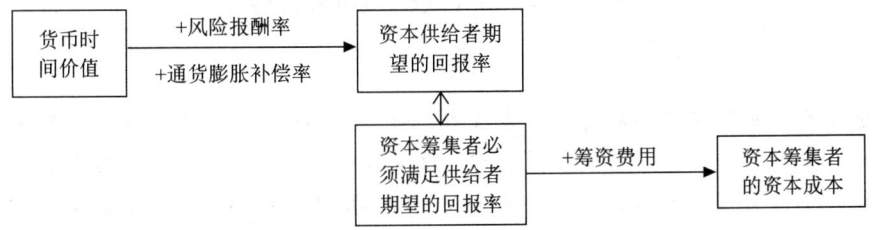

图 6-3 资本成本与货币时间价值的关系

五、资本成本的影响因素

1. 外部经济环境

当经济处在繁荣周期时，市场主体对资金的需求增大，会导致市场利率的上升，资本成本提高；从资金的供给侧来看，当货币政策收紧时，也会导致市场利率上升，资本成本提高。反之，当宏观经济不景气或者货币政策宽松时，则市场利率下降，债务资本成本下降。

2. 证券市场条件

证券市场有牛市和熊市之分。以股票市场为例，当市场处于牛市状态时，股票交易活跃，上市公司股票估值较高，对于 IPO 或增发股票筹资的公司来说，股票能够以较高的市盈率倍数发行，卖出相同数量的股票能筹集更多的资金，或者筹集相同金额的资金需要出让的股票更少。而股票市场处于熊市状态时，股票发行困难，只能降低发行价。在熊市状态下，选择发行可转换公司债券筹资的公司会增多。

3. 企业内部因素

信誉好的公司与信誉差的公司相比，资本成本会更低。信誉好的公司更容易以低利率借到钱，或者能以更高的市盈率发行股票。

资本成本的高低与资本结构有密切联系。增加债务的比重，会加大公司的财务风险。财务风险增加，又会导致债务资本成本和权益成本上升。公司应适度负债，寻求资本成本最小化。

此外，公司投资的政策也会影响资本成本。如果公司向高于现有资产风险的新项目大量投资，公司资产的平均风险就会提高，并使资本成本上升。

六、资本成本的用途

1. 资本成本是选择筹资方式、进行资本结构决策的依据。个别资本成本一般用于比较和评价各种筹资方式。综合资本成本可用于资本结构决策。

2. 资本成本是评价投资方案、进行投资决策的重要标准。在对多个投资项目进行评价时，只要预期投资报酬率大于资本成本，投资项目就具有经济上的可行性。

3. 资本成本是评价企业经营业绩的重要依据。资本成本是企业使用资本应获得收益的最低界限。一定时期资本成本的高低不仅反映了财务经理的管理水平，还可用于衡量企业整体的经营业绩。

第二节 个别资本成本

资本成本有个别资本成本和综合资本成本之分。个别资本成本是指单一筹资方式的资本成本，例如，长期借款成本、长期债券成本、优先股成本、普通股成本和留存收益成本。其中，前两项称为债务资本成本，后三项称为权益资本成本。综合资本成本是对各项个别资本成本进行加权平均而得出的结果。

资本成本包括资金筹集费和资金占用费两部分。

1. 资金筹集费

资金筹集费是指企业为筹集资金而付出的代价。如向银行支付的借款手续费，向证券承销商支付的发行股票、债券的发行费等。筹资费用通常是在筹措资金时一次支付的，在用资过程中不再发生，可视为筹资总额的一项扣除。

2. 资金占用费

资金占用费是指筹资主体占用资金期间需要向资金提供方支付的利息或红利。比如向银行借款所支付的利息、发放股票的股利等。资金占用费与筹资金额的大小、资金占用时间的长短有直接联系。

在计算资本成本时，通常将资本的筹资费用作为筹资总额的一项扣除，扣除筹资费用后

的金额称为实际筹资额或筹资净额。通用计算公式如下:

$$资本成本率 = \frac{资金占用费}{筹资总额 - 资金筹集费} \qquad (6-5)$$

由于资金筹集费一般以筹资总额的某一百分比计算,因此,上述计算公式也可表示为:

$$资本成本率 = \frac{资金占用费}{筹资总额 \times (1 - 筹资费率)} \qquad (6-6)$$

由于债务资本的资金占用费(利息、债息)在缴纳所得税之前列支,而权益资本成本的资金占用费(股息、红利)在缴纳所得税之后列支,因此在实际计算资本成本时还要考虑所得税因素,以使债务筹资的资本成本率与权益筹资的资本成本率具有可比性。通常,债务资本成本率在上述公式的基础上还要乘以(1 - 所得税税率)。

表 6-1　　　　　　　　　　　　利息的抵税效果　　　　　　　　　　　　单位:元

项目	情形(1)	情形(2)
收入	10 000	10 000
成本费用	8 000	8 000
利息	0	500
税前利润	2 000	1 500
所得税(税率25%)	500	375
税后净利	1 500	1 125

表 6-1 显示,与利息为零的情形(1)相比,在情形(2)中,虽然利息费用为 500 元,但导致税后净利润仅减少了 375 元,即 [500 × (1 - 25%)]。

(一) 银行借款资本成本

银行借款资本成本包括借款利息和筹资费用,借款利息可以在税前支付,具有抵税作用。采用一次还本、分期付息的方式,借款资本成本的测算公式①为:

$$K_1 = \frac{I_1(1-t)}{P_1(1-f_1)} = \frac{i_1(1-t)}{1-f_1} \qquad (6-7)$$

式中,K_1——银行借款资本成本率;I_1——银行借款年利息;P_1——银行借款筹资总额;t——企业所得税税率;f_1——银行借款筹资费率;i_1——银行借款年利息率。

由于长期借款的手续费比较低,上式中的筹集费率常常可以忽略不计,则上式可以简化为:

$$K_1 = i_1 \cdot (1-t) \qquad (6-8)$$

【例 6-3】某企业取得 5 年期长期借款 200 万元,年利率为 6%,每年付息一次,到期一次还本,筹资费用率为 0.5%,企业所得税税率为 25%,不考虑货币的时间价值,则该项长期借款的资本成本率为:

$$K_1 = \frac{200 \times 6\% \times (1-25\%)}{200 \times (1-0.5\%)} = 4.52\%$$

---

① 本公式仅适用于分期付息、到期还本的方式,且未考虑货币时间价值。其他还本付息方式和考虑货币时间价值的情形,计算方法略。

如果筹集费忽略不计,则:

$K_1 = 6\% \times (1 - 25\%) \times 100\% = 4.50\%$

(二) 债券资本成本

发行债券的成本主要是指债券利息和筹资费用。债券利息可在税前利润中扣除,可以起到抵税的作用,实际所负担的资本占用费减少。按照一次还本、分期付息的方式,债券成本的测算公式为:

$$K_b = \frac{I_2(1-t)}{P_2(1-f_2)} = \frac{B \cdot i_2(1-t)}{P_2(1-f_2)} \quad (6-9)$$

式中,K_b——债券资本成本;I_2——债券年利息;P_2——债券筹资总额;t——企业所得税税率;f_2——债券筹资费率;B——债券面值总额;i_2——债券年利息率。

【例6-4】 某公司债券面值为1元,票面利率为8%,期限为10年,每年末付息,到期还本。如果公司按0.85元/张的价格发行,发行费用为价格的4%,公司的所得税税率为25%,不考虑货币的时间价值,则发行债券的资本成本率计算如下:

$$K_b = \frac{1 \times 8\% \times (1 - 25\%)}{0.85 \times (1 - 4\%)} = 7.35\%$$

沿用【例6-4】的资料,如果债券按1.05元/张的价格溢价发行,则该债券的资本成本率为:

$$K_b = \frac{1 \times 8\% \times (1 - 25\%)}{1.05 \times (1 - 4\%)} = 5.95\%$$

(三) 优先股资本成本

发行优先股,既需要支付一定的筹集费,也需要定期支付股利。优先股股利率一般是固定的,类似于债券的利息。但是优先股与债券不同之处在于,优先股股息是在税后支付,不具有抵减企业所得税的作用。

优先股资本成本率的计算公式为:

$$K_p = \frac{D}{P_3(1-f_3)} \quad (6-10)$$

式中,K_p——优先股资本成本;D——优先股年股利额;P_3——优先股筹资总额;f_3——优先股筹资费率。

【例6-5】 某公司发行优先股,每股10元,年支付股利1元,发行费率3%,则该优先股资本成本率计算如下:

$$K_p = \frac{1}{10 \times (1 - 3\%)} \approx 10.31\%$$

(四) 普通股资本成本

普通股资本成本同样包括资金筹集费和资金占用费两部分,股票发行筹集费用是一次性的,数量比较明确,但是资金占用费难以测算。对普通股来说,资金占用费就是未来支付给普通股股东的现金股利,而现金股利的多少取决于未来的盈利状况和股利政策。

(1) 假定普通股现金股利是固定的,则普通股成本的测算与优先股成本的测算基本相同。

(2) 假定普通股现金股利每年以固定比率g增长,即$D_{k+1} = D_k(1+g)$,则普通股资本

成本率的计算公式为:

$$K_c = \frac{D_1}{P_4(1-f_4)} + g \qquad (6-11)$$

式中,K_c——普通股资本成本率;D_1——预期第一年普通股股利;P_4——普通股筹资总额;f_4——普通股筹资费率;g——普通股年股利增长率。

【例6-6】 某公司发行普通股1 000万股,股票面值1元,每股发行价格6元,预计每股股利0.5元,并将一直保持不变,筹集费率为4%,则该普通股的资本成本率为:

$$K_c = \frac{1\,000 \times 0.5}{1\,000 \times 6 \times (1-4\%)} = 8.68\%$$

【例6-7】 某公司发行普通股1 000万股,股票面值1元,每股发行价格6元,预计第一年每股股利0.5元,预计以后股利每年增长5%,筹集费率为4%,则该普通股的资本成本率为:

$$K_c = \frac{0.5}{6 \times (1-4\%)} + 5\% = 13.68\%$$

由于普通股资金占用费难以测算,在实务中经常按照资本资产定价模型(CAPM)测算普通股的资本成本率。其原理是:普通股资本成本率近似于普通股投资者期望的收益率。依据资本资产定价模型,普通股成本率的测算公式为:

$$K_c = R_f + \beta \cdot (R_m - R_f) \qquad (6-12)$$

式中,K_c——普通股资本成本率、普通股投资者期望的收益率;R_f——无风险收益率;R_m——市场平均风险下股票的期望收益率;β——普通股投资的风险系数。

【例6-8】 某公司普通股股票的β系数为1.5,证券市场所有股票的平均收益率为14%,无风险收益率为6%,则按照资本资产定价模型计算的该普通股的资本成本率为:

$$K_c = 6\% + 1.5 \times (14\% - 6\%) = 18\%$$

(五)留存收益资本成本

留存收益是企业税后净利在扣除当年股利后形成的,它属于普通股股东所有。从表面上看,留存收益筹资不需要任何花费,似乎没有资本成本。其实,留存收益的资本成本是一种机会成本,也就是说,如果这部分收益没有留在企业用于再投资,而是作为股利分配给股东,股东可以将分得的股利购买其他公司的股票来获取收益。因此,留存收益资本成本的计算方法与普通股相似,区别仅在于留存收益没有筹资费用。

一般企业都不会把盈利以股利形式全部分给股东,而且在宏观政策上也不允许这样做,因此,企业只要有盈利,总会有留存收益。留存收益资本成本可以参照普通股股东的期望收益,即普通股资本成本,但它不会发生筹资费用。其计算公式为:

$$K_r = \frac{D_1}{P_5} + g \qquad (6-13)$$

式中,K_r——留存收益资本成本,其余同普通股。

【例6-9】 某公司留用收益50万元,其余条件与【例6-7】相同,计算该留存收益资本成本率。

$$K_r = \frac{0.5}{6} + 5\% = 13.33\%$$

第三节 综合资本成本

企业筹措资本往往同时采用多种不同的方式,其成本有高有低。综合资本成本就是将各种不同筹资方式获得的资本计算其加权平均值。综合资本成本以各种资本占全部资本的比重为权数,对个别资本成本进行加权平均计算出来,所以又称加权平均资本成本(WACC)。

其计算公式为:

$$K_w = \sum_{j=1}^{n} K_j W_j \tag{6-14}$$

式中,K_w——综合资本成本(加权平均资本成本);K_j——第 j 种资金的资本成本;W_j——第 j 种资金占全部资金的比重。

【例 6-10】某企业共有资金 1 000 万元,其中,银行借款 50 万元、长期债券 250 万元、普通股 500 万元、优先股 150 万元、留存收益 50 万元;各种来源资金的资本成本率分别为 7%、8%、11%、9%、10%。则该企业综合资本成本率为:

$$K_w = \frac{50 \times 7\% + 250 \times 8\% + 500 \times 11\% + 150 \times 9\% + 50 \times 10\%}{1\,000}$$

$$= 9.7\%$$

上述综合资本成本率的计算中所用权数 W_j 是按账面价值确定的。使用账面价值权数便于从资产负债表上获取数据以确定权数,然而,当债券和股票的市场价值与账面价值相差较大时,计算得到的综合资本成本显得不客观。

计算综合资本成本也可选择采用市场价值权数和目标价值权数。市场价值权数是指债券、股票等以当前市场价格来确定的权数,这样做能反映当前实际情况,但因市场价格变化不定而难以确定。目标价值权数是指债券、股票等以未来预计的目标市场价值确定的权数,但未来市场价值只能是估计数。概括地说,以上三种权数分别有利于了解过去、反映现在、预知未来。在计算综合资本成本时,如无特殊说明,则要求采用账面价值权数。

第七章

资本结构决策

第一节 杠杆效应

有一位叫阿基米德的古希腊人曾对世人夸下海口说:"给我一个支点,我能将地球撬起来"。阿基米德的理论根据就是物理学中的杠杆原理。这个原理的大意是用一个较小的力通过杠杆作用,能产生一个很大的力,或者在杠杆一边移动一个小的距离,在杠杆另一边会移动一个很大的距离。这个原理产生效应的本质就是放大效应。

财务学借用杠杆这一物理学名词来反映企业财务管理中存在的类似的放大效应。由于特定费用(支点)的存在,当某一财务变量以较小幅度变动时,另一相关变量会以较大幅度变动。这里的特定费用就好比是物理学中所讲的杠杆的支点。

我们把财务管理中的杠杆效应分为三种类型:经营杠杆效应、财务杠杆效应和联合杠杆效应,其中联合杠杆效应是前两种杠杆共同作用的结果。

一、杠杆效应产生的原因

(一) 经营杠杆效应产生的原因

经营杠杆效应是指由于在生产经营成本中存在固定成本,从而使息税前利润(EBIT)的变动幅度大于销售额的变动幅度。固定成本相当于是这个杠杆的支点。我们用一个简单例子来描述经营杠杆效应。

如表7-1所示,某公司销售收入S增长1倍,变动成本VC也会增长1倍。我们比较一下固定成本为零和不为零两种情况下EBIT的增长比例。当公司固定成本FC为零时,息税前利润EBIT从700万元增长到1 400万元,增长100%,增长的幅度与销售收入增长的幅度一致,即没有放大效应。而当公司固定成本FC为300万元时,息税前利润EBIT从400万元增长为1 100万元,增长175%,增长的幅度是销售收入增长幅度的1.75倍,这就是经营杠杆效应——一种放大效应。通过对比可以看出,经营杠杆效应形成的本质原因是变动成本VC与销售收入S同步增长了,但是FC是保持不变的,使分摊到单位销售额上的FC减少了。

在一定的销售量范围内,固定成本总额是不变的,随着销售量的增加,单位固定成本就会降低,从而单位产品的利润提高,息税前利润的增长率将大于销售量的增长率;相反,销售量的下降会提高产品单位固定成本,从而单位产品的利润减少,息税前利润的下降率将大

表 7–1　　某公司的经营杠杆效应　　金额单位：万元

财务指标	变化前		变化后		变化率	
销售收入（S）	1 000		2 000		100%	
变动成本（VC）	300		600		100%	
固定成本（FC）	0	300	0	300	0	0
息税前利润（EBIT）	700	400	1 400	1 100	100%	175%

于销售量的下降率。如果企业不存在固定成本，则息税前利润的变动率将与销售量的变动率保持一致。也就是说，经营杠杆效应与生产经营成本的构成直接相关。

（二）财务杠杆效应产生的原因

资本成本也可以按照其性态分为固定性资本成本和变动性资本成本。固定性资本成本是指不随着企业经营业绩变动而变动的资本成本，比如，利息、融资租赁租金、优先股股利。普通股支付股利的多少是变动的，取决于经营业绩的好坏，属于变动性资本成本。

财务杠杆效应指由于债务利息、优先股股息等固定性资本成本（不与经营业绩挂钩的资本成本）的存在，而使普通股每股收益（EPS）的变动幅度大于息税前利润（EBIT）的变动幅度。财务杠杆的"支点"是固定性资本成本。

我们仍然以一个例子来说明财务杠杆效应是如何产生的。

某公司资本总额为 200 万元，目前盈利状况是息税前利润（EBIT）等于 20 万元，一般来说，资本结构的改变对经营效率不构成实质影响，因此在三种不同的资本结构下，EBIT 均假设为 20 万元。现假设业绩提升 20%，EBIT 变为 24 万元，此时普通股股东获得的每股收益（EPS）上升的比例是多少呢？

表 7–2 展示了不同资本结构下的财务杠杆效应。

表 7–2　　资本结构与杠杆效应　　金额单位：元

项目	资本结构 1			资本结构 2			资本结构 3		
普通股（每股 1 元）	2 000 000			1 000 000			1 000 000		
优先股（6%）	0			0			1 000 000		
债务（8%）	0			1 000 000			0		
总资本额	2 000 000			2 000 000			2 000 000		
EBIT	200 000	240 000	20%	200 000	240 000	20%	200 000	240 000	20%
利息	0	0	0	80 000	80 000	0	0	0	0
税前利润	200 000	240 000	20%	120 000	160 000	33.3%	200 000	240 000	20%
所得税（25%）	50 000	60 000	20%	30 000	40 000	33.3%	50 000	60 000	20%
净利润	150 000	180 000	20%	90 000	120 000	33.3%	150 000	180 000	20%
优先股股利	0	0	0	0	0	0	60 000	60 000	0
普通股股东盈余	150 000	180 000	20%	90 000	120 000	33.3%	90 000	120 000	33.3%
EPS	0.075	0.09	20%	0.09	0.12	33.3%	0.09	0.12	33.3%
财务杠杆效应	EBIT 与 EPS 增长幅度一致，无财务杠杆效应			EPS 增长幅度大于 EBIT 增长幅度，形成财务杠杆效应			EPS 增长幅度大于 EBIT 增长幅度，优先股同样能引起财务杠杆效应		

从表 7-2 中三种资本结构的对比，我们可以发现财务杠杆效应产生的原因。在长期资本总额不变的条件下，公司从息税前利润（EBIT）中支付的债务资本成本是固定的（或者支付给优先股股东的股息是固定的），当 EBIT 增长时，每 1 元 EBIT 所负担的利息（或优先股股息）减少，带给普通股股东更多的收益。因此，财务杠杆效应与资本成本的构成直接相关。

（三）联合杠杆效应产生的原因

由于生产经营成本中存在固定成本，会产生经营杠杆效应，即销售量的增长会引起息税前收益以更大的幅度增长。由于资本成本中存在固定性资本成本（债务利息和优先股股利），会产生财务杠杆效应，即息税前利润的增长会引起普通股每股收益以更大的幅度增长。一个企业会同时存在固定性生产经营成本和固定性资本成本，那么两种杠杆效应会同时发生，产生连锁作用。联合杠杆效应就是经营杠杆和财务杠杆的综合效应，如图 7-1 所示。

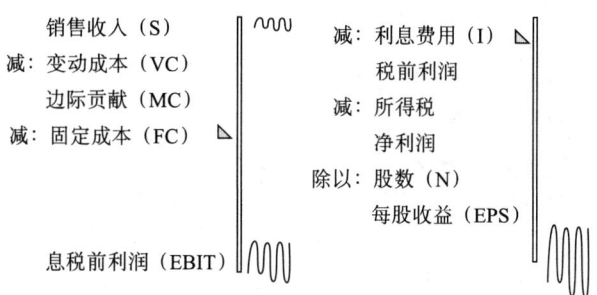

图 7-1 杠杆效应示意图

二、杠杆效应的计算分析

（一）经营杠杆效应的计算与分析

1. 经营杠杆效应的计算

我们可以用经营杠杆程度（Degree of Operating Leverage，DOL），来反映经营杠杆效应的大小。经营杠杆程度又称作经营杠杆系数。DOL 的定义是息前税前利润的变动率相当于销售量变动率的倍数。写成公式如下：

$$DOL = \frac{\Delta EBIT/EBIT}{\Delta Q/Q} \tag{7-1}$$

式中，$\Delta EBIT$ 表示息税前利润变动额；$EBIT$ 表示变动前息税前利润；ΔQ 表示销售变动量；Q 表示变动前销售量。

把销售价格看成定数，则公式中分母也可以是销售收入变动率（$\Delta S/S$）。按此定义式，表 7-1 所列公司的经营杠杆系数计算如下：

$DOL = 175\%/100\% = 1.75$

运用经营杠杆定义式计算 DOL，必须先假定销售额发生改变，然后计算 $EBIT$ 的变化率。计算过程如表 7-3 所示：

显然用定义式计算 DOL 比较繁琐，为了便于计算，可以将定义式作一下变换：

$EBIT = S - VC - FC = Q(p-b) - FC$

$\Delta EBIT = \Delta Q(p-b)$

$$DOL = \frac{\Delta EBIT/EBIT}{\Delta Q/Q} = \frac{\Delta Q(p-b)/EBIT}{\Delta Q/Q} = \frac{Q(p-b)}{EBIT} = \frac{MC}{MC - FC} \tag{7-2}$$

表 7-3　　　　　　　　　　　用定义式计算 DOL　　　　　　　　　金额单位：元

项目	2021 年	增加 20% 时	变动率	
销售额	10 000	12 000	20%	
变动成本	6 000	7 200	20%	DOL = 40%/20% = 2
边际贡献	4 000	4 800	20%	
固定成本	2 000	2 000	0	
EBIT	2 000	2 800	40%	

【例 7-1】 假设 A 公司生产的产品单位售价为 6 元，单位变动成本为 4.2 元，固定成本为 180 000 元。计算该公司销售量为 360 000 件和 240 000 件时的经营杠杆系数。

如果销售量为 360 000 件，则：

$$DOL = \frac{360\,000 \times (6 - 4.2)}{360\,000 \times (6 - 4.2) - 180\,000} = 1.38$$

如果销售量为 240 000 件，则：

$$DOL = \frac{240\,000 \times (6 - 4.2)}{240\,000 \times (6 - 4.2) - 180\,000} = 1.71$$

可见，在不同销售量水平下，经营杠杆系数不同。

【例 7-2】 现有 B、C 两家公司，B 公司属于劳动密集型产业；C 公司属于技术密集型产业。B 公司和 C 公司的产品成本结构不同，其他条件一样。有关资料如表 7-4 所示：

表 7-4　　　　　　　　　　　产品成本结构对比

项目	B 公司	C 公司
基期销售数量（件）	10 000	10 000
单位销售价格（元）	20	20
单位变动成本（元）	13	10.5
固定成本（元）	20 000	45 000

根据表 7-4 中数据计算：

$$DOL_B = \frac{10\,000 \times (20 - 13)}{10\,000 \times (20 - 13) - 20\,000} = 1.4$$

$$DOL_C = \frac{10\,000 \times (20 - 10.5)}{10\,000 \times (20 - 10.5) - 45\,000} = 1.9$$

可见，不同生产经营成本构成对应着不同大小的经营杠杆效应。

2. 经营杠杆与经营风险

经营风险是指企业未使用债务时经营的内在风险。影响企业经营风险的因素很多，主要有以下几个方面：

（1）产品需求。市场对企业产品的需求稳定，则经营风险小；反之，经营风险大。

（2）产品售价。产品售价稳定，则经营风险小；反之，经营风险大。

（3）产品成本。产品成本不稳定，会导致利润不稳定，因此，产品成本变动大，则经营风险大；反之，经营风险小。

（4）调整价格的能力。当产品成本变动时，若企业具有较强的调整价格的能力，则经营风险小；反之，经营风险就大。

（5）固定成本的比重。在企业生产经营中，固定成本所占比重较大时，单位产品分摊的固定成本额较多，若产品数量发生变动，则单位产品分摊的固定成本会随之变动，会最后导致利润更大的变动，经营风险就大；反之，经营风险就小。

在影响经营风险的诸多因素中，固定经营成本是一个基本因素。固定经营成本是引发经营杠杆效应的根源，但企业销售量水平与盈亏平衡点的相对位置决定了经营杠杆的大小，即经营杠杆的大小是由固定经营成本和息税前利润共同决定的。

引起企业经营风险的根本原因，是市场需求、市场价格和生产要素成本等因素的不确定性，经营杠杆本身不是利润不稳定的根源，只是起着放大作用。产销量增加时，EBIT 将以销量增长比率的 DOL 倍增加；而产销量减少时，EBIT 又将以 DOL 倍数减少。【例 7-2】中 B 公司和 C 公司经营杠杆系数分别为 1.4 和 1.9，则当销售收入增长 10% 时，EBIT 分别会增长 14% 和 19%。

（二）财务杠杆效应的计算与分析

1. 财务杠杆效应的计量

财务杠杆程度（Degree of Financial Leverage，DFL），是指普通股每股收益变动率相当于息税前利润的变动率的倍数。财务杠杆程度又称作财务杠杆系数。它可用来反映财务杠杆放大效应的程度，估计财务杠杆利益的大小，评价财务风险的高低。

$$DFL = \frac{\Delta EPS/EPS}{\Delta EBIT/EBIT} \tag{7-3}$$

表 7-2 中资本结构 2 和资本结构 3 对应的财务杠杆系数为：

$$DFL = \frac{33.3\%}{20\%} = 1.665$$

应用定义式计算财务杠杆系数，需要有变动前后的数据，比较麻烦。我们同样可以推导一个简化的公式：

$$EPS = \frac{(EBIT - I)(1 - T)}{N}$$

$$\Delta EPS = \frac{\Delta EBIT(1 - T)}{N}$$

$$DFL = \frac{\Delta EPS/EPS}{\Delta EBIT/EBIT} = \frac{\Delta EBIT(1-T)/N}{\Delta EBIT/EBIT} \times \frac{1}{EPS} = \frac{EBIT(1-T)/N}{(EBIT-I)(1-T)/N} = \frac{EBIT}{EBIT - I} \tag{7-4}$$

【例 7-3】D 公司资产总额为 2 000 万元，所有者权益总额为 1 200 万元，负债利息率为 7%，息税前利润为 160 万元。则 D 公司财务杠杆系数为：

$$DFL_D = \frac{160}{160 - (2\,000 - 1\,200) \times 7\%} = 1.54$$

【例 7-4】净利润是 75 万元，所得税税率是 25%，利息费用是 20 万元，则

$$EBIT = 75 \div (1 - 25\%) + 20 = 120（万元）$$

$$DFL = 120 \div (120 - 20) = 1.2$$

2. 财务杠杆与财务风险

财务风险是指企业由于举债筹资而形成的到期无法支付本息的风险。它是由于财务杠杆

的作用而由普通股股东承担的附加风险。在资本结构中，债务所占的比例越高，财务杠杆的作用越大，对 EBIT 变动幅度的放大作用也越大，财务风险也越高，投资者所要求的收益率就越高，资本成本也越高。

负债比例是可以控制的，企业可以通过合理安排资本结构，适度负债，发挥财务杠杆对于普通股股东带来的杠杆收益，但是负债太多又会增加财务风险。

（三）联合杠杆效应的计算与分析

在生产经营成本结构中，由于固定成本的存在，产生了经营杠杆的作用，使企业息税前利润的变动幅度大于销售量的变动幅度。同样，在资本结构中，由于固定性资本成本的存在，使每股收益的变动幅度大于息税前利润的变动幅度。经营杠杆影响息税前利润，而财务杠杆影响每股收益。

联合杠杆效应的大小用联合杠杆程度（Degree of Combined Leverage, DCL）来表示。联合杠杆程度又称作联合杠杆系数、综合杠杆系数，其定义是指普通股每股收益的变动率相对于销售量变动率的倍数。其定义公式为：

$$联合杠杆系数(DCL) = \frac{\Delta EPS/EPS}{\Delta Q/Q} \tag{7-5}$$

从定义式进一步推导得到：

$$DCL = \frac{\Delta EPS/EPS}{\Delta Q/Q} = \frac{\Delta EBIT/EBIT}{\Delta Q/Q} \times \frac{\Delta EPS/EPS}{\Delta EBIT/EBIT} = DOL \times DFL \tag{7-6}$$

【例 7-5】E 公司长期资本总额为 200 万元，其中长期负债占 50%，利率为 10%，公司销售额为 50 万元，固定成本总额为 5 万元，变动成本为 30 万元，则：

$$经营杠杆系数(DOL) = \frac{50-30}{50-30-5} = 1.333$$

$$财务杠杆系数(DFL) = \frac{15}{15 - 200 \times 50\% \times 10\%} = 3$$

$$联合杠杆系数(DCL) = 1.333 \times 3 = 4$$

由于经营杠杆系数和财务杠杆系数均大于1，所以联合杠杆的作用大于经营杠杆与财务杠杆的单独影响作用。在联合杠杆的作用下，当企业的销售增长时，每股收益会更大幅增长；当企业的销售下降时，每股收益又会更大幅下降。每股收益的波动幅度越大，企业的总风险也就越大，反之亦然。

联合杠杆使我们看到了经营杠杆与财务杠杆之间的相互关系，即为了达到某一综合杠杆效应，可以有许多不同的组合。比如，经营杠杆较高的公司，可以选择较低程度上利用财务杠杆作用，从而控制企业总风险，反之亦然。

第二节 资本结构决策

资本结构是指企业各种资本来源及其构成比例，是企业一定时期多渠道筹资的结果。资本结构既包括债务资本与股权资本的构成比例，也包括债务资本的内部结构以及股权资本的内部结构。但实际研究资本结构问题时,人们更关注的是债务资本与股权资本的构成比例,或者简单说就是债务比例问题。

一、最优资本结构

所有企业都期望能够维持一种最优资本结构,最优资本结构的标准是综合资本成本最低、企业价值最大。最优资本结构仅仅是一种理想,且不说我们无法精确地确定一个最优的资本结构,即便能够确定,由于金融市场固有的波动性,最优的资本结构也不是一个固定值,我们无法作出随时的调整。因此,大部分企业都仅仅是关注目标负债率范围。

资本结构理论是关于公司资本结构、资本成本与公司价值三者之间关系的理论,是公司财务理论的重要内容,也是财务实践中资本结构决策的重要理论基础。优化资本结构就是以最低的综合资本成本实现企业价值的最大化。资本结构问题是财务学中的一个非常重要的研究领域,形成了许许多多理论,这里仅列举其中两种资本结构理论。

1. 权衡理论

根据权衡理论,公司需要在负债融资的税收优势和所带来的潜在破产问题之间进行权衡,寻找一个最佳的资本结构。权衡理论的基本观点是:当负债程度较低时,企业价值因税额庇护利益的存在会随负债水平的上升而增加;当负债达到一定界限时,负债税额庇护利益开始为财务危机成本所抵销。当边际负债税额庇护利益等于边际财务危机成本时,企业价值最大,资本结构最优,如图7-2所示。

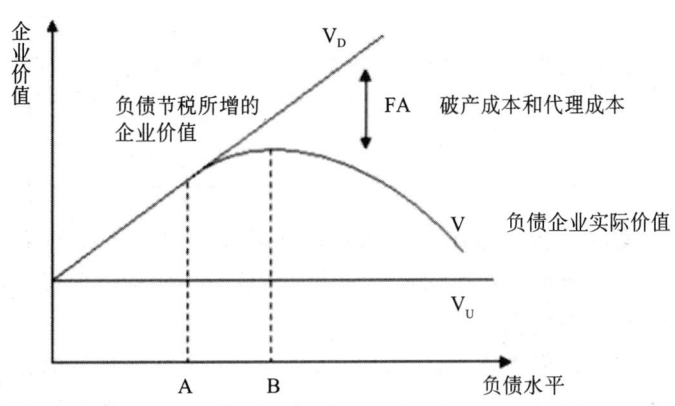

图7-2 基于权衡理论的资本结构与企业价值

2. 代理理论

代理理论的创始人詹森和麦克林认为,债务筹资能够促使经理多努力工作,减少个人享受,且作出更好的投资决策,从而降低由于两权分离所产生的代理成本。提高目标资本结构中负债的比例可以作为制约管理层的一种方法,较高的债务可以迫使管理者更加遵守规则,认真对待债务,因为一旦公司破产,管理者将失去工作,名誉受损。因此,债务资本适度增加可以激励和约束管理者,从而提升股权的价值。当然,在资本结构中增加负债也有缺点,那就是增加了公司的破产风险。因为即使经营良好的公司,也可能会遇上不可控事件,如瘟疫、战争或经济衰退。也就是说,按照代理理论,公司需要保持一个恰当的资本结构才能促使管理层循规蹈矩,增加公司价值。

二、最优资本结构分析：综合资本成本比较法

当企业对不同筹资方案作选择时可以采用比较综合资本成本的方法选定一个资本结构较优的方案。资本成本比较法是在作出筹资决策之前，先拟订若干个现实可行的备选方案，分别计算各个方案的综合资本成本率，然后再确定筹资方案和资本结构的方法。综合资本成本最低的筹资方案对应的资本结构就是最优资本结构。

【例7-6】某公司初始创立时需要资本总额1 000万元，有如下三种筹资方案可供选择，有关资料及综合资本成本率计算如表7-5。

表7-5　　　　　　　　　三种筹资方案资本成本比较　　　　　　　金额单位：万元

筹资方案	筹资方式	筹资额	资本成本率（%）	资本结构（%）	综合资本成本率（%）
方案Ⅰ	长期借款	200	6	20	1.2
	发行债券	300	8	30	2.4
	普通股	500	15	50	7.5
	合计	1 000	—	100	11.1
方案Ⅱ	长期借款	300	8	30	2.4
	发行债券	300	8	30	2.4
	普通股	400	15	40	6.0
	合计	1 000	—	100	10.8
方案Ⅲ	长期借款	500	10	50	5.0
	发行债券	300	8	30	2.4
	普通股	200	15	20	3
	合计	1 000	—	100	10.4

以上三个筹资方案的综合资本成本相比较，方案Ⅲ最低，在其他有关因素相同的条件下，方案Ⅲ是最好的筹资方案，对应的资本结构是最优资本结构。公司可以按照此方案筹集资金，以实现资本结构的最优化。

综合资本成本比较法通俗易懂，计算过程简单，是一种比较便捷的方法。但是，这种方法只比较了各种筹资组合方案的资本成本，难以区分不同筹资方案之间的财务风险，在实际计算中有时也难以准确估算某些筹资方式的资本成本。

三、每股收益无差别点分析

资本结构是否合理，可以通过分析每股收益（EPS）的变化来衡量，能够提高每股收益的资本结构就是合理的，反之，则不够合理。每股收益不仅受资本结构的影响，而且还受盈利水平（EBIT）或销售水平的影响。上述三者之间的关系，可以运用每股收益无差别点分析法。

每股收益无差别点分析法是在计算不同筹资方案下，企业的每股收益（EPS）相等所对应的盈利水平（EBIT）的基础上，通过比较在企业预期盈利水平下的不同筹资方案的每股收益，选择每股收益较大的方案。

引用表 7-2 中的数据作比较。如表 7-6 所示，同一盈利水平（EBIT = 20 万元），两种不同的资本结构（无负债和负债比例 50%），计算出来的每股收益不一样。按照每股收益最大化原则，股东会选择高负债的资本结构（Ⅱ），即负债比例 50%。

表 7-6　　　　　　　　负债比例对每股收益的影响（高盈利水平）

项目	无负债（Ⅰ）	负债比例 50%（Ⅱ）
股本（每股 1 元）	2 000 000	1 000 000
债务（8%）	0	1 000 000
总资本额（元）	2 000 000	2 000 000
EBIT（元）	200 000	200 000
利息（元）	0	80 000
税前利润（元）	200 000	120 000
所得税（25%）	50 000	30 000
净利润（元）	150 000	90 000
EPS（元/股）	0.075	0.09

若把 EBIT 改为 10 万元，也就是说按照该公司的效率，200 万元的资本额，只能赚取 10 万元的 EBIT，计算结果如表 7-7 所示，无负债的资本结构（Ⅰ）和负债 50% 的资本结构（Ⅱ）。此时股东会选择低负债的资本结构（Ⅰ）。

表 7-7　　　　　　　　负债比例对每股收益的影响（低盈利水平）

项目	无负债（Ⅰ）	负债比例 50%（Ⅱ）
股本（每股 1 元）	2 000 000	1 000 000
债务（8%）	0	1 000 000
总资本额（元）	2 000 000	2 000 000
EBIT（元）	100 000	100 000
利息（元）	0	80 000
税前利润（元）	100 000	20 000
所得税（25%）	25 000	5 000
净利润（元）	75 000	15 000
EPS（元/股）	0.0375	0.015

通过以上对比，可以得出结论：不同的盈利水平下，股东对资本结构的偏好不一样。现在要问：是否存在这样的 EBIT 水平，在这时股东无论选择两种资本结构中的哪一种，都能得到相同的 EPS？这个两种资本结构下每股收益等同时的息税前利润点（或销售额点）就是每股收益无差别点，也称筹资无差别点。

每股收益无差别点可以通过计算得出。根据定义，每股收益无差别点应该是满足下列条件的销售额或息税前利润：

$$\frac{(EBIT - I_1)(1 - T)}{N_1} = \frac{(EBIT - I_2)(1 - T)}{N_2}$$

或：

$$\frac{(S-VC-FC-I_1)(1-T)}{N_1} = \frac{(S-VC-FC-I_2)(1-T)}{N_2}$$

式中：I_1、I_2分别表示两种筹资方式下的年利息额；

N_1、N_2分别表示两种筹资方式下流通在外的普通股股数；

T为所得税税率。

或者我们把EPS看成是EBIT的函数，在函数图像上表现为一条直线，直线的斜率是$(1-T)/N$，截距为$I\times(1-T)/N$。资本总额相同时，股本数越大，斜率越小，直线越平坦（如资本结构Ⅰ）；负债的比重越大，股本数相应减少（总数是相同的），直线斜率越大，直线越陡，截距绝对值越大（资本结构Ⅱ）。所以两种资本结构对应的直线一定有交点，这个交点所在位置即为每股收益无差别点。

$$EPS = \frac{(EBIT-I)(1-T)}{N} = \frac{1-T}{N}EBIT - \frac{1-T}{N}\times I \tag{7-7}$$

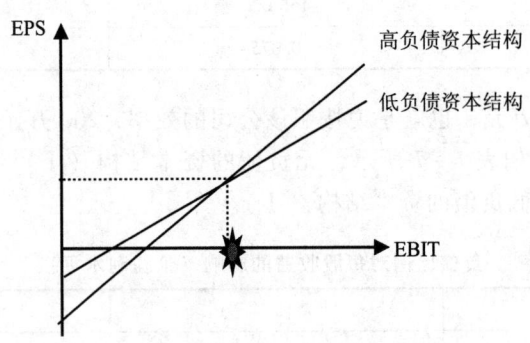

图7-3 每股收益无差别点分析图

从图7-3可以看到，当预期息税前利润（或销售额）大于每股收益无差别点时，资本结构中债务比重高的方案为较优方案；反之，当预期息税前利润（或销售额）小于该差别点时，资本结构中债务比重低的方案为较优方案。

根据表7-6和表7-7资料计算得到的每股收益无差别点是：EBIT为16万元。表7-6中EBIT为20万元，大于每股收益无差别点，因此高负债的资本结构对应的EPS更大，而在表7-7中EBIT为10万元，小于每股收益无差别点，因此低负债的资本结构EPS占优。

每股收益无差别点分析法以普通股每股收益的高低为决策标准，计算过程较为简单，但是它没有考虑财务风险因素。其决策目标实际上是每股收益最大化而不是公司价值最大化。

【例7-7】某公司目前的资本来源包括每股面值1元的普通股800万股和平均利率为10%的3 000万元债务。该公司现在拟投产一个新产品，该项目需要投资4 000万元，预期投产后每年可增加营业利润（EBIT）400万元。该项目备选的筹资方案有两个：

（1）按11%的利率发行债券；

（2）按20元/股的价格增发普通股。

该公司目前的EBIT为1 600万元；公司适用的所得税税率为25%；证券发行费可忽略不计。

根据以上资料计算每股收益无差别点如下：

$$\frac{(EBIT - 3\,000 \times 10\% - 4\,000 \times 11\%)(1 - 25\%)}{800} = \frac{(EBIT - 3\,000 \times 10\%)(1 - 25\%)}{800 + 4\,000/20}$$

计算得到 EBIT 为 2 500 万元。

按不同方案筹资后的普通股每股收益分别为：

$$EPS_1 = \frac{(1\,600 + 400 - 3\,000 \times 10\% - 4\,000 \times 11\%)(1 - 25\%)}{800} = 1.181（元/股）$$

$$EPS_2 = \frac{(1\,600 + 400 - 3\,000 \times 10\%)(1 - 25\%)}{800 + 4\,000/20} = 1.275（元/股）$$

筹资前的财务杠杆系数 = 1 600 ÷ (1 600 - 300) = 1.23

发行债券筹资后的财务杠杆系数 = 2 000 ÷ (2 000 - 300 - 4 000 × 11%) = 1.59

普通股筹资的财务杠杆系数 = 2 000 ÷ (2 000 - 300) = 1.18

因为项目完成后营业利润（EBIT）总额为 2 000 万元，低于每股收益无差别点 2 500 万元，或者根据计算出的两种方案筹资后的 EPS，可以得出结论：该公司应当增发普通股筹资。按照增发普通股筹资方案每股收益较高、风险（财务杠杆）较低、最符合财务目标。假如本项目可提供 1 200 万元的新增营业利润（EBIT），在不考虑财务风险的情况下，公司则应选择发行债券的筹资方案。

第八章

长期投资决策

第一节 投资项目的类型和评价程序

项目是指具有明确目标的一系列复杂并相互关联的活动。公司尤其是实业公司为实现增长,进而达到财务管理目标,往往进行项目投资。开发新产品、建造生产线都是实业公司的重要项目,需要投入资本等资源并进行项目的资本预算。开发新产品、建造生产线项目,具有目标性、长期性、唯一性和不可逆性等基本特征。

一、投资项目的类型

按照不同的分类标准,投资项目可划分为不同类型:

按所投资对象,经营性长期资产投资项目可分为五种类型:

(1)新产品开发或现有产品的规模扩张项目。通常需要添置新的固定资产,并增加企业的营业现金流入。

(2)设备或厂房的更新项目。通常需要更换固定资产,但不改变企业的营业现金收入。

(3)研究与开发项目。通常不直接产生现实的收入,而是得到一项是否投资新产品的选择权。

(4)勘探项目。通常使企业得到一些有价值的信息。

(5)其他项目。包括劳动保护设施建设、购置污染控制装置等。这些决策不直接产生营业现金流入,而是使企业在履行社会责任方面的形象得到改善。它们有可能减少未来的现金流出。

这些投资项目的现金流量分布有不同的特征,分析的具体方法也有区别。最具一般意义的是第一种投资,即新添置固定资产的投资项目。

按投资项目之间的相互关系,投资项目可分为互斥项目和独立项目。

互斥项目,是指接受一个项目就必须放弃另一个项目的情况。通常,它们是为了解决一个问题而设计的两个备选方案。例如,为了生产一个新产品,可以选择进口设备,也可以选择国产设备,它们的使用寿命、购置价格和生产能力均不同。企业只需购买其中之一就可解决目前的问题,而不会同时购置。

独立项目是相容性投资,各投资项目之间互不关联、互不影响,可以同时并存。独立投资项目决策考虑的是方案本身是否满足某种决策标准。互斥项目是非相容性投资，各投资项目之间相互关联、相互替代，不能同时并存。因此，互斥投资项目决策考虑的是各方案之间的互斥性，互斥决策需要从每个可行方案中选择最优方案。

二、投资项目的评价程序

投资项目的评价一般包含下列基本步骤：

（1）提出各种项目的投资方案。新产品方案通常来自研发部门或营销部门，设备更新的建议通常来自生产部门等。

（2）估计投资方案的相关现金流量。

（3）计算投资方案的价值指标，如净现值、内含报酬率等。

（4）比较价值指标与可接受标准。

（5）对已接受的方案进行敏感分析。

第二节　投资项目现金流量的估计

一、现金流量的含义

在投资决策中，现金流量是指一个项目引起的企业现金支出和现金收入增加的数量。

在确定投资方案相关的现金流量时，应遵循的最基本的原则是：只有增量现金流量才是与项目相关的现金流量。所谓增量现金流量，是指接受或拒绝某个投资方案后，企业总现金流量因此发生的变动。只有那些由于采纳某个项目引起的现金支出增加额，才是该项目的现金流出；只有那些由于采纳某个项目引起的现金流入增加额，才是该项目的现金流入。

注意三个问题：（1）针对特定的项目；（2）一定有增加的数量；（3）对于非货币资源，是指其变现的价值。例如：对原有项目进行改造升级的新的投资项目，原有的厂房、设备、材料应以其变现价值进入该新项目的现金流量，而不是原值。

二、投资项目现金流量的影响因素

为了正确计算投资方案的增量现金流量，需要正确判断哪些支出会引起企业总现金流量的变动，哪些支出不会引起企业总现金流量的变动。在进行这种判断时，要注意以下四个问题：

1. 区分相关成本和非相关成本

相关成本是指与特定决策有关的、在分析评价时必须加以考虑的成本。例如，差额成本、重置成本、机会成本等都属于相关成本。与此相反，与特定决策无关的、在分析评价时不必加以考虑的成本是非相关成本。例如，沉没成本、不可避免成本等往往是非相关成本。

2. 不要忽视机会成本

在投资方案的选择中，如果选择了一个投资方案，则必须放弃投资于其他途径的机会。其他投资机会可能取得的收益是实行本方案的一种代价，被称为这项投资方案的机会成本。

3. 要考虑投资方案对公司其他项目的影响

当我们采纳一个新的项目后，该项目可能对公司的其他项目造成有利或不利的影响。例如，若新建车间生产的产品上市后，原有其他产品的销路可能减少，而且整个公司销售额也许没有变化甚至减少。因此，公司在进行投资分析时，不应将新车间的销售收入作为增量收入来处理，而应扣除其他项目因此减少的销售收入。当然，也可能发生相反的情况，新产品上市后将促进其他项目的销售增长，这主要看新项目和原有项目是竞争关系，还是互补关系。

4. 对营运资本的影响

一般情况下，当公司开办一项新业务并使销售额扩大后，一方面，对于存货和应收账款等经营性流动资产的需求也会增加，公司必须筹措新的资金以满足这种额外需求。另一方面，公司扩充的结果，应付账款和一些应付费用等经营性流动负债也会同时增加，从而降低公司营运资金的实际需要。所谓营运资本的需要，是指增加的经营性流动资产与增加的经营性流动负债之间的差额。通常我们设定在开始投资时筹措的营运资本在项目结束时会全额收回。

三、投资项目现金流量的分类

（一）现金流出量、现金流入量和现金净流量

一般而言，投资项目每个时点的现金流量包括现金流出量、现金流入量和现金净流量。

1. 现金流出量

例如，企业增加一条生产线，通常会引起以下现金流出：

（1）增加生产线的价款。购置生产线的价款可能是一次性支出，也可能分几次支出。

（2）垫支营运资本。由于该生产线扩大了企业的生产能力，引起对流动资产需求的增加。企业需要追加的营运资本，也是购置该生产线引起的，应列入该方案的现金流出量。只有在营业终了或出售（报废）该生产线时才能全额收回这些资金，并用于其他目的。

2. 现金流入量

例如，企业增加一条生产线，假设不考虑所得税，通常会引起下列现金流入：

（1）营业现金流入。增加的生产线扩大了企业的生产能力，使企业销售收入增加。扣除有关的付现成本后的余额，是该生产线引起的一项现金流入。

营业现金流入 = 销售收入 − 付现成本

付现成本在这里是指需要每年支付现金的成本。成本中不需要每年支付现金的部分称为非付现成本，其中主要是折旧费，有时还包括其他摊销费用。所以，付现成本可以用成本减去折旧来估计。

付现成本 = 成本 − 折旧

营业现金流入 = 销售收入 − 付现成本
　　　　　　　= 销售收入 −（成本 − 折旧）
　　　　　　　= 利润 + 折旧

如果考虑所得税，则上式中的利润应该为税后利润。

（2）该生产线出售（报废）时的残值收入。资产出售或报废时的残值收入，应当作为投资方案的一项现金流入。

（3）收回的营运资本。该生产线出售（报废）时，企业可以相应收回营运资本，收回

的资金可以用于别处。因此，应将其作为该方案的一项现金流入。

现金净流量是指项目每个时点上的现金流入量和现金流出量的差额。

（二）建设期现金流量、营业现金流量和终结现金流量

一般来说，在整个项目期间，现金流量包括建设期现金流量、营业现金流量和终结现金流量。

项目计算期是指从投资建设开始到最终清理结束整个过程的全部时间，如图8-1所示。

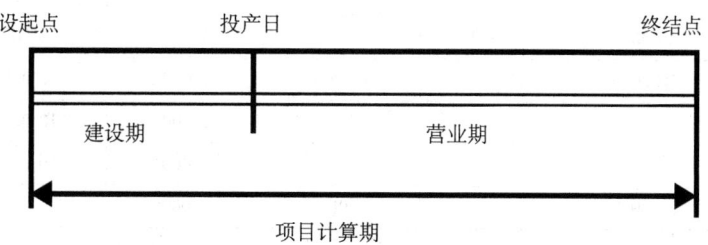

图8-1 项目计算期示意图

建设期现金流量是指从建设起点到投产日的现金流量，包括设备购置及安装支出、垫支营运资本等非费用性支出。

营业现金流量即前面提到的营业现金流入和营业现金流出。

终结现金流量主要是指与项目终止有关的现金流量。如设备变现后残值收入、收回营运资本现金流入等。

第三节 投资项目的评价方法

一、项目的评价方法

投资项目评价使用的基本方法是现金流量折现法，主要有净现值法和内含报酬率法。此外，还有一些辅助方法，主要是回收期法和会计报酬率法。

（一）净现值法

1. 定义

净现值是指特定项目未来现金流入的现值与未来现金流出的现值之间的差额，它是评价项目是否可行的最重要的指标。

2. 公式

$$净现值 = \sum_{t=0}^{n} \frac{I_t}{(1+i)^t} - \sum_{t=0}^{n} \frac{O_t}{(1+i)^t}$$

式中：n——项目期限；

I_t——第 t 年的现金流入量；

O_t——第 t 年的现金流出量；

i——资本成本。

3. 计算

【例 8-1】设企业的资本成本为 10%，有两个投资项目。有关数据如表 8-1 所示。

表 8-1　　　　　　　　　　　　投资项目数据　　　　　　　　　　　　单位：万元

年份	甲项目			乙项目		
	净收益	折旧	现金流量	净收益	折旧	现金流量
0			-30 000			-40 000
1	2 000	15 000	17 000	2 000	10 000	12 000
2	3 000	15 000	18 000	2 000	10 000	12 000
3				2 000	10 000	12 000
4				2 000	10 000	12 000
合计	5 000		5 000	8 000		8 000

$$\text{净现值（甲）} = (17\,000 \times 0.9091 + 18\,000 \times 0.8264) - 30\,000$$
$$= 30\,329.9 - 30\,000$$
$$= 329.9 \text{（万元）}$$

$$\text{净现值（乙）} = 12\,000 \times 3.1699 - 40\,000$$
$$= 38\,038.8 - 40\,000$$
$$= -1\,961.2 \text{（万元）}$$

甲项目的净现值为正数，说明这个项目的投资报酬率超过 10%，可以采纳。而乙项目的净现值为负数，说明该项目的投资报酬率达不到 10%，应予放弃。

4. 原理

净现值法所依据的原理是：假设原始投资是按资本成本借入的，当净现值为正数时，偿还本息后该项目仍有剩余的收益，当净现值为零时，偿还本息后一无所获，当净现值为负数时，该项目收益不足以偿还本息。资本成本是投资人要求的必要报酬率，净现值为正数表明项目可以满足投资人的要求。这一原理可以通过甲、乙两项目的还本付息表来说明，如表 8-2 和表 8-3 所示。

表 8-2　　　　　　　　　　　　甲项目还本付息表　　　　　　　　　　　　单位：万元

年份	年初借款	年息 10%	年末借款	偿还现金	借款余额
1	30 000	3 000	33 000	17 000	16 000
2	16 000	1 600	17 600	18 000	-400

表 8-3　　　　　　　　　　　　乙项目还本付息表　　　　　　　　　　　　单位：万元

年份	年初借款	年息 10%	年末借款	偿还现金	借款余额
1	40 000	4 000	44 000	12 000	32 000
2	32 000	3 200	35 200	12 000	23 200
3	23 200	2 320	25 520	12 000	13 520
4	13 520	1 352	14 872	12 000	2 872

甲项目在第二年年末还清本息后，尚有400万元剩余，折合成现值为329.9万元，即为该项目的净现值。乙项目在第四年年末没能还清本息，尚欠2 872万元，折合成现值为1 961.2万元，即为乙项目的净现值。

5. 优缺点

净现值法具有广泛的适用性，在理论上也比其他方法更完善。净现值反映一个项目按现金流量计量的净收益现值，它是个金额的绝对值，在比较投资额不同的项目时有一定的局限性。

6. 决策原则

只要净现值大于或者等于0的项目，都是可行的项目。具体要看是互斥还是独立项目。如果是独立项目，只要净现值大于或者等于0，都可以考虑接受该方案；如果是互斥项目，在没有资金方面限制时，先选择可行的方案，然后在可行的方案中选择一个净现值最大的项目。

此例中，不管是独立还是互斥的项目，都选择甲方案。

（二）现值指数法

1. 定义

现值指数是未来现金流入现值与现金流出现值的比率，亦称现值比率或获利指数。

2. 公式

$$现值指数 = \sum_{t=0}^{n} \frac{I_t}{(1+i)^t} \div \sum_{t=0}^{n} \frac{O_t}{(1+i)^t}$$

3. 计算

根据表8-1的资料，两个项目的现值指数计算如下：

现值指数（甲）= 30 329.9 ÷ 30 000 = 1.01

现值指数（乙）= 38 038.8 ÷ 40 000 = 0.95

现值指数表示1元初始投资取得的现值毛收益。甲项目的1元投资取得1.01元的现值毛收益，也就是取得0.01元的现值净收益，或者说用股东的1元钱为他们创造了0.01元的财富。乙项目的1元投资只取得0.95元的毛收益，1元投资净损失0.05元，股东财富减少了5%。

4. 优缺点

现值指数是相对数，反映投资的效率，甲项目的效率高；净现值是绝对数，反映投资的效益，甲项目的效益大。两者各有自己的用途。那么，是否可以认为甲项目比乙项目好呢？不一定，因为它们持续的时间不同，现值指数消除了投资额的差异，但是没有消除项目期限的差异。

5. 决策原则

只要现值指数大于或者等于1的项目，都是可行的项目。具体要看是独立还是互斥项目。如果是独立项目，只要现值指数大于或者等于1，就可以考虑接受该方案；如果是互斥项目，在没有资金方面限制时，先选择可行的方案，然后在可行的方案中选择一个现值指数最大的项目。

此例中，不管是独立还是互斥的项目，都选择甲方案。

(三) 内含报酬率法

1. 定义

内含报酬率是指能够使未来现金流入量现值等于未来现金流出量现值的折现率，或者说是使投资项目净现值为零的折现率。

2. 公式

当

$$净现值 = \sum_{t=0}^{n} \frac{I_t}{(1+i)^t} - \sum_{t=0}^{n} \frac{O_t}{(1+i)^t} = 0$$ 时，i 为内含报酬率。

3. 原理

净现值法和现值指数法虽然考虑了时间价值，可以说明投资项目的报酬率高于或低于资本成本，但没有揭示项目本身可以达到的报酬率是多少。内含报酬率是根据项目的现金流量计算的，是项目本身的投资报酬率。

4. 计算

内含报酬率的计算，通常需要使用"逐步测试法"。先估计一个折现率，用它来计算项目的净现值，如果净现值为正数，说明项目本身的报酬率超过折现率，应提高折现率后进一步测试；如果净现值为负数，说明项目本身的报酬率低于折现率，应降低折现率后进一步测试。经过多次测试，寻找出使净现值接近于零的折现率，即为项目本身的内含报酬率。

根据【例 8-1】的资料，已知甲项目的净现值为正数，说明它的投资报酬率大于 10%。因此，应提高折现率进一步测试。假设以 12% 为折现率进行测试，其结果净现值为 -471.1 万元。而前面计算过当折现率为 10% 时净现值为 329.9 万元，可以认为甲项目的内含报酬率介于 10%~12%。测试过程如表 8-4 所示。

表 8-4　　　　　　　　　　甲项目内含报酬率的测试　　　　　　　　　　单位：万元

年份	现金净流量	折现率 = 10%		折现率 = 12%	
		折现系数	现值	折现系数	现值
0	-30 000	1	-30 000	1	-30 000
1	17 000	0.9091	15 454.7	0.8929	15 179.3
2	18 000	0.8264	14 875.2	0.7972	14 349.6
净现值			329.9		-471.1

如果对甲项目测试结果的精确度不满意，可以使用内插法来改善。

$$内含报酬率（甲） = 10\% + \left(2\% \times \frac{329.9}{329.9 + 471.1}\right) = 10.82\%$$

乙项目各期现金流入量相等，符合年金形式，内含报酬率可直接利用年金现值表来确定，不需要进行逐步测试。

设现金流入的现值与原始投资相等：

原始投资 = 每年现金流入量 × 年金现值系数

$40\ 000 = 12\ 000 \times (P/A, i, 4)$

$(P/A, i, 4) = 3.3333$

查阅"年金现值系数表",寻找 $n=4$ 时系数 3.3333 所指的利率。查表结果,与 3.3333 接近的现值系数 3.3872 和 3.3121 分别指向 7% 和 8%。用内插法确定乙项目的内含报酬率为 7.32%。

$$内含报酬率(乙) = 7\% + \left(1\% \times \frac{3.3333 - 3.3872}{3.3121 - 3.3872}\right)$$
$$= 7\% + 0.72\%$$
$$= 7.72\%$$

计算出各项目的内含报酬率以后,可以根据企业的资本成本对项目进行取舍。由于资本成本是 10%,那么甲项目可以接受,而乙项目则应放弃。

内含报酬率是项目本身的盈利能力。如果以内含报酬率作为贷款利率,通过借款来投资本项目,那么,还本付息后将一无所获。这一原理可以通过乙项目的数据来证明,如表 8-5 所示。

表 8-5　　　　　　　　　　　乙项目还本付息表　　　　　　　　　　　单位:万元

年份	年初借款	年息 7.72%	年末借款	偿还现金	借款余额
1	40 000	3 088	43 088	12 000	31 088
2	31 088	2 400	33 488	12 000	21 488
3	21 488	1 659	23 147	12 000	11 147
4	11 147	861	12 008	12 000	8

5. 优缺点

内含报酬率法和现值指数法有相似之处,都是根据相对比率来评价项目,而不像净现值法那样使用绝对数来评价项目。在评价项目时要注意,比率高的项目绝对数不一定大,反之亦然。这种不同和利润率与利润额不同是类似的。

内含报酬率法与现值指数法也有区别。在计算内含报酬率时不必事先估计资本成本,只是最后才需要一个切合实际的资本成本来判断项目是否可行。现值指数法需要一个合适的资本成本,以便将现金流量折算为现值,折现率的高低有时会影响方案的优先次序。

6. 决策原则

只要内含报酬率大于或者等于项目预期的基准报酬率,都是可行的项目。具体选择要看是独立还是互斥项目。如果是独立项目,只要内含报酬率大于或者等于项目预期的基准报酬率,就可以考虑接受该方案;如果是互斥项目,在没有资金方面限制时,先选择可行的方案,然后在可行的方案中选择一个内含报酬率最高的项目。

此例中,如果项目预期的基准报酬率是 9%,则选择甲方案;如果项目预期的基准报酬率是 11%,则甲、乙方案均不能选。

小结:

折现现金流量方案的相同点:

在评价单一方案可行与否的时候,结论一致。

当净现值 >0 时,现值指数 >1,内含报酬率 > 资本成本率;

当净现值 =0 时,现值指数 =1,内含报酬率 = 资本成本率;

当净现值 < 0 时，现值指数 < 1，内含报酬率 < 资本成本率。

不同点：

①净现值和现值指数指标大小受折现率影响，折现率高低将会影响方案的优先次序；而内含报酬率的指标大小不受折现率影响；

②净现值是绝对数指标，反映了投资效益；现值指数和内含报酬率是相对数指标，反映了投资效率。

具体如表 8-6 所示：

表 8-6　　　　　　　　　　　折现现金流量方案的区别点

	指标	净现值	现值指数	内含报酬率
区别点	指标性质	绝对指标	相对指标	相对指标
	指标反映的收益特性	衡量投资的效益	衡量投资的效率	衡量投资的效率
	是否受设定折现率的影响	是（折现率的高低将会影响方案的优先次序）		否
	是否反映项目投资方案本身报酬率	否		是

（四）回收期法

1. 定义

回收期是指投资引起的现金流入累计到与投资额相等所需要的时间。它代表收回投资所需要的年限。回收年限越短，项目越有利。

2. 公式和计算

在原始投资一次支出，每年现金净流入量相等时：

$$回收期 = \frac{原始投资额}{每年现金净流入量}$$

【例 8-1】的乙项目属于这种情况：

$$回收期（乙项目）= \frac{40\,000}{12\,000} = 3.33（年）$$

如果现金流入量每年不等，或原始投资是分几年投入的，则可使下式成立的 n 为回收期：

$$\sum_{t=0}^{n} I_t = \sum_{t=0}^{n} O_t$$

根据【例 8-1】的资料，甲项目的回收期为 1.62 年，计算过程如表 8-7 所示。

表 8-7　　　　　　　　　　甲项目回收期计算表　　　　　　　　　　　　单位：万元

甲项目	现金流量	回收额	未回收额
原始投资	-30 000		
现金流入：			
第一年	17 000	17 000	13 000
第二年	18 000	13 000	0

回收期 = 1 + 13 000/18 000 = 1.72（年）

3. 优缺点

回收期法的优缺点如表 8 – 8 所示：

表 8 – 8　　　　　　　　　　　回收期法的优缺点

优点	回收期法计算简便，并且容易为决策人所正确理解，可以大体上衡量项目的流动性和风险
缺点	不仅忽视了时间价值，而且没有考虑回收期以后的现金流，也就是没有衡量盈利性

一般来说，回收期越短的项目风险越低，因为时间越长越难以预计，风险越大。短期项目给企业提供了较大的灵活性，快速收回的资金可用于别的项目。因此，回收期法可以粗略地快速衡量项目的流动性和风险。事实上，有战略意义的长期投资往往早期收益较低，而中后期收益较高。回收期法优先考虑急功近利的项目，可能导致放弃长期成功的项目。

4. 进一步发展：折现回收期法

为了克服回收期法不考虑时间价值的缺点，人们提出了折现回收期法。折现回收期是指在考虑资金时间价值的情况下以项目现金流量流入抵偿全部投资所需要的时间。它是使下式成立的 n。

$$\sum_{t=0}^{n} \frac{I_t - O_t}{(1 + i)^t} = 0$$

根据【例 8 – 1】的资料，A 项目的折现回收期为 1.98 年，计算过程如表 8 – 9 所示。

表 8 – 9　　　　　　　　　　甲项目回收期计算表　　　　　　　　　　　单位：万元

甲项目	现金流量	折现系数（10%）	净现金流量现值	累计净现金流量现值
原始投资	– 30 000	0	– 30 000	– 30 000
第一年流入	17 000	0.9091	15 455	– 14 545
第二年流入	18 000	0.8264	14 875	330

折现回收期 = 1 +（14 545/14 875）= 1.98（年）

折现回收期也被称为动态回收期。折现回收期法出现以后，为了便于区分，将传统的回收期称为非折现回收期或静态回收期。

5. 决策原则

只要回收期小于或者等于项目预期的基准回收期，都是可行的项目。具体选择要看是独立还是互斥项目。如果是独立项目，只要回收期小于或者等于项目预期的基准回收期，就可以考虑接受该方案；如果是互斥项目，在没有资金方面限制时，先选择可行的方案，然后在可行的方案中选择一个回收期最短的项目。

此例中，如果项目预期的基准回收期是 2 年，则选择甲方案；如果项目预期的基准回收期是 1.5 年，则甲、乙方案均不能选。

（五）会计报酬率法

这种方法计算简便，应用范围很广。它在计算时使用会计报表上的数据以及普通会计的收益和成本观念。

1. 公式和计算

$$会计报酬率 = \frac{年平均净收益}{原始投资额} \times 100\%$$

仍以【例8-1】的资料计算：

$$会计报酬率（甲项目） = \frac{(2\,000 + 3\,000) \div 2}{30\,000} \times 100\% = 8.33\%$$

$$会计报酬率（乙项目） = \frac{2\,000}{40\,000} \times 100\% = 5\%$$

2. 优缺点

会计报酬率法的优点是：它是一种衡量盈利性的简单方法，使用的概念易于理解，使用的财务报告数据容易取得，考虑了整个项目寿命期的全部利润，该方法揭示了采纳一个项目后财务报表将如何变化，使经理人员知道业绩的预期，也便于项目的以后评价。

会计报酬率法的缺点是：使用账面收益而非现金流量，忽视了折旧对现金流量的影响；忽视了净收益的时间分布对项目经济价值的影响。

3. 决策原则

只要会计收益率大于或者等于项目预期的基准会计报酬率，都是可行的项目。具体选择要看是独立还是互斥项目。如果是独立项目，只要会计收益率大于或者等于项目预期的基准报酬率，就可以考虑接受该方案；如果是互斥项目，在没有资金方面限制时，先选择可行的方案，然后在可行的方案中选择一个会计报酬率最高的项目。

此例中，如果项目预期的基准报酬率是7%，则选择甲方案；如果项目预期的基准报酬率是9%，则甲、乙方案均不能选。

二、互斥项目的优选问题

假设有甲、乙两个互斥项目，具体资料如表8-10所示，很容易判断出甲项目优于乙项目。但是如果再加入丙项目其判断结果就较为复杂。

假设甲、乙、丙项目的五种方法结果如表8-10所示：

表8-10　　　　　　　　　　甲、乙、丙项目的五种方法结果

项目	净现值	现值指数	内含报酬率	回收期	会计收益率
甲项目	329.9	1.21	10.82%	1.62	8.33%
乙项目	-1961.2	0.95	7.72%	3.33	5%
丙项目	978.28	1.10	13.38%	3.5	12%

如果一个项目的所有评价指标，包括净现值、现值指数、内含报酬率、回收期和会计报酬率，均比另一个项目好一些，例如，甲项目均比乙项目要好，在选择时不会有任何困扰。但问题是当这些评价指标出现矛盾时：按照净现值排序：丙>甲>乙；按照现值指数排序：甲>丙>乙；按照内含报酬率排序：丙>甲>乙；那么应当如何判断呢？

互斥评价指标出现矛盾的原因主要有两种：一是投资额不同；二是项目寿命不同。如果是投资额不同引起的（项目的寿命相同），对于互斥项目应当净现值法优先，因为它可以给股东带来更多的财富。股东需要的是实实在在的报酬，而不是报酬的比率。如果矛盾是项目

有效期不同引起的,有两种解决办法:一种是共同年限法;另一种是等额年金法。

(一) 共同年限法

如果两个互斥项目不仅投资额不同,而且项目期限也不同,则其净现值没有可比性。例如,一个项目投资 3 年创造了较少的净现值,另一个项目投资 6 年创造了较多的净现值,后者的盈利性不一定比前者好。

共同年限法的原理是:假设投资项目可以在终止时进行重置,通过重置使两个项目达到相同的年限,然后比较其净现值。该方法也被称为重置价值链法,如表 8-11 所示。

表 8-11　　　　　　　　　共同年限法计算原理和决策原则

计算原理	决策原则
假设投资项目可以在终止时进行重置,通过重置使两个项目达到相同的年限,然后比较其净现值 提示:通常选最小公倍寿命为共同年限	选择调整后净现值最大的方案为优

【例 8-2】假设公司资本成本是 10%,有 A 和 B 两个互斥的投资项目。A 项目的年限为 6 年,净现值 12 441 万元,内含报酬率 19.73%;B 项目的年限为 3 年,净现值为 8 323 万元,内含报酬率 32.67%。两个指标的评价结论有矛盾,A 项目净现值大,B 项目内含报酬率高。此时,如果认为净现值法更可靠,A 项目一定比 B 项目好,其实是不对的。

用共同年限法进行分析:假设 B 项目终止时可以进行重置一次,该项目的期限就延长到了 6 年,与 A 项目相同。两个项目的现金流量分布如表 8-12 所示。其中重置 B 项目第 3 年年末的现金流量 -5 800 万元是重置初始投资 -17 800 万元与第一期项目第三年年末现金流入 12 000 万元的合计。经计算,重置 B 项目的净现值为 14 577 万元。因此,B 项目优于 A 项目。

表 8-12　　　　　　　　　项目的现金流量分布　　　　　　　　　单位:万元

项目		A		B		重置 B	
时间	折现系数 (10%)	现金流	现值	现金流	现值	现金流	现值
0	1	-40 000	-40 000	-17 800	-17 800	-17 800	-17 800
1	0.9091	13 000	11 818	7 000	6 364	7 000	6 364
2	0.8264	8 000	6 611	13 000	10 743	13 000	10 743
3	0.7513	14 000	10 518	12 000	9 016	-5 800	-4 358
4	0.6830	12 000	8 196			7 000	4 781
5	0.6209	11 000	6 830			13 000	8 072
6	0.5645	15 000	8 468			12 000	6 774
净现值			12 441		8 323		14 576
内含报酬率		19.73%		32.67%			

事实上,本例有一个非常简便的做法:通过重复净现值来计算共同年限法下的调整后净现值,对于 B 项目而言:

重置 B 项目的净现值 = 8 323 + 8 323 × (P/F,10%,3) = 14 576(万元)

那就意味着并不需要知道每一期的现金流量，而只要知道重置前的净现值就可以。

再举个例子：

【例 8-3】 有两个项目：甲项目投资期限是 12 年，净现值为 200 万元，资本成本为 6%；乙项目投资期限是 3 年，净现值为 80 万元，资本成本为 8%，如何决策？

重置乙项目的净现值 = 80 + 80 × (P/F,8%,3) + 80 × (P/F,8%,6) + 80 × (P/F,8%,9) = 233.94（万元）

因此，乙项目优于甲项目。

总结：

重置后项目的净现值 = 年金 + 年金 × (P/F, i, 1 × 该项目的投资年限) + 年金 × (P/F, i, 2 × 该项目的投资年限) ⋯ + 年金 × [P/F, i, (最小公倍数/该项目的投资年限 − 1) × 该项目的投资年限]

共同年限法有一个问题：共同比较期的时间可能很长，例如，一个项目 7 年，另一个项目 9 年，就需要以 63 年作为共同比较期。我们有计算机，不怕很长期限分析带来的巨大计算量，真正的恐惧来自预计 60 多年后的现金流量。我们对预计遥远未来的数据，自知没有能力，也缺乏必要信心。尤其是重置时的原始投资，因技术进步和通货膨胀几乎总会发生变化，实在难以预计。

（二）等额年金法

等额年金法是用于年限不同的项目之间进行比较的另一种方法。它比共同年限法要简单。其计算步骤如表 8-13 所示：

表 8-13　　　　　　　　等额年金法计算步骤和决策原则

计算步骤	决策原则
（1）计算两项目的净现值； （2）计算净现值的等额年金额 = 该方案净现值/(P/A, i, n)； （3）永续净现值 = 等额年金额/资本成本 i； 提示：等额年金法最后一步即永续净现值的计算，并非总是必要的。在资本成本相同时，等额年金大的项目永续净现值肯定大，根据等额年金大小就可以直接判断项目的优劣	选择永续净现值最大的方案为优

依据【例 8-2】数据：

A 项目的净现值 = 12 441 万元

A 项目净现值的等额年金 = 12 441/4.3553 = 2 857（元）

A 项目的永续净现值 = 2 857/10% = 28 570（万元）

B 项目的净现值 = 8 323 万元

B 项目的净现值的等额年金 = 8 323/2.4869 = 3 347（万元）

B 项目的永续净现值 = 3 347/10% = 33 470（万元）

比较永续净现值，B 项目优于 A 项目，结论与共同年限法相同。

其实，等额年金法的最后一步即永续净现值的计算，并非总是必要的。在资本成本相同时，等额年金大的项目永续净现值肯定大，根据等额年金大小就可以直接判断项目的优劣。

以上两种分析方法的区别在于：共同年限法比较直观，易于理解，但是预计现金流的工作很困难。等值年金法应用简单，但不便于理解。

共同年限法与等额年金法的缺点：

（1）有的领域技术进步快，不可能原样复制；

（2）如果通货膨胀比较严重，必须考虑重置成本的上升，两种方法均未考虑；

（3）从长期来看，竞争会使项目净利润下降，甚至被淘汰，两种方法均未考虑。

通常在实务中，只有重置概率很高的项目才适宜采用上述分析方法。对于预计项目年限差别不大的项目，例如，8年期限和10年期限的项目，直接比较净现值，不需要做重置现金流的分析，因为预计现金流量和资本成本的误差比年限差别还大。预计项目的有效年限本来就很困难，技术进步和竞争随时会缩短一个项目的经济年限，不断维修和改进也会延长项目的有效年限。有经验的分析人员，历来不重视10年以后的数据，因其现值已经很小，往往直接舍去10年以后的数据，只进行10年内的重置现金流分析。

三、总量有限时的资本分配

在现实世界中，会有许多总量资本受到限制的情况出现，无法为全部盈利项目筹资。这时需要考虑有限的资本分配给哪些项目。资本分配问题是指在企业投资项目有总量预算约束的情况下，如何选择相互独立的项目。有以下两种情况：

第一，在资本总量不受限制的情况下，凡是净现值为正数的项目或者内含报酬率大于资本成本的项目，都可以增加股东财富，都应当被采用。

第二，在资本总量受到限制时，将全部项目排列出不同的组合，每个组合的投资不超过资本总量；计算各项目的净现值以及各组合的净现值合计，选择净现值最大的组合作为采纳的项目。

【例8-4】甲公司可以投资的资本总量为10 000万元，资本成本为10%。现有三个投资项目，有关数据如表8-14所示。

表8-14 投资项目净现值与现值指数 单位：万元

项目	时间（年末）	0	1	2	现金流入现值	净现值	现值指数
	现值系数（10%）	1	0.9091	0.8264			
A	现金净流量	-10 000	9 000	5 000			
	现值	-10 000	8 182	4 132	12 314	2 314	1.23
B	现金净流量	-5 000	5 057	2 000			
	现值	-5 000	4 597	1 653	6 250	1 250	1.25
C	现金净流量	-5 000	5 000	1 881			
	现值	-5 000	4 546	1 554	6 100	1 100	1.22

从表8-14中可知，不超过资本总量10 000万元的投资组合有：A项目、B项目、C项目、B和C项目；每个组合的净现值分别为：2 314万元、1 250万元、1 100万元和2 350万元，因此选择净现值最大的组合B和C项目。

值得注意的是，这种资本分配方法仅适用于单一期间的资本分配，不适用于多期间的资本分配。所谓多期间资本分配，是指资本的筹集和使用涉及多个期间。例如，今年筹资的限额是 10 000 万元，明年又可以筹资 10 000 万元；与此同时，已经投资的项目可不断收回资金并及时用于另外的项目。此时，需要进行更复杂的多期间规划分析。

第九章

利润分配与股利政策

第一节 利润分配概述

利润分配是指企业或组织在扣除各项成本和税费后所剩余的盈利部分的分配方式。一般来说,企业或组织的利润分配可以通过以下方式进行:(1)分配给股东:企业或组织可以将一部分利润分配给股东,这通常是以股息或股票的形式进行的。(2)留作资本储备:企业或组织可以将一部分利润留作资本储备,以便用于未来的投资或业务发展。(3)分配给员工:企业或组织可以将一部分利润分配给员工,通常是以奖金或股票的形式进行的。(4)支付利息和偿还债务:企业或组织必须支付利息和偿还债务,有时这也被视作利润分配的一种方式。(5)捐赠:企业或组织可以将一部分利润捐赠给慈善组织或社会公益事业。(6)税金:企业或组织必须缴纳所得税,这也是利润分配的一部分。利润分配是企业或组织管理和运营的重要方面之一,合理的利润分配策略可以帮助企业或组织实现可持续的发展和增长。

一、非股份制企业的利润分配顺序

根据我国《公司法》等有关规定,非股份制企业当年实现的利润总额应按国家有关税法的规定作相应的调整,然后依法缴纳所得税。缴纳所得税后的净利润按下列顺序进行分配:

1. 弥补以前年度亏损

按照我国财务和税务制度的规定,企业的年度亏损,可以由下一年度的税前利润弥补,下一年度税前利润尚不足以弥补的,可以由以后年度的利润继续弥补,但用税前利润弥补以前年度亏损的连续期限不超过 5 年。5 年内弥补不足的,用本年税后利润弥补。本年净利润+年初未分配利润为企业可供分配的利润,只有可供分配的利润大于零时,企业才能进行后续分配。

2. 提取法定盈余公积金

可供分配的利润大于零是计提法定盈余公积金的必要条件。法定盈余公积金以净利润扣除以前年度亏损为基数,按 10% 提取。即企业年初未分配利润为借方余额时,法定盈余公积金计提基数为:本年净利润 − 年初未分配利润(借方)余额,若企业年初未分配利润为贷方余额时，法定盈余公积金计提基数为本年净利润，未分配利润贷方余额在计算可供投资者分配的净利润时计入。当企业法定盈余公积金达到注册资本的50%时，可不再提取。法定盈余公积金主要用于弥补企业亏损和按规定转增资本，但转增资本后的法定盈余公积金一般不低于注册资本的25%。

3. 向投资者分配利润

企业本年净利润扣除弥补以前年度亏损和提取法定盈余公积金后的余额，加上年初未分配利润贷方余额，即为企业本年可供投资者分配的利润，按照分配与积累并重原则，确定应向投资者分配的利润数额。

分配给投资者的利润，是投资者从企业获得的投资回报。向投资者分配利润应遵循纳税在先、企业积累在先、无盈余不分利的原则，其分配顺序在利润分配的最后阶段，这体现了投资者对企业的权利、义务以及投资者所承担的风险。

二、股份制企业的利润分配顺序

1. 弥补以前年度亏损。
2. 提取法定盈余公积金。
3. 支付优先股股息。一般地，优先股按事先约定的股息率取得股息，不受企业盈利与否或多少的影响。
4. 提取任意盈余公积金。任意盈余公积金是根据企业发展的需要自行提取的公积金，其提取基数与计提盈余公积金的基数相同，计提比例由股东大会根据需要决定。
5. 支付普通股股利。

从上述利润分配顺序看，股利来源于企业的税后利润，但净利润不能全部用于发放股利，股份制企业必须按照有关法规和公司章程规定的顺序、比例，在提取法定盈余公积金之后，才能向优先股股东支付股息，在提取任意盈余公积金之后，才能向普通股股东发放股利。如股份公司当年无利润或出现亏损，原则上不得分配股利。但为维护公司股票的信誉，经股东大会特别决议，可按股票面值较低比率用盈余公积金支付股利，支付股利后留存的法定盈余公积金不得低于注册资本的25%。

第二节 股利政策理论

股利分配的核心问题是如何权衡公司股利支付决策与未来长期增长之间的关系，以实现公司价值最大化的财务管理目标。围绕着公司股利政策是否影响公司价值这一问题，主要有两类不同的股利理论：股利无关论和股利相关论。股利无关论认为股利分配对公司的市场价值（或股票价格）不会产生影响。股利无关理论是在完美资本市场的一系列假设下提出的，如果放宽这些假设条件，股利政策就会显现出对公司价值（或股票价格）产生的影响。

一、股利无关论

股利无关论认为股利分配对公司的市场价值（或股票价格）不会产生影响。这一理论是米勒（Merton Miller）与莫迪格利安尼（Franc Modigliani）于1961年在下面列举的一些假设之上提出的：

（1）公司的投资政策已确定并且已经为投资者所理解；

（2）不存在股票的发行和交易费用；

（3）不存在个人或公司所得税；

（4）不存在信息不对称；

（5）经理与外部投资者之间不存在代理成本。上述假设描述的是一种完美的资本市场，因而股利无关论又被称为完全市场理论。

股利无关论认为：

1. 投资者并不关心公司股利的分配

若公司留存较多的利润用于再投资，会导致公司股票价格上升；此时尽管股利较低，但需用现金的投资者可以出售股票换取现金。若公司发放较多的股利，投资者又可以用现金再买入一些股票以扩大投资。也就是说，投资者对股利和资本利得并无偏好。

2. 股利的支付比率不影响公司的价值

既然投资者不关心股利的分配，公司的价值就完全由其投资政策及其获利能力所决定，公司的盈余在股利和保留盈余之间的分配并不影响公司的价值，既不会使公司价值增加，也不会使公司价值降低（即使公司有理想的投资机会而又支付了高额股利，也可以募集新股，新投资者会认可公司的投资机会）。

股利无关论是指公司的股利政策不会影响其股价，即公司的价值不会因为股息政策的改变而改变。这个理论的现实意义在于：投资者的期望收益主要来自公司未来的盈利和增长，而不是短期的股利。因此，如果公司把利润用于投资、扩大规模或者提高股票回购，而非支付股息，那么投资者的期望收益可能更高。对于长期投资者来说，股利无关论强调了持有股票的重要性。如果投资者能够忍受短期波动，长期持有股票，那么他们可以享受到公司成长的好处，并最终从股价上获得更高的回报。股利无关论还提醒投资者要注意公司的财务状况和盈利能力，而不是仅仅看重股息收益。如果公司利润不稳定或者负债过高，那么其未来的增长和股价可能受到威胁，这对于投资者来说是需要注意的风险。

总之，股利无关论提醒投资者要将注意力放在公司的长期盈利和增长上，而不是短期的股利收益。这有助于投资者更加理性地作出投资决策，并最终实现更好的投资回报。

二、股利相关论

1. 税差理论

股利无关论中假设不存在税收，但在现实条件下，现金股利税与资本利得税不仅是存在的，而且表现出差异性。税差理论强调了税收在股利分配中对股东财富的重要作用。一般来说，出于保护和鼓励资本市场投资的目的，会采用股利收益税率高于资本利得税率的差异税率制度，致使股东会偏好资本利得而不是派发现金股利。即使股利与资本利得具有相同的税率，股东在支付税金的时间上也是存在差异的。股利收益纳税是在收取股利的当时，而资本利得纳税只是在股票出售时才发生，显然继续持有股票来延迟资本利得的纳税时间，可以体现递延纳税的时间价值。

因此，税差理论认为，如果不考虑股票交易成本，企业应采取低现金股利比率的分配政策，以提高留存收益再投资的比率，使股东在实现未来的资本利得中享有税收节省。税差理论说明了当股利收益税率与资本利得税率存在差异时，将使股东在继续持有股票以期取得预期资本利得与立即实现股利收益之间进行权衡。如果存在股票的交易成本，甚至当资本利得税与交易成本之和大于股利收益税时，偏好取得定期现金股利收益的股东自然会倾向于企业采用高现金股利支付率政策。

这一理论的现实意义在于，它可以帮助投资者更好地理解公司的财务决策和股利政策。例如，当政府调整股利所得税税率时，投资者可以预测公司可能会如何调整其股利政策以适应新的税收环境。此外，这一理论也可以用来解释公司留存利润的原因，特别是在高税率环境下，留存利润可以为公司提供更多的资金用于投资和成长，从而创造更多的价值和回报给股东。总之，股利的税差理论是一个解释公司股利政策和财务决策的重要理论，可以帮助投资者更好地理解公司的运营和价值创造方式。

2. 客户效应理论

客户效应理论是对税差理论的进一步扩展，研究处于不同税收等级的投资者对待股利分配态度的差异，认为投资者不仅仅是对资本利得和股利收益有偏好，即使是投资者本身，因其所处不同等级的边际税率，对企业股利政策的偏好也是不同的。收入高的投资者因其边际税率较高表现出偏好低股利支付率的股票，希望少分现金股利或不分现金股利，以更多的留存收益进行再投资，从而提高所持有的股票价格。而收入低的投资者以及享有税收优惠的养老基金投资者表现出偏好高股利支付率的股票，希望支付较高而且稳定的现金股利。

投资者的边际税率差异性导致其对待股利政策态度的差异性。边际税率高的投资者会选择实施低股利支付率的股票，边际税率低的投资者则会选择实施高股利支付率的股票。这种投资者依据自身边际税率而显示出的对实施相应股利政策股票的选择偏好现象被称为"客户效应"。因此，客户效应理论认为，公司在制定或调整股利政策时，不应该忽视股东对股利政策的需求。

3. "一鸟在手"理论

股东的投资收益来自当期股利和资本利得两个方面，利润分配决策的核心问题是在当期股利收益与未来预期资本利得之间进行权衡。企业的当期股利支付率较高时，企业盈余用于未来发展的留存资金会减少，虽然股东在当期获得了较高的股利，但未来的资本利得则有可能降低；而当企业的股利支付率较低时，用于发展企业的留存资金会增加，未来股东的资本利得将有可能提高。

由于企业在经营过程中存在着诸多的不确定性因素，股东会认为现实的现金股利要比未来的资本利得更为可靠，会更偏好于确定的股利收益。因此，资本利得好像林中之鸟，虽然看上去很多，但却不一定抓得到。而现金股利则好像在手之鸟，是股东有把握按时、按量得到的现实收益。股东在对待股利分配政策态度上表现出来的这种宁愿现在取得确定的股利收益，而不愿将同等的资金放在未来价值不确定性投资上的态度偏好，被称为"一鸟在手，强于二鸟在林"。

根据"一鸟在手"理论所体现的收益与风险的选择偏好，股东更偏好于现金股利而非资本利得，倾向于选择股利支付率高的股票。当企业股利支付率提高时，股东承担的收益风险越小，其所要求的权益资本报酬率也越低，权益资本成本也相应越低，则根据永续年金计算所得的企业权益价值（企业权益价值＝分红总额/权益资本成本）将会上升；反之，随着股利支付率的下降，股东的权益资本成本升高，企业的权益价值将会下降。这说明股利政策会对股东价值产生影响，而"一鸟在手"理论主要强调为了实现股东价值最大化的目标，企业应实行高股利分配率的股利政策。

4. 代理理论

企业中的股东、债权人、经理人员等利益相关者的目标并非完全一致，在追求自身利益最大化的过程中有可能会以牺牲另一方的利益为代价，这种利益冲突关系反映在公司股利分配决策过程中表现为不同形式的代理成本：反映两类投资者之间利益冲突的是股东与债权人之间的代理关系；反映股权分散情形下内部经理人员与外部投资者之间利益冲突的经理人员与股东之间的代理关系；反映股权集中情形下控制性大股东与外部中小股东之间利益冲突的是控股股东与中小股东之间的代理关系。

（1）股东与债权人之间的代理冲突。企业股东在进行投资与融资决策时，有可能为增加自身的财富而选择了加大债权人风险的政策，如股东通过发行债务支付股利或为发放股利而拒绝净现值为正的投资项目。在股东与债权人之间存在代理冲突时，债权人为保护自身利益，希望企业采取低股利支付率，通过多留存少分配的股利政策以保证有较为充裕的现金留在企业以防发生债务支付困难。因此，债权人在与企业签订借款合同时，习惯于制订约束性条款对企业发放股利的水平进行制约。

（2）经理人员与股东之间的代理冲突。当企业拥有较多的自由现金流时，企业经理人员有可能把资金投资于低回报项目，或为了取得个人私利而追求额外津贴及在职消费等，因此，实施高股利支付率的股利政策有利于降低因经理人员与股东之间的代理冲突而引发的这种自由现金流的代理成本。实施多分配少留存的股利政策，既有利于抑制经理人员随意支配自由现金流的代理成本，也有利于满足股东取得股利收益的愿望。

（3）控股股东与中小股东之间的代理冲突。如果所有权与控制权集中于一个或少数大股东手中，企业管理层通常由大股东直接出任或直接指派，管理层与大股东的利益趋于一致。由于所有权集中使控股股东有可能也有能力通过各种手段侵害中小股东的利益，控股股东为取得控制权私利而产生的与中小股东之间的代理冲突使企业股利政策也呈现出明显的特征。当法律制度较为完善，外部投资者保护受到重视时，有效地降低了大股东的代理成本，可以促使企业实施较为合理的股利分配政策。反之，法律制度建设滞后，外部投资者保护程度较低时，如果控股股东通过利益侵占取得的控制权私利机会较多，会使其忽视基于所有权的正常股利收益分配，甚至因过多的利益侵占而缺乏可供分配的现金。因此，处于外部投资者保护程度较弱环境的中小股东希望企业采用多分配少留存的股利政策，以防控股股东的利益侵害。正因为如此，有些企业为了向外部中小投资者表明自身盈利前景与企业治理良好的状况，则通过多分配少留存的股利政策向外界传递了声誉信息。

代理理论的分析视角为研究与解释处于特定治理环境中的企业股利分配行为提供了一个基本分析逻辑。如果在企业进行股利分配决策过程中，同时伴随着其他公司财务决策，并处于不同的公司治理机制条件下（如所有权结构、经理人员持股、董事会结构特征等），基于代理理论对股利分配政策选择的分析将是多种因素权衡的复杂过程。

5. 信号理论

米勒与莫迪格利安尼的股利无关论假设不存在信息不对称，即外部投资者与内部经理人员拥有企业投资机会与收益能力的相同信息。但在现实条件下，企业经理人员比外部投资者拥有更多的企业经营状况与发展前景的信息，这说明在内部经理人员与外部投资者之间存在信息不对称。在这种情形下，可以推测分配股利可以作为一种信息传递机制，使企业股东或市场中的投资者依据股利信息对企业经营状况与发展前景作出判断。内部经理人也认为股利分配政策具有信息含量，特别是股利支付信息向市场传递了企业的盈利能力能够为其项目投资和股利分配提供充分的内源融资，特别是本期与以前期间的股利支付水平以及变化程度的信息，甚至能够使投资者从中对企业盈利持续性及增长作出合理判断。

信号理论认为股利向市场传递企业信息可以表现为两个方面：一种是股利增长的信号作用，即如果企业股利支付率提高，被认为是经理人员对企业发展前景作出良好预期的结果，表明企业未来业绩将大幅度增长，通过增加发放股利的方式向股东与投资者传递了这一信息。此时，随着股利支付率提高，企业股票价格应该是上升的。另一种是股利减少的信号作用，即如果企业股利支付率下降，股东与投资者会感受到这是企业经理人员对未来发展前景作出无法避免衰退预期的结果。显然，随着股利支付率下降，企业股票价格应该是下降的。

当然，增发股利是否一定向股东与投资者传递了好消息，对这一点的认识是不同的。不同的生命周期派发现金股利会有不同的信号传递效应。

这一理论的现实意义有以下几个方面：（1）提高公司声誉。公司宣布分红可以提高公司的声誉和知名度，进而增加公司的价值和市场地位。（2）吸引潜在投资者。分红政策可以吸引更多的潜在投资者，使公司的股票更受欢迎，从而提高公司的市场价值。（3）市场反应。公司宣布分红时，市场往往会对其未来业绩作出反应。如果市场认为公司未来的业绩会更好，那么股票价格会上涨，反之则会下跌。（4）信号传递。分红政策可以向投资者传递积极的信号，表明公司管理层对公司未来的业绩持有信心。这有助于增强投资者对公司的信任和信心，从而推动股票价格上涨。总之，股利的信号传递理论为投资者提供了一个衡量公司未来业绩的指标，并对公司的声誉、市场地位和股票价格产生影响，因此在投资决策中具有重要的现实意义。

三、股利政策的影响因素

在现实中，公司的股利分配是在种种制约因素下进行的，采取何种股利政策虽然是由管理层决定的，但是实际上在其决策过程中会受到诸多主观与客观因素的影响。影响股利分配政策的因素主要有：

1. 法律限制

为了促进公司长期稳定发展，有关法规对公司的股利分配经常作如下限制：

（1）资本保全的限制。规定公司不能用资本（包括股本和资本公积）发放股利。股利的支付不能减少法定资本，如果一个公司的资本已经减少或因支付股利而引起资本减少，则不能支付股利。

（2）企业积累的限制。为了制约公司支付股利的任意性，按照法律规定，公司税后利润必须先提取法定盈余公积金。此外，还鼓励公司提取任意盈余公积金，只有当提取的法定公积金达到注册资本的50%时，才可以不再提取。提取法定盈余公积金后的利润净额才可以用于支付股利。

（3）净利润的限制。规定公司年度累计净利润必须为正数时才可发放股利，以前年度亏损必须足额弥补。

（4）超额累积利润的限制。由于许多国家股东接受股利缴纳的所得税税率高于其进行股票交易的资本利得税税率，于是规定公司不得超额累积利润，一旦公司的保留盈余超过法律认可的水平，将被加征额外税额。

（5）无力偿付的限制。基于对债权人的利益保护，如果一个公司已经无力偿付负债，或股利支付会导致公司失去偿债能力，则不能支付股利。

2. 股东因素

公司的股利政策最终由股东大会决定，因此，股东的要求不可忽视。股东从自身经济利益需要出发，对公司的股利分配往往产生这样一些影响。

（1）稳定的收入和避税。一些股东的主要收入来源是股利，他们往往要求公司支付稳定的股利。他们认为通过保留盈余引起股价上涨而获得资本利得是有风险的。若公司留存较多的利润，将受到这部分股东的反对。另外，一些边际税率较高的股东出于避税的考虑，往往反对公司发放较多的股利。

（2）控制权的稀释。公司支付较高的股利，就会导致留存盈余减少，这意味着将来发行新股的可能性加大，而发行新股必然稀释公司的控制权，这是公司拥有控制权的股东不愿看到的局面。因此，若他们拿不出更多的资金购买新股，宁肯不分配股利。

3. 公司因素

公司的经营情况和经营能力，影响其股利政策。

（1）盈余的稳定性。公司是否能获得长期稳定的盈余，是其股利决策的重要基础。盈余相对稳定的公司相对于盈余不稳定的公司而言具有较高的股利支付能力，因为盈余稳定的公司对保持较高股利支付率更有信心。收益稳定的公司面临的经营风险和财务风险较小，筹资能力较强，这些都是其股利支付能力的保证。

（2）公司的流动性。较多地支付现金股利会减少公司的现金持有量，使公司的流动性降低。这里公司的流动性是指及时满足财务应付义务的能力；而公司保持一定的流动性，不仅是公司经营所必需的，也是在实施股利分配方案时需要权衡的。

（3）举债能力。具有较强举债能力（与公司资产的流动性相关）的公司因为能够及时地筹措到所需的现金，有可能采取高股利政策；而举债能力弱的公司则不得不多滞留盈余，因而往往采取低股利政策。

（4）投资机会。有着良好投资机会的公司，需要有强大的资金支持，因而往往少发放股利，将大部分盈余用于投资。缺乏良好投资机会的公司，保留大量现金会造成资金的闲置，于是倾向于支付较高的股利。正因为如此，处于成长中的公司多采取低股利政策；处于经营收缩中的公司多采取高股利政策。

（5）资本成本。与发行新股相比，保留盈余不需花费筹资费用，是一种比较经济的筹资渠道。所以，从资本成本考虑，如果公司有扩大资金的需要，也应当采取低股利政策。

（6）债务需要。具有较高债务偿还需要的公司，可以通过举借新债、发行新股筹集资金偿还债务，也可直接用经营积累偿还债务。如果公司认为后者适当的话（比如，前者资本成本高或受其他限制难以进入资本市场），将会减少股利的支付。

4. 其他限制

除了上述因素外，还有一些其他因素也会影响公司的股利政策选择。

（1）债务合同约束。公司的债务合同，特别是长期债务合同，往往有限制公司现金支付程度的条款，这使公司只得采取低股利政策。

（2）通货膨胀。在通货膨胀的情况下，由于货币购买力下降，公司计提的折旧不能满足重置固定资产的需要，需要动用盈余补足重置固定资产，因此在通货膨胀时期，公司股利政策往往偏紧。

第三节　股利分配方式

在我国上市公司的股利分配实践中，股利支付方式是现金股利、股票股利或者是两种方式兼有的组合分配方式。部分上市公司在实施现金股利和股票股利的利润分配方案时，有时也会同时实施从资本公积转增股本的方案。

此外，公司还可以使用财产和负债支付方式支付股利。财产股利是以现金以外的资产支付的股利，主要是以公司所拥有的其他企业的有价证券，如债券、股票，作为股利支付给股东。负债股利是公司以负债支付的股利，通常以公司的应付票据支付给股东，在不得已的情况下也有发行公司债券抵付股利的。财产股利和负债股利实际上是现金股利的替代。这两种股利方式目前在我国公司实务中很少使用，但并非法律所禁止。

1. 现金股利

现金股利是指企业采用现金的方式向股东支付股利，也称为红利。现金股利是企业最常见的，也是最易被投资者接受的股利支付方式。企业支付现金股利，除了要有累积的未分配利润外，还要有足够的现金。因此，企业在支付现金股利前，必须做好财务上的安排，以便有充足的现金支付股利。因为企业一旦向股东宣告发放股利，就对股东承担了支付的责任，必须如期履约，否则，不仅会丧失企业信誉，而且会带来不必要的麻烦。现金股利是指公司向其股东支付的现金分红。这是用公司利润的一部分，以现金的形式直接支付给股东。现金股利通常以每股分红的形式支付，每股分红的金额取决于公司的盈利情况和股东的持股比例。

对于投资者来说，现金股利也是一种重要的投资收益指标，能够反映上市公司的盈利能力和未来发展潜力，对于投资者的投资决策有着重要的参考作用。因此，上市公司派发现金股利的多少和时间，也是投资者考虑投资该公司的一个因素。需要注意的是，现金股利和股票股利的优劣是与具体公司的情况相关的。如果一个公司未来具有较高的增长潜力，股票股利可能会更受投资者欢迎，因为未来股价上涨所带来的资本增值收益可能更加可观。因此，在投资决策中，投资者需要综合考虑上市公司的盈利能力、成长潜力和派发股利的历史记录等因素，权衡现金股利和股票股利的利弊，以确定最佳的投资策略。

2. 股票股利

股票股利是指应分给股东的股利以额外增发股票形式来发放。以股票作为股利，一般都是按在册股东持有股份的一定比例来发放，对于不满一股的股利仍采用现金发放。股票股利最大的优点就是节约现金支出，因而常被现金短缺的企业所采用。

发放股票股利时，在企业账面上，只需在减少未分配利润项目金额的同时，增加股本和资本公积等项目金额，并通过中央清算登记系统增加股东持股数量。显然，发放股票股利是一种增资行为,需经股东大会同意,并按法定程序办理增资手续。但发放股票股利与其他增资行为不同的是,它不增加股东财富,企业的财产价值和股东的股权结构也不会改变,改变的只是股东权益内部各项目的金额。尽管股票股利不直接增加股东的财富,也不增加企业的价值,但对股东和企业都有好处。对股东的意义在于:(1)如果企业在发放股票股利后同时发放现金股利,股东会因为持股数的增加而得到更多的现金。(2)有时企业发行股票股利后,股价并不成同比例下降,这样便增加了股东的财富。因为股票股利通常为成长中的企业所采用,投资者可能会认为,企业的盈余将会有大幅度增长,并能抵消增发股票所带来的消极影响,从而使股价稳定不变或略有上升。(3)在股东需要现金时,可以将分得的股票股利出售,从中获得纳税上的好处。对企业的意义在于:(1)能达到节约现金的目的。企业采用股票股利或股票股利与现金股利相互配合的政策,既能使股东满意,又能使企业留存一定现金,便于进行再投资,有利于企业长期发展。(2)在盈余和现金股利不变的情况下,发放股票股利可以降低每股价值,从而吸引更多的投资者。

中国股票市场上每年春季的高送转行情是指一些上市公司宣布高比例的送转股,或者进行高比例的股票分红,从而带来投资者对该公司未来发展的乐观预期,导致该公司股票价格上涨的一种现象。具体来说,高送转行情通常会发生在上市公司宣布高比例的送转股或股票分红后,因为这意味着该公司在未来的盈利预期较好,而且投资者可以从高送转中获得更多的收益。这种情况下,投资者通常会积极买入该公司的股票,导致其股价上涨,形成高送转行情。需要注意的是,高送转行情虽然可以带来短期的投资收益,但是对于长期投资者来说,关注公司的盈利能力、业绩表现以及管理团队等因素更为重要,不应该盲目追逐高送转行情。此外,对于高送转的公司,也需要警惕其是否存在过度追求短期收益的行为,可能对公司长期发展造成不利影响。

3. 股票分割

股票分割是指将面额较高的股票转换成面额较低的股票的行为。例如,将原来的一股股票转换成两股股票。股票分割不属于股利分配方式,但其所产生的效果与发放股票股利近似,故而在此一并介绍。股票分割时,流通在外的股数增加,每股面额下降。而盈利总额和市盈率不变,则每股收益下降,但公司价值不变,股东权益总额以及股东权益内部各项目相互间的比例也不会改变。这与发放股票股利时的情况既有相同之处,又有不同之处。从实践效果看,由于股票分割与股票股利非常接近,所以一般要根据证券监督管理部门的具体规定对两者加以区分。例如,有的国家证券交易机构规定,发放 25% 以上的股票股利即属于股票分割。

对于公司来讲,实行股票分割的主要目的在于通过增加股票股数降低每股市价,从而吸引更多的投资者。此外,股票分割往往是成长中公司的行为,所以宣布股票分割后容易给人一种"公司正处于发展之中"的印象,这种利好信息会在短时间内提高股价。从纯粹经济的角度看,股票分割和股票股利没有什么区别。尽管股票分割与发放股票股利都能达到降低公司股价的目的,但一般来说,只有在公司股价暴涨且预期难以下降时,才采用股票分割的办法降低股价;而在公司股价上涨幅度不大时,往往通过发放股票股利将股价维持在理想的范围之内。相反,若公司认为自己股票的价格过低,为了提高股价,会采取反分割(也称股票合并)的措施。反分割是股票分割的相反行为,即将数股面额较低的股票合并为一股面额较高的股票。例如,原面额 2 元、发行 200 000 股、市价 20 元的股票,按 2 股换成 1 股的比例进行反分割，该公司的股票面额将成为 4 元，股数将成为 100 000 股，市价也将上升。

百度曾在 2020 年 5 月进行了 1∶8 的股票分割。这意味着每一股的股票数量增加了 8 倍，但每一股的股价相应地降低了 8 倍。该股票分割是为了使百度的股价更具吸引力，以便更多的零星投资者可以购买百度的股票。此外，股票分割还有助于提高股票的流动性，因为股票分割会增加股票的数量，从而使更多的人可以买卖该股票。需要注意的是，股票分割并不会影响公司的市值或财务状况。这意味着，尽管股票数量增加了，但公司的总市值仍然保持不变。因此，股票分割只是一种纯粹的技术性变化，不会对公司的基本面产生实质性的影响。

4. 股票回购

股票回购是指公司出资购回自身发行在外的股票。

股票回购时，公司以多余现金购回股东所持有的股份，使流通在外的股份减少，每股股利增加，从而会使股价上升，股东能因此获得资本利得，这相当于公司支付给股东现金股利。所以，可以将股票回购看作是一种现金股利的替代方式。

【例 9-1】某公司普通股的每股收益、每股市价等资料如表 9-1 所示。

表 9-1 某公司普通股资料表

净利润	7 500 000 元
流通股数	1 000 000 股
每股收益（7 500 000/1 000 000）	7.5 元/股
市盈率	8
预计分红后每股市价	60 元

公司拟将 4 000 000 元用于发放现金股利，则：

每股股利 = 4 000 000 ÷ 1 000 000 = 4（元）

普通股股东将有每股价值 60 元的股票和每股 4 元的现金股利，即每股合计价值 64 元，股权价值合计 64 000 000（64 × 1 000 000）元。

如果公司改用 4 000 000 元以每股 64 元价格回购股票，则：

回购股数 = 4 000 000 ÷ 64 = 62 500（股）

未被回购普通股每股价值 = $\dfrac{64\,000\,000 - 4\,000\,000}{1\,000\,000 - 62\,500} = \dfrac{60\,000\,000}{937\,500} = 64$（元）

被回购和未被回购的普通股股东的股票每股价值均为 64 元。

可见，公司不论采用支付现金股利的方式还是股票回购的方式，对股东而言都是等效的。

然而，股票回购却有着与发放现金股利不同的意义。

一方面，对股东而言，股票回购后股东得到的资本利得需缴纳资本利得税，发放现金股利后股东则需缴纳股利收益税。在资本利得税率低于股利收益税率的情况下，股东将得到纳税上的好处。但另一方面，上述分析是建立在各种假设之上的，如假设股票以每股 64 元的价格回购、7 500 000 元的净利润不受回购影响、回购后市盈率亦为 8 等。实际上这些因素是很可能因股票回购而发生变化的，其结果是否对股东有利难以预料。也就是说，股票回购对股东利益具有不确定的影响。

对公司而言，股票回购有利于增加公司价值：

第一，公司进行股票回购的目的之一是向市场传递股价被低估的信号。股票回购具有与股票发行相反的作用。股票发行被认为是公司股票被高估的信号，如果公司管理层认为公司目前的股价被低估，通过股票回购，向市场传递了积极信息。股票回购的市场反应通常是提升了股价。

第二，当公司可支配的现金流明显超过投资项目所需的现金流时，可以用自由现金流进行股票回购，有助于提高每股收益。股票回购减少了公司自由现金流，起到了降低管理层代理成本的作用。管理层通过股票回购试图使投资者相信公司的股票具有投资吸引力，公司没有把股东的钱浪费在收益不好的投资中。

第三，避免股利波动带来的负面影响。当公司剩余现金流是暂时的或者是不稳定的，没有把握能够长期维持高股利政策时，可以在维持一个相对稳定的股利的基础上，通过股票回购回馈股东。

第四，发挥财务杠杆的作用。如果公司认为资本结构中权益资本的比例较高，可以通过股票回购提高负债率，改变公司的资本结构，并有助于降低加权平均资本成本。虽然发放现金股利也可以减少股东权益，增加财务杠杆，但两者在收益相同情形下的每股收益不同。特别是如果是通过发行债券融资回购本公司的股票，可以快速提高负债率。

第五，通过股票回购，可以减少外部流通股的数量，提高股票价格，在一定程度上降低公司被收购的风险。

第六，调节所有权结构。公司拥有回购的股票（库藏股），可以用来交换被收购或被兼并公司的股票，也可用来满足认股权证持有人认购公司股票或可转换债券持有人转换公司普通股的需要，还可以在执行管理层与员工股票期权时使用，避免发行新股而稀释收益。

我国《公司法》规定，公司只有在以下四种情形下才能回购本公司的股份：一是减少公司注册资本；二是与持有本公司股份的其他公司合并；三是将股份奖励给本公司职工；四是股东因对股东大会作出的合并、分立决议持异议，要求公司收购其股份。

公司因第一种情况收购本公司股份的，应当在收购之日起10日内注销；属于第二、第四种情况的，应当在六个月内转让或者注销。公司因奖励职工回购股份的，不得超过本公司已发行股份总额的5%；用于回购的资金应当从公司的税后利润中支出；所收购的股份应当在一年内转让给职工。可见，我国法规并不允许公司拥有西方实务中常见的库藏股。

在美国资本市场上，股票回购是比较常见的，例如：

苹果公司：2018年，苹果公司宣布计划回购1 000亿美元的股票，这是有史以来最大规模的股票回购计划之一。

微软公司：2019年，微软公司宣布计划回购400亿美元的股票，这也是该公司历史上最大规模的回购计划之一。

华尔街银行：2008年金融危机后，美国联邦储备委员会开始允许华尔街银行回购股票。这些银行包括摩根大通、高盛、摩根士丹利、美国银行（Bank of America）和富国银行，它们都实行了大规模的回购计划。

肯塔基炸鸡：1986年，肯塔基炸鸡的母公司宣布进行大规模股票回购，这在当时是一项非常罕见的行为。这个回购计划减少了公司的股份总数，提高了每股股票的价值，并使公司抵御了收购的威胁。

中国资本市场也有一些回购事件，例如：

中国石油天然气股份有限公司于 2018 年 10 月宣布，计划回购不超过 100 亿元的 A 股股份。该回购计划旨在提高公司股价并增强投资者信心。

中国移动于 2019 年 12 月宣布，计划回购不超过 100 亿元的 H 股股份。该回购计划旨在提高公司股价并向投资者分配更多资金。

海尔智家于 2019 年 7 月宣布，计划回购不超过 20 亿元的 A 股股份。该回购计划旨在增强公司的市场信心和提高公司股价。

恒瑞医药于 2021 年 3 月宣布，计划回购不超过 30 亿元的 A 股股份。该回购计划旨在提高公司股价和为投资者创造价值。

这些回购计划旨在提高公司股价、增强投资者信心和为投资者创造价值。但是，回购计划并非没有风险，如果公司的股价下跌，回购股份可能会导致公司的资本减少。因此，公司需要谨慎地考虑回购计划，并在制订计划时考虑多种因素。

第十章

财务报表分析

第一节 财务报表分析的目的与方法

一、财务报表分析的目的

财务报表分析的目的是将财务报表数据转换成有用的信息,以帮助信息使用者改善决策。基于哈佛分析框架,现代财务报表分析一般包括战略分析、会计分析、财务分析和前景分析四个维度。

(1) 战略分析。确定主要的利润动因及经营风险并定性评估公司盈利能力,包括宏观分析、行业分析和公司竞争策略分析等。

(2) 会计分析。评价公司会计反映其经济业务的程度,包括评估公司会计的灵活性和恰当性、修正会计数据等。

(3) 财务分析。主要运用财务数据评价公司当前及过去的业绩,包括比率分析和现金流量分析等。

(4) 前景分析。预测企业未来,包括财务报表预测和公司估值等。

二、财务报表分析的方法

财务报表分析的方法有很多,如比较分析法、因素分析法等。不同财务分析者由于分析目的有别,而采用不同的分析方法。

(一) 比较分析法

比较是认识事物的最基本方法,没有比较就没有鉴别。财务报表分析的比较分析法,是对两个或两个以上有关的可比数据进行对比,从而揭示趋势或差异。比较分析法按比较对象分为:

(1) 与本企业历史的比较分析,即不同时期(3—10年)指标相比,称为趋势分析。

(2) 本企业与同类企业的比较分析,即与行业平均数或对标企业比较,称为横向分析。

(3) 本企业实际与计划预算的比较分析,即实际执行结果与计划预算指标比较,称为预算差异分析,如表10-1所示。

比较分析法按比较内容分为:

(1) 会计要素的总量比较分析。总量是指报表项目的总金额,例如,总资产、净资产、净利润等。总量比较主要采用时间序列分析，如研究利润的逐年变化趋势，看其增长潜力。有时也用于同业对比，分析企业相对规模和竞争地位的变化。

（2）结构百分比比较分析。把资产负债表、利润表、现金流量表转换成结构百分比报表。例如，以收入为100%，分析利润表各项目的比重。结构百分比报表用于发现占比不合理的项目，揭示进一步分析的方向。

（3）财务比率比较分析。财务比率是各财务指标之间的数量关系，反映它们的内在联系。财务比率是相对数，排除了规模的影响，具有较好的可比性，常用于比较分析。财务比率的计算相对简单，但对其加以说明和解释却比较复杂和困难。

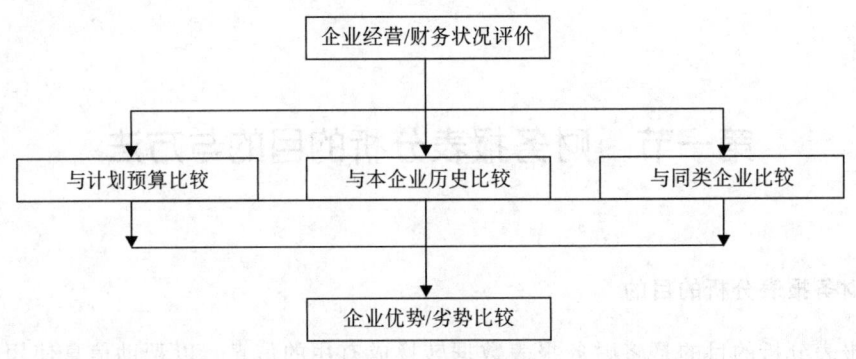

图 10-1 比较分析法

（二）因素分析法

因素分析法，是依据财务指标与其驱动因素之间的关系，从数量上确定各因素对指标影响程度的一种方法。该方法将财务指标分解为各个可以量化的因素，并根据各个因素之间的依存关系，依次用各因素的比较值（通常为实际值）替代基准值（通常为历史值、标准值或计划值），据以测定各因素对财务指标的影响。由于分析时要逐次进行各因素的有序替代，因此又称为连环替代法。

1. 连环替代法的应用

设 $F = a \times b \times c$

基数（过去、计划、标准）：

$F_0 = a_0 \times b_0 \times c_0$

实际数：$F_1 = a_1 \times b_1 \times c_1$

实际与基数的差异：$F_1 - F_0$

计算步骤：

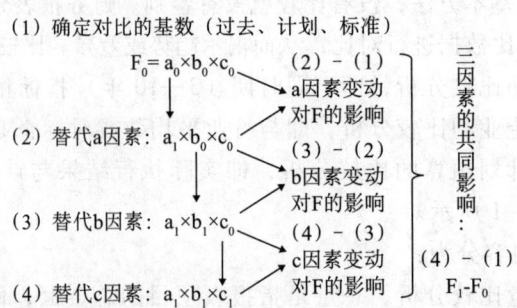

分析步骤：

（1）确定分析对象，即确定需要分析的财务指标，比较其实际数额和标准数额（如上年实际数额），并计算两者的差额；

（2）确定该财务指标的驱动因素，即根据该财务指标的形成过程，建立财务指标与各驱动因素之间的函数关系模型；

（3）确定驱动因素的替代顺序；

（4）按顺序计算各驱动因素脱离标准的差异对财务指标的影响。

注意：连环替代法最重要的就是顺序！

顺序排列确定方法：

①考试时按照文字出现的前后作为顺序；

②现实中按照重要性程度：a 是最重要因素；b 是次重要因素；c 是不重要的因素。

【例10-1】某企业20×1年3月生产产品所耗某种材料费用的实际数是6 720元，而其计划数是5 400元。实际比计划增加1 320元。由于材料费用由产品产量、单位产品材料耗用量和材料单价三个因素的乘积构成。因此，可以把材料费用这一总指标分解为三个因素，然后逐个分析它们对材料费用总额的影响程度。现假设这三个因素的数值如表10-1所示。

表10-1 材料费用资料

项目	单位	计划数	实际数	差异
产品产量	件	120	140	20
材料单耗	千克/件	9	8	-1
材料单价	元/千克	5	6	1
材料费用	元	5 400	6 720	1 320

根据表10-1中资料，材料费用总额实际数较计划数增加1 320元，这是分析对象。运用连环替代法，可以计算各因素变动对材料费用总额的影响程度，具体如下：

计划指标：$120 \times 9 \times 5 = 5\ 400$（元）　　　　　　　①

第一次替代：$140 \times 9 \times 5 = 6\ 300$（元）　　　　　　②

第二次替代：$140 \times 8 \times 5 = 5\ 600$（元）　　　　　　③

第三次替代：$140 \times 8 \times 6 = 6\ 720$（元）（实际数）　④

各因素变动的影响程度分析：

② - ① = 6 300 - 5 400 = 900（元）

③ - ② = 5 600 - 6 300 = -700（元）

④ - ③ = 6 720 - 5 600 = 1 120（元）

总影响：900 - 700 + 1 120 = 1 320（元）

企业是一个有机整体，每个财务指标的高低都受其他因素的驱动。从数量上测定各因素的影响程度，有助于抓住主要矛盾，或更有说服力地评价经营状况。财务分析的核心是追溯产生差异的原因。因素分析法提供了定量解释差异成因的工具。

2. 差额分析法

a 因素的影响：$(a_1 - a_0) \times b_0 \times c_0$

b 因素的影响：$a_1 \times (b_1 - b_0) \times c_0$

c 因素的影响：$a_1 \times b_1 \times (c_1 - c_0)$

可以看出，差额分析法是连环替代法的缩减版，但是两种方法的适用范围不同：连环替代法适用于各种情况，包括加减乘除，而差额分析法仅适用于乘除的形式。

三、财务报表分析的局限性

（一）财务报表信息的披露问题

财务报表是企业会计系统的产物。每个企业的会计系统，都会受会计环境和企业会计战略的影响。

会计环境包括会计规范和会计管理、税务与会计的关系、外部审计、会计争端处理的法律系统、资本市场结构、公司治理结构等。这些因素是决定企业会计系统质量的外部因素。会计环境缺陷会导致会计系统缺陷，使财务数据不能完全反映企业的实际状况。

会计环境的重要变化会导致会计系统的变化，影响财务数据的可比性。例如，会计规范要求以历史成本报告资产，使财务数据不代表其现行成本或变现价值；会计规范要求假设币值不变，使财务数据不按通货膨胀率或物价水平调整；会计规范要求遵循谨慎原则，使会计预计损失而不预计收益，有可能少计收益和资产；会计规范要求按年度分期报告，使财务报表只报告短期信息，不能提供反映长期潜力的信息等。

企业会计战略是企业根据环境和经营目标作出的主观选择，不同企业会有不同的会计战略。企业会计战略包括会计政策、会计估计、补充披露及具体报告格式的选择。不同会计战略会导致企业财务报告差异，并影响其可比性。例如，对同一会计事项的会计处理，会计准则允许公司选择不同的会计政策，如存货计价方法、固定资产折旧方法等。虽然财务报表附注对会计政策选择有一定的表述，但报表使用人未必能完成可比性的调整工作。

由于上述两方面原因，财务报表信息披露存在如下局限性：（1）财务报表没有披露企业的全部信息，管理层拥有更多的信息，披露的只是其中的一部分；（2）已经披露的财务信息存在会计估计误差，不可能是真实情况的全面准确计量；（3）管理层的各项会计政策选择，有可能导致降低信息可比性。

（二）财务报表信息的可靠性问题

只有依据规范的、可靠的财务报表，才能得出正确的分析结论。所谓"规范的、可靠的"，是指除了上述局限性外，没有虚假陈述。当然，外部分析人员很难认定是否存在虚假陈述，财务报表的可靠性有赖于注册会计师的鉴证。当然，注册会计师也不能保证财务报表没有任何错报和漏报。因此，分析人员必须自己关注财务报表的可靠性，对可能存在的问题保持足够的警觉。

外部分析人员虽然不能认定是否存在虚假陈述，但可以发现一些"危险信号"。对于存在"危险信号"的报表，分析人员要通过更细致的考察或获取其他有关信息，对财务报表信息的可靠性作出自己的判断。常见的"危险信号"包括财务报告失范、数据出现异常、关联方交易异常、资本利得金额大、审计报告异常等。

（三）财务报表信息的比较基础问题

在比较分析时，需要选择比较的参照标准，包括同业数据、本企业历史数据和计划预算数据。

横向比较时，需要使用同业标准。同业平均数只有一般性的参考价值，未必具有代表性，或未必是合理的基准。选同行业一组有代表性的企业求平均数，作为同业标准，可能比整个行业的平均数更有可比价值。近年来，分析人员以一流企业作为标杆，进行对标分析。也有不少企业实行多种经营，没有明确的行业归属，同业比较更加困难。

趋势分析应以本企业历史数据为比较基础。历史数据代表过去，并不代表合理性。经营环境变化后，本年比上年利润提高了，未必说明已经达到应该达到的水平，甚至未必说明管理有了改进。

实际与预算比较分析应以预算为比较基础。实际与预算发生差异，可能是执行中有问题，也可能是预算不合理，两者的区分并非易事。

总之，对比较基础本身要准确理解，并且要有限定地使用分析结论，避免简单化和绝对化。

第二节　财务比率分析

一、指标计算规律

分母分子率：指标名称中前面提到的是分母，后面提到的是分子。比如资产负债率，资产是分母，负债是分子。

分子比率：指标名称中前面提到的是分子。比如现金流量比率，经营活动现金流量净额是分子。

1. 指标计算应注意问题

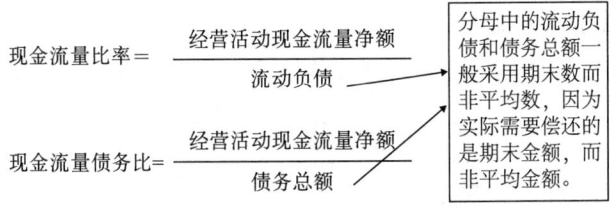

2. 特殊指标

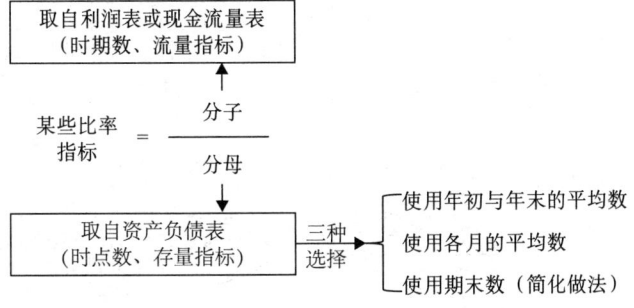

二、短期偿债能力比率

债务一般按到期时间分为短期债务和长期债务,偿债能力分析由此分为短期偿债能力分析和长期偿债能力分析两部分。

偿债能力的衡量方法有两种:一种是比较可供偿债资产与债务的存量,资产存量超过债务存量较多,则认为偿债能力较强;另一种是比较经营活动现金流量和偿债所需现金,如果产生的现金超过需要的现金较多,则认为偿债能力较强。

可偿债资产的存量,是指资产负债表中列示的流动资产年末余额。短期债务的存量是指资产负债表中列示的流动负债年末余额。流动资产将在一年或一个营业周期内消耗或转变为现金,流动负债将在一年或一个营业周期内偿还,因此两者的比较可以反映短期偿债能力。

流动资产与流动负债的存量比较有两种方法:一种是差额比较,两者相减的差额称为营运资本;另一种是比率比较,两者相除的比率称为短期债务的存量比率。

此部分共五个指标,简称为 1+4,即 1 个绝对值指标 +4 个相对值指标,如图 10-2 所示:

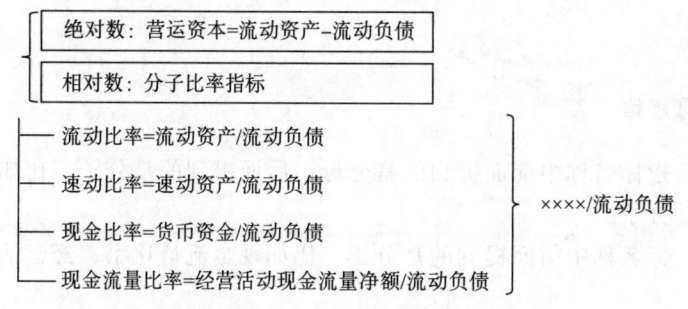

图 10-2 短期偿债能力指标

(一) 指标计算需注意的问题

1. 速动资产与非速动资产的划分(见图 10-3)

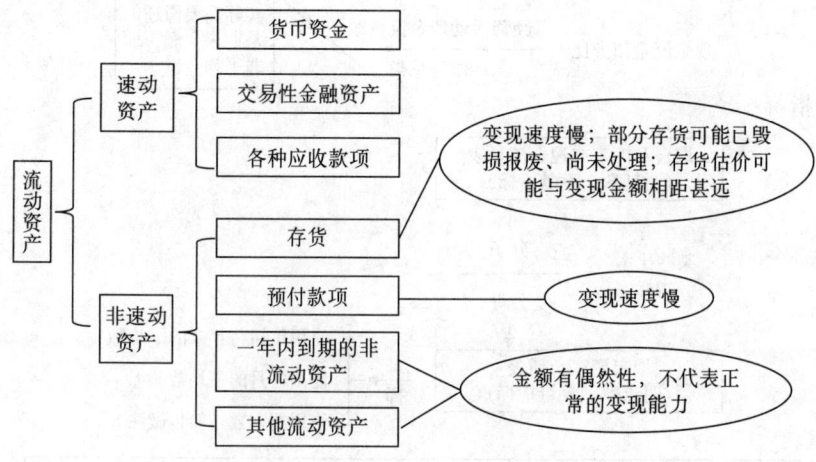

图 10-3 速动资产与非速动资产的划分

2. 流动比率、速动比率和现金比率的关系

一般情况下：流动比率 > 速动比率 > 现金比率，如图 10 - 4 所示。

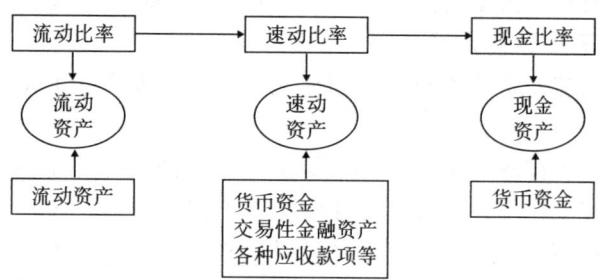

图 10 - 4　流动比率、速动比率、现金比率之间的关系

3. 现金流量比率计算需注意的问题

现金流量比率 = 经营活动现金流量净额 ÷ 流动负债

【提示 1】该比率中的现金流量采用经营活动产生的现金流量净额。

【提示 2】该比率中的流动负债采用期末数而非平均数，因为实际需要偿还的是期末金额，而非平均金额。

（二）指标的具体介绍

1. 营运资本

营运资本是指流动资产超过流动负债的部分，同时也是长期资本超过长期资产的部分。如图 10 - 5 和图 10 - 6 所示。

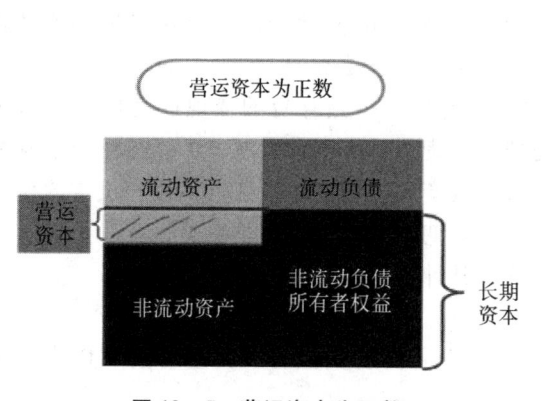

图 10 - 5　营运资本为正数

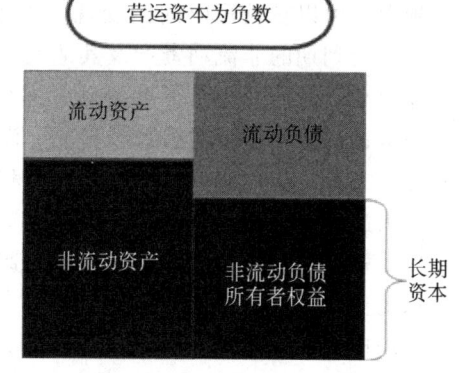

图 10 - 6　营运资本为负数

如果流动资产与流动负债相等，并不足以保证短期偿债能力没有问题，因为债务的到期与流动资产的现金生成不可能同步同量。而且，为维持经营，企业不可能清算全部流动资产来偿还流动负债，而是必须维持最低水平的现金、存货、应收账款等。因此，企业必须保持流动资产大于流动负债，即保有一定数额的营运资本作为安全边际，以防止流动负债"穿透"流动资产。一般情况下，营运资本的数额越大，流动负债的偿还越有保障，财务状况越稳定。

营运资本是绝对数，不便于不同历史时期及不同企业之间的比较。实务中很少直接使用

营运资本作为偿债能力指标。营运资本的合理性主要通过短期债务的存量比率评价。

2. 流动比率

流动比率是流动资产与流动负债的比值，其计算公式如下：

流动比率＝流动资产/流动负债

流动比率假设全部流动资产都可用于偿还流动负债，表明每1元流动负债有多少流动资产作为偿债保障。

流动比率是相对数，排除了企业规模的影响，更适合同业比较以及本企业不同历史时期的比较。此外，由于流动比率计算简单，因而被广泛应用。但是，需要提醒注意的是，不存在统一、标准的流动比率数值。不同行业的流动比率通常有明显差别，营业周期越短的行业，合理的流动比率越低。在过去很长一段时期里，人们认为生产型企业合理的最低流动比率是2，这是因为流动资产中变现能力最差的存货金额约占流动资产总额的一半，剩下的流动性较好的流动资产至少要等于流动负债，才能保证企业最低的短期偿债能力。这种认识一直未能从理论上证明。最近几十年，企业的经营方式和金融环境发生了很大变化，流动比率有下降的趋势，许多成功企业的流动比率都低于2。

流动比率有其局限，在使用时应注意：流动比率假设全部流动资产都可以变为现金并用于偿债，全部流动负债都需要还清。实际上，有些流动资产的账面金额与变现金额有较大差异，如产成品等；经营性流动资产是企业持续经营所必需的，不能全部用于偿债；经营性应付项目可以滚动存续，无需动用现金全部结清。因此，流动比率是对短期偿债能力的粗略估计。

3. 速动比率

构成流动资产的各项目，流动性差别很大。其中，货币资金、交易性金融资产和各种应收款项等，可以在较短时间内变现，称为速动资产；另外的流动资产，包括存货、预付款项、一年内到期的非流动资产及其他流动资产等，称为非速动资产。

非速动资产的变现金额和时间具有较大的不确定性：一是存货的变现速度比应收款项要慢得多；部分存货可能已毁损报废、尚未处理；存货估价有多种方法，可能与变现金额相距甚远。二是一年内到期的非流动资产和其他流动资产的金额有偶然性，不代表正常的变现能力。因此，将可偿债资产定义为速动资产，计算短期债务的存量比率更可信。

速动资产与流动负债的比值，称为速动比率。其计算公式如下：

速动比率＝速动资产÷流动负债

速动比率假设速动资产是可偿债资产，表明每1元流动负债有多少速动资产作为偿债保障。

与流动比率一样，不同行业的速动比率差别很大。例如，大量现销的商店几乎没有应收款项，速动比率低于1亦属正常。相反，一些应收款项较多的企业，速动比率可能要大于1。

影响速动比率可信性的重要因素是应收款项的变现能力。账面上的应收款项未必都能收回变现，实际坏账可能比计提的准备多；季节性的变化，可能使报表上的应收款项金额不能反映平均水平。这些情况，外部分析人员不易了解，而内部人员则可能作出合理的估计。

4. 现金比率

速动资产中，流动性最强、可直接用于偿债的资产是现金。与其他速动资产不同，现金本身就可以直接偿债，而其他速动资产需要等待不确定的时间，才能转换为不确定金额的现金。

现金与流动负债的比值，称为现金比率，其计算公式如下：

现金比率＝货币资金÷流动负债

现金比率表明，1元流动负债有多少现金作为偿债保障。

5. 现金流量比率

经营活动现金流量净额与流动负债的比值，称为现金流量比率。其计算公式如下：

现金流量比率＝经营活动现金流量净额÷流动负债

上列公式中的"经营活动现金流量净额"，通常使用现金流量表中的"经营活动产生的现金流量净额"。它代表企业创造现金的能力，且已经扣除了经营活动自身所需的现金流出，是可以用来偿债的现金流量。

一般而言，该比率中的流动负债采用期末数而非平均数，因为实际需要偿还的是期末金额，而非平均金额。现金流量比率表明，每1元流动负债的经营活动现金流量保障程度。该比率越高，偿债能力越强。

6. 影响短期偿债能力的其他因素（见表10-2）

表10-2　　　　　　　　　影响短期偿债能力的其他因素

1. 增强短期偿债能力的表外因素	（1）可动用的银行贷款指标：不反映在财务报表中，但会在董事会决议中披露； （2）可以很快变现的非流动资产：企业可能有一些非经营性长期资产可以随时出售变现，而不出现在"一年内到期的非流动资产"项目中，在企业发生周转困难时，将其出售并不影响企业的持续经营； （3）偿债能力的声誉：声誉好，易于筹集资金。
2. 降低短期偿债能力的表外因素	（1）与担保有关的或有负债：如果它的金额较大并且很可能发生，就应在评价偿债能力时予以关注； （2）经营租赁合同中的承诺付款：很可能是需要偿付的义务。

三、长期偿债能力比率

长期偿债能力指标如图10-7所示。

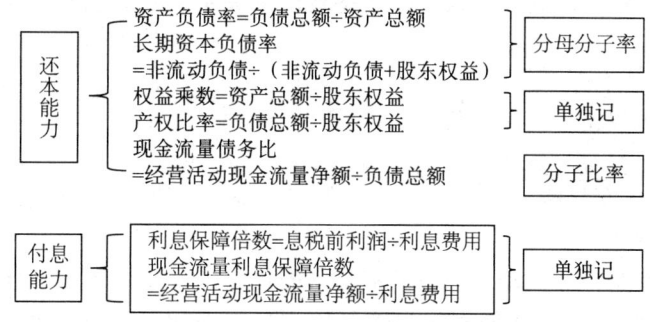

图10-7　长期偿债能力指标

1. 资产负债率

资产负债率是总负债与总资产的百分比，其计算公式如下：

资产负债率＝(负债总额÷资产总额)×100%

资产负债率反映总资产中有多大比例是通过负债取得的。它可用于衡量企业清算时对债权人利益的保障程度。资产负债率越低，企业偿债越有保证，负债越安全。资产负债率还代表企业的举债能力。一个企业的资产负债率越低，举债越容易。如果资产负债率高到一定程度，财务风险很高，就无人愿意提供贷款了。这表明企业的举债能力已经用尽。

将负债分为两类，无息负债和有息负债。无息负债一般是指来自经销商先付款后提货形成的预收账款，以及向供货商延期支付形成的应付票据和应付账款。有息负债，包括银行长期借款、发行债券等，它的特点就是负债越多，需支付的利息费用越高。

资产负债率可以分解为：

总负债/总资产 = 资产有息负债率 + 资产无息负债率
　　　　　　 = 有息负债/总资产 + 无息负债/总资产

其中，资产有息负债率可以说是更有价值的负债率，其具体计算公式为：

资产有息负债率 =（短期借款 + 一年内到期的非流动负债 + 长期借款 + 应付债券 + 长期应付款）/总资产

资产有息负债率应该和同时期、同行业的其他企业比较。要警惕资产有息负债率比较高的企业，如果有息负债超过了总资产的六成，企业算比较激进了。如果遇到宏观或行业政策突变，企业陷入困境的可能性就比较大。

如果一家企业在产业链中处于强势地位，其资产负债率高并不可怕，甚至是好事，因为多半是"无息负债/总资产"的数额较大，这说明该企业能够通过"应付账款""预收账款"占用上下游的资金。

2. 产权比率和权益乘数

产权比率和权益乘数是资产负债率的另外两种表现形式，它和资产负债率的性质一样，计算公式分别如下：

产权比率 = 负债总额 ÷ 股东权益

权益乘数 = 资产总额 ÷ 股东权益

产权比率表明每1元股东权益相对于负债的金额。权益乘数表明每1元股东权益相对于资产的金额。它们是两种常用的财务杠杆率。财务杠杆率表示负债的比例，与偿债能力相关。财务杠杆影响总资产净利率和权益净利率之间的关系，还表明权益净利率风险的高低，与盈利能力相关。

$$权益乘数 = \frac{资产}{股东权益} = \frac{资产}{资产 - 负债} = \frac{1}{1 - 资产负债率}$$

$$= \frac{股东权益 + 负债}{股东权益} = 1 + 产权比率$$

3. 长期资本负债率

长期资本负债率是指非流动负债占长期资本的百分比。其计算公式如下：

长期资本负债率 = [非流动负债 ÷（非流动负债 + 股东权益）] × 100%

长期资本负债率是反映公司资本结构的一种形式。由于流动负债的金额经常变化，非流动负债较为稳定，资本结构管理通常使用长期资本结构来衡量。

4. 现金流量债务比

现金流量债务比是指经营活动现金流量净额与负债总额的比率。其计算公式如下：

现金流量债务比 =（经营活动现金流量净额÷负债总额）×100%

该比率表明企业用经营活动现金流量净额偿付全部债务的能力。比率越高，偿还债务总额的能力越强。该比率中的债务总额采用期末数而非平均数，因为实际需要偿还的是期末金额，而非平均金额。

5. 利息保障倍数

利息保障倍数是指息税前利润对利息费用的倍数。其计算公式如下：

利息保障倍数 = 息税前利润÷利息费用

=（净利润+利息费用+所得税费用）÷利息费用

分母中的"利息费用"是指本期的全部应付利息，不仅包括计入利润表中财务费用的利息费用，还应包括计入资产负债表固定资产等成本的资本化利息。

长期债务通常不需要每年还本，但往往需要每年付息。利息保障倍数表明每1元利息费用有多少倍的息税前利润作为偿付保障。它可以反映债务政策风险的大小，如果公司一直保持按时付息的信誉，则长期负债可以延续，举借新债也比较容易。利息保障倍数越大，利息支付越有保障。如果利息支付尚且缺乏保障，归还本金就更难指望。因此，利息保障倍数可以反映长期偿债能力。

如果利息保障倍数小于1，表明公司自身产生的经营收益不能支持现有规模的债务。利息保障倍数等于1也很危险，因为息税前利润受经营风险的影响，很不稳定，但支付利息却是固定的。利息保障倍数越大，公司拥有的偿还利息的缓冲效果越好。

6. 现金流量利息保障倍数

现金流量利息保障倍数是指经营活动现金流量净额对利息费用的倍数。计算公式如下：

现金流量利息保障倍数 = 经营活动现金流量净额÷利息费用

现金流量利息保障倍数是现金基础的利息保障倍数，表明每1元利息费用有多少倍的经营活动现金流量净额作为支付保障。它比利润基础的利息保障倍数更为可靠，因为实际用以支付利息的是现金，而不是利润。

具体付息指标总结如下，如图10-8所示。

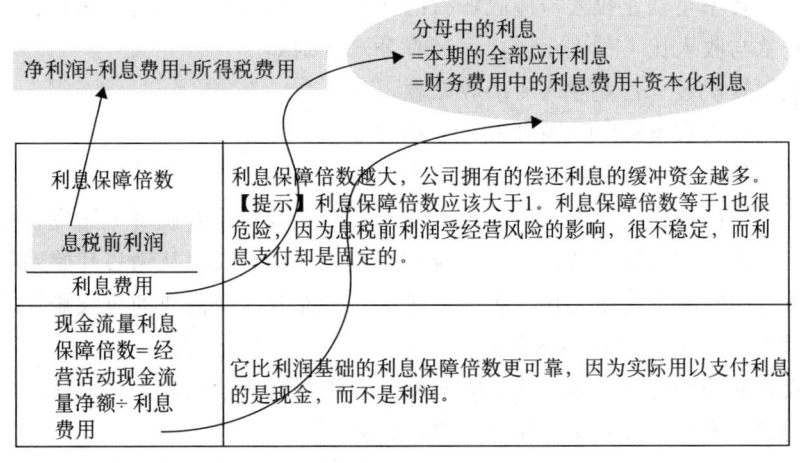

图10-8 付息指标具体含义

7. 其他影响长期偿债能力的因素（表外因素）

上述长期偿债能力比率，都是根据财务报表内的数据计算的。此外，一些表外因素可能对企业长期偿债能力的衡量有影响，运用有关偿债能力比率分析时必须加以关注。

（1）债务担保。担保项目的时间长短不一，有的影响公司的长期偿债能力，有的影响公司的短期偿债能力。在分析公司长期偿债能力时，应根据有关资料判断担保责任可能带来的影响。

（2）未决诉讼。未决诉讼一旦判决败诉，便会影响公司的偿债能力，因此在评价公司长期偿债能力时要考虑其潜在影响。

四、营运能力比率

（一）计算特点

营运能力指标计算特点如图 10-9 所示。

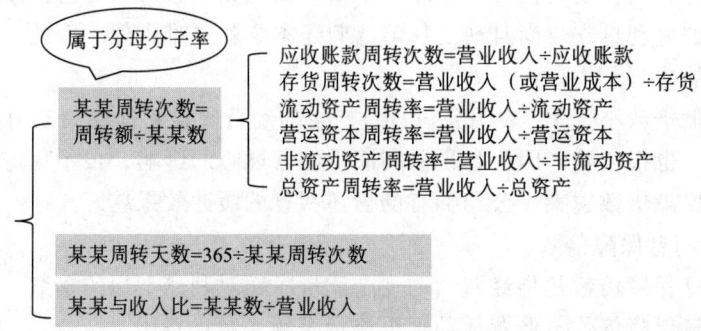

图 10-9　营运能力指标计算特点

（二）指标计算与分析时应注意的问题

1. 应收账款周转率

（1）计算公式：

应收账款周转率是营业收入与应收账款的比率。它有应收账款周转次数、应收账款周转天数和应收账款与收入比三种表示形式，计算公式分别如下：

应收账款周转次数 = 营业收入 ÷ 应收账款

应收账款周转天数 = 365 ÷（营业收入 ÷ 应收账款）

应收账款与收入比 = 应收账款 ÷ 营业收入

应收账款周转次数，表明 1 年中应收账款周转的次数，或者说每 1 元应收账款投资支持的营业收入。应收账款周转天数，也称为应收账款收现期，表明从销售开始到收回现金所需要的平均天数。应收账款与收入比，则表明每 1 元营业收入所需要的应收账款投资。

（2）计算与分析时应注意的问题：

①营业收入的赊销比例问题。计算时应使用赊销额而非营业收入。但是，外部分析人员无法取得赊销的数据，只好直接使用营业收入计算。

②应收账款年末余额的可靠性问题。在应用应收账款周转率进行业绩评价时，可以使用年初年末的平均数，或者使用多个时点的平均数，以减少季节性、偶然性或人为因素的

影响。

③应收账款的减值准备问题。如果坏账准备的金额较大，就应进行调整，使用未计提坏账准备的应收账款计算周转天数、周转次数。

④应将应收票据纳入应收账款周转率的计算。

⑤应收账款周转天数不是越短越好。应收账款是由赊销引起的，如果赊销有可能比现销更有利，周转天数就不是越少越好。此外，收现时间的长短与公司的信用政策有关。信用政策的评价涉及多种因素，不能仅仅考虑周转天数的缩短。

⑥应收账款分析应与销售额分析、现金分析联系起来。

2. 存货周转率

（1）计算公式：

存货周转率是营业收入与存货的比率。它有三种计算方法，计算公式分别如下：

存货周转次数 = 营业收入 ÷ 存货

存货周转天数 = 365 ÷（营业收入 ÷ 存货）

存货与收入比 = 存货 ÷ 营业收入

存货周转次数，表明1年中存货周转的次数，或者说明每1元存货支持的营业收入。存货周转天数表明存货周转一次需要的时间，也就是存货转换成现金平均需要的时间。存货与收入比，表明每1元营业收入需要的存货投资。

（2）计算与分析时应注意的问题：

①计算存货周转率时，使用"营业收入"还是"营业成本"作为周转额，要看分析的目的。在短期偿债能力分析中，为了评估资产的变现能力需要计量存货转换为现金的金额和时间，应采用"营业收入"。在分解总资产周转率时，为系统分析各项资产的周转情况并识别主要的影响因素，应统一使用"营业收入"计算周转率。如果是为了评估存货管理的业绩，应当使用"营业成本"计算存货周转率，使其分子和分母保持口径一致。

②存货周转天数不是越少越好。存货过多会浪费资金，存货过少不能满足流转需要，在特定的生产经营条件下存在一个最佳的存货水平，所以存货不是越少越好。

3. 流动资产周转率

流动资产周转率是营业收入与流动资产的比率。它有三种计算方法，计算公式分别如下：

流动资产周转次数 = 营业收入 ÷ 流动资产

流动资产周转天数 = 365 ÷（营业收入 ÷ 流动资产）

流动资产与收入比 = 流动资产 ÷ 营业收入

流动资产周转次数，表明一年中流动资产周转的次数，或者说明每1元流动资产支持的营业收入。流动资产周转天数表明流动资产周转一次需要的时间，也就是流动资产转换成现金平均需要的时间。流动资产与收入比，表明每1元营业收入需要的流动资产投资。

营运资本周转率、非流动资产周转率等定义和含义同上。

4. 总资产周转率

（1）计算公式：

总资产周转率是营业收入与总资产的比率。它有三种计算方法，计算公式分别如下：

总资产周转次数 = 营业收入 ÷ 总资产

总资产周转天数 = 365 ÷（营业收入 ÷ 总资产）
总资产与收入比 = 总资产 ÷ 营业收入

总资产周转次数，表明一年中总资产周转的次数，或者说明每1元总资产支持的营业收入。总资产周转天数表明总资产周转一次需要的时间，也就是总资产转换成现金平均需要的时间。总资产与收入比，表明每1元营业收入需要的总资产投资。

(2) 总资产周转率的驱动因素：

总资产周转率的驱动因素分析，通常可以使用"资产周转天数"或"资产与收入比"指标，不使用"资产周转次数"。

以下有两个计算公式很重要：

总资产周转天数 = $\sum$ 各项资产周转天数

总资产与营业收入比 = $\sum$ 各项资产与营业收入比

总资产由各项资产组成，在营业收入既定的情况下，总资产周转率的驱动因素是各项资产通过驱动因素分析，可以了解总资产周转率变动是由哪些资产项目引起的，以及了解哪些是影响较大的因素，为进一步分析指出方向。

表10-3列示了××公司总资产及各项资产的周转率变动情况。

表10-3　　　　　　　　　　　　××公司各项资产的周转率

资产	资产周转次数			资产周转天数			资产与收入比		
	本年	上年	变动	本年	上年	变动	本年	上年	变动
货币资金	68.2	114	-45.8	5.4	3.2	2.2	0.015	0.009	0.006
交易性金融资产	500	237.5	262.5	0.7	1.5	-0.8	0.002	0.004	-0.002
应收票据	214.3	259.1	-44.8	1.7	1.4	0.3	0.005	0.004	0.001
应收账款	7.5	14.3	-6.8	48.4	25.5	22.9	0.133	0.070	0.063
预付款项	136.4	712.5	-576.1	2.7	0.5	2.2	0.007	0.001	0.006
其他应收款	250	129.5	120.5	1.5	2.8	-1.3	0.004	0.008	-0.004
存货	25.2	8.7	16.5	14.5	41.8	-27.3	0.040	0.114	-0.074
一年内到期的非流动资产	39	259.1	-220.1	9.4	1.4	8	0.026	0.004	0.022
其他流动资产	375	—	—	1.0	—	—	0.003	0	0.003
流动资产合计	4.3	4.7	-0.4	85.2	78.1	7.1	0.233	0.214	0.019
可供出售金融资产	—	63.3	—	—	5.8	—	0	0.016	-0.016
长期应收款	—	—	—	—	—	—	—	—	—
长期股权投资	100	—	—	3.7	—	—	0.010	0	0.010
固定资产	2.4	3	-0.6	150.6	122.3	28.3	0.413	0.335	0.078
在建工程	166.7	81.4	85.3	2.2	4.5	-2.3	0.006	0.012	-0.006
固定资产清理	—	237.5	—	—	1.5	—	0	0.004	-0.004
无形资产	500	356.2	143.8	0.7	1.0	-0.3	0.002	0.003	-0.001
长期待摊费用	600	190	410	0.6	1.9	-1.3	0.002	0.005	-0.003

续表

资产	资产周转次数			资产周转天数			资产与收入比		
	本年	上年	变动	本年	上年	变动	本年	上年	变动
递延所得税资产	—	—	—	—	—	—	—	—	—
其他非流动资产	1 000	—	—	0.4	—	—	0.001	0	0.001
非流动资产合计	2.3	2.7	-0.4	158.2	137	21.2	0.433	0.375	0.058
资产总计	1.5	1.7	-0.2	243.3	215.2	28.1	0.667	0.590	0.077

根据周转天数分析，本年总资产周转天数是 243.3 天，比上年增加 28.1 天。各项目对总资产周转天数变动影响，参见表 10-2。影响较大的前三个项目分别是：应收账款增加 22.9 天、存货减少 27.3 天、固定资产增加 28.3 天。如果想改变总资产周转天数，就需要考虑如何改变这三个主要影响因素。

五、盈利能力比率

1. 营业净利率

营业净利率是指净利润与营业收入的比率。通常用百分数表示。其计算公式如下：

营业净利率 = (净利润 ÷ 营业收入) × 100%

"净利润""营业收入"两者相除可以概括公司的全部经营成果。该比率越大，表明公司的盈利能力越强。

2. 总资产净利率

①计算公式：

总资产净利率是指净利润与总资产的比率，它表明每 1 元总资产创造的净利润。其计算公式如下：

总资产净利率 = (净利润 ÷ 总资产) × 100%

总资产净利率是公司盈利能力的关键。虽然股东报酬由总资产净利率和财务杠杆共同决定，但提高财务杠杆会同时会增加公司风险，但并不增加公司价值。此外，财务杠杆的提高有诸多限制，公司经常处于财务杠杆不可能再提高的临界状态。因此，提高权益净利率的基本动力是总资产净利率。

②驱动因素：

经解析，总资产净利率的驱动因素是营业净利率和总资产周转次数。

总资产净利润 = 净利润 ÷ 总资产 = (净利润 ÷ 营业收入) × (营业收入 ÷ 总资产)
　　　　　　 = 营业净利率 × 总资产周转次数

总资产周转次数是每 1 元总资产创造的营业收入，营业净利率是每 1 元营业收入创造的净利润，两者共同决定了总资产净利率，即每 1 元总资产创造的净利润。

3. 权益净利率

权益净利率，也称净资产收益率，是净利润与股东权益的比率，它反映每 1 元股东权益赚取的净利润，可以衡量企业的总体盈利能力。

权益净利率 = (净利润 ÷ 股东权益) × 100%

权益净利率的分母是股东的投入，分子是股东的所得。权益净利率具有很强的综合性，概括了公司全部经营业绩和财务业绩。

六、市价比率

1. 市盈率

市盈率是指普通股每股市价与每股收益的比率，它反映普通股股东愿意为每1元净利润支付的价格。其中，每股收益是指可分配给普通股股东的净利润与流通在外普通股加权平均股数的比率，它反映每只普通股当年创造的净利润水平。其计算公式如下：

市盈率 = 每股市价 ÷ 每股收益

每股收益 = 普通股股东净利润 ÷ 流通在外普通股加权平均股数

在计算和使用市盈率和每股收益时，应注意以下问题：

（1）每股市价实际上反映了投资者对未来收益的预期。然而，市盈率是基于过去年度的收益。因此，如果投资者预期收益将从当前水平大幅增长，市盈率将会相当高，也许20倍、30倍或更多。但是，如果投资者预期收益将由当前水平下降，市盈率将会相当低，如10倍或更少。成熟市场上的成熟公司有非常稳定的收益，通常其每股市价为每股收益的10～12倍。因此，市盈率反映了投资者对公司未来前景的预期，相当于每股收益的资本化。

（2）对仅有普通股的公司而言，每股收益的计算相对简单。如果公司还有优先股，则计算公式如下：

每股收益 = (净利润 – 优先股股息) ÷ 流通在外普通股加权平均股数

每股收益仅适用于普通股，即普通股的每股收益。优先股股东除规定的优先股股息外，对剩余的净利润不再具有要求权。在有优先股股息的情况下，计算每股收益的分子应该是可分配给普通股股东的净利润，即从净利润中扣除当年宣告或累积的优先股股息。

2. 市净率

市净率也称为市账率，是指普通股每股市价与每股净资产的比率。它反映普通股股东愿意为每1元净资产支付的价格，说明市场对公司资产质量的评价。其中，每股净资产也称为每股账面价值，是指普通股股东权益与流通在外普通股股数的比率。它表示每股普通股享有的净资产，是理论上的每股最低价值。其计算公式如下：

市净率 = 每股市价 ÷ 每股净资产

每股净资产 = 普通股股东权益 ÷ 流通在外普通股股数

对于既有优先股又有普通股的公司，通常只为普通股计算每股净资产。在这种情况下，普通股每股净资产的计算需要分两步完成。首先，从股东权益总额中减去优先股权益，包括优先股的清算价值及全部拖欠的股息，得出普通股权益。其次，用普通股权益除以流通在外普通股股数，确定普通股每股净资产。

在计算市净率和每股净资产时，应注意所使用的流通在外普通股股数是资产负债表日流通在外普通股股数，而不是当期流通在外普通股加权平均股数。这是因为每股净资产的分子为时点数，分母也应选取同一时点数。

七、杜邦分析体系

杜邦分析体系，又称杜邦财务分析体系，简称杜邦体系，是利用各主要财务比率之间的内在联系，对公司财务状况和经营成果进行综合评价的系统方法。该体系是以权益净利率为核心,以总资产净利率和权益乘数为分解因素,重点揭示公司获利能力及杠杆水平对权益净利率的影响,以及各相关指标间的相互作用关系。杜邦体系最初由美国杜邦公司成功应用而得名。

1. 杜邦分析体系的核心比率

权益净利率是杜邦分析体系的核心比率,具有很好的可比性,可用于不同公司之间的比较。由于资本具有逐利性,总是流向投资报酬率高的行业和公司,因此各公司的权益净利率会比较接近。如果一个企业的权益净利率经常高于其他公司,就会引来竞争者,迫使该公司的权益净利率回到平均水平。如果一个公司的权益净利率经常低于其他公司,就难以增获资本,会被市场驱逐,从而使幸存公司的权益净利率提升到平均水平。

权益净利率不仅有很强的可比性,而且有很强的综合性。杜邦分析体系的分解如图 10-10 所示。

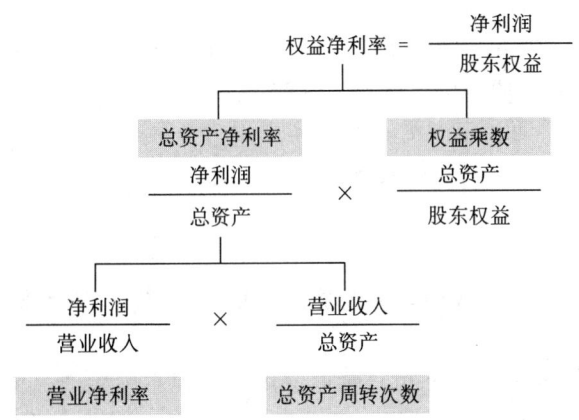

图 10-10 杜邦体系的分解图

杜邦体系的核心公式如下:

权益净利率 = 总资产净利率 × 权益乘数
总资产净利率 = 营业净利率 × 总资产周转次数
权益净利率 = 营业净利率 × 总资产周转次数 × 权益乘数

无论提高其中的哪个比率,权益净利率都会提高。其中,"营业净利率"是利润表的一种概括表示,"净利润"和"营业收入"两者相除可以概括企业经营成果;"权益乘数"是资产负债表的一种概括表示,表明资产、负债和股东权益的比例关系,可以反映企业最基本的财务状况;"总资产周转次数"把利润表和资产负债表联系起来,使权益净利率可以综合分析评价整个企业经营成果和财务状况。

2. 杜邦分析体系的运用

【例 10-2】ABC 公司权益净利率本年为 14.17%,上年为 18.18%,本年的营业净利率、总资产周转次数、权益乘数分别为 4.533%、1.5、2.0833;上年的营业净利率、总资产周转次数、权益乘数分别为 5.614%、1.6964、1.9091,请采用因素分析法分别分析营业净利率、总资产周转次数、权益乘数的变动对权益净利率的影响。

权益净利率 = 营业净利率 × 总资产周转次数 × 权益乘数

即：本年权益净利率 14.17% = 4.533% × 1.5 × 2.0833
上年权益净利率 18.18% = 5.614% × 1.6964 × 1.9091
权益净利率变动 = -4.01%

（1）基数：上年权益净利率 = 5.614% × 1.6964 × 1.9091 = 18.18%
（2）替代营业净利率 = 4.533% × 1.6964 × 1.9091 = 14.68%
（3）替代总资产周转次数 = 4.533% × 1.5 × 1.9091 = 12.98%
（4）替代权益乘数：
本年权益净利率 = 4.533% × 1.5 × 2.0833 = 14.17%
营业净利率变动的影响 [(2) - (1)] = 14.68% - 18.18% = -3.5%
总资产周转次数变动的影响 [(3) - (2)] = 12.98% - 14.68% = -1.7%
权益乘数变动的影响 [(4) - (3)] = 14.17% - 12.98% = 1.19%

3. 传统杜邦分析体系的局限性

（1）计算总资产净利率的"总资产"与"净利润"不匹配。总资产为全部资产提供者享有，而净利润是专门属于股东的，两者不匹配。

（2）没有区分经营活动和金融活动。具体表现为：第一，没有区分经营活动损益和金融活动损益；第二，没有区分金融负债与经营负债。

八、综合案例分析

HC 公司 2019 年度财务会计报告的财务比率分析

案例背景

HC 股份有限公司（简称 HC 公司）是以家用电器为主的生产、销售企业。公司主要从事电视机、空调、视听产品、电池、通讯及计算机等产品的制造和销售，公司已连续十多年在中国彩电市场保持较高市场份额。但随着整个家电行业竞争日趋激烈，中国家电行业在步入 2017 年时已呈现群雄割据局面，各大家电企业纷纷抢占市场。2019 年，HC 公司虽继续位居彩电行业前列，但其彩电的市场占有率仅为 17.34%，随着彩电价格竞争加剧，其彩电销售价格进一步降低，销售收入和盈利水平不容乐观。公司 2019 年营业收入 1 902 923.70 万元，同比下降 11.14%，利润总额 22 321.52 万元，同比下降 33.69%，且 2019 年度 HC 公司未进行任何形式的利润分派，无送股、配股，也无增发新股，公司发展将面临更为严峻的形势和挑战。

HC 公司 2019 年度三大财务报表（简表），如表 10 - 4 至表 10 - 6 所示。

表 10 - 4　　　　　　　　合并资产负债表（部分项目）

编制单位：HC 股份有限公司　　　2019 年 12 月 31 日　　　　　　　　单位：万元

资产	年初余额	年末余额	负债和股东权益	年初余额	年末余额
流动资产：			流动负债：		
货币资金	304 760	329 102	短期借款	57 000	17 000
以公允价值计量且其变动计入当期损益的金融资产	227 038	214 790	以公允价值计量且其变动计入当期损益的金融负债	0	0
应收票据	191 216	220 864	应付票据	115 164	386 092

续表

资产	年初余额	年末余额	负债和股东权益	年初余额	年末余额
应收账款	364 114	576 142	应付账款	361 376	412 752
预付款项	9 148	25 082	预收账款	115 308	113 946
应收利息	0	0	应付职工薪酬	7 896	7 014
应收股利	0	0	应付股利	564	474
其他应收款	153 170	294 188	应交税费	10 414	12 478
存货	1 291 406	1 188 260	其他应付款	31 248	25 596
持有待售资产	0	0	持有待售负债	0	0
一年内到期的非流动资产	0	0	一年内到期的非流动负债	2 000	0
其他流动资产	2 402	904	其他流动负债	0	0
流动资产合计	2 543 254	2 849 332	流动负债合计	700 970	975 352
非流动资产：			非流动负债：		
可供出售金融资产	0	0	长期借款	1 200	0
持有至到期投资	0	0	应付债券	0	0
长期应收款	0	0	长期应付款	0	0
长期股权投资	29 026	30 404	专项应付款	0	0
投资性房地产	0	0	预计负债	0	0
固定资产	465 790	475 944	递延所得税负债	1 962	1 716
工程物资	94	0	其他非流动负债	0	0
在建工程	83 268	76 730	负债合计	704 132	977 068
固定资产清理	70	172	负债和股东权益：		
无形资产	89 098	90 164	股本	432 842	432 842
商誉	0	0	资本公积	812 898	813 032
长期待摊费用	14 330	0	其他综合收益	0	0
递延所得税资产	9 922	4 760	盈余公积	962 606	965 936
其他非流动资产	0	0	未分配利润	322 076	336 452
非流动资产合计	691 598	678 174	归属于母公司股东权益合计	2 530 422	2 548 262
			少数股东权益	298	2 176
			股东权益合计	2 530 720	2 550 438
资产总计	3 234 852	3 527 506	负债和股东权益总计	3 234 852	3 527 506

表 10-5　　　　　　　　　　合并利润表（部分项目）

编制单位：HC 股份有限公司　　　　2019 年度　　　　　　　　　　单位：万元

项　目	本期金额	上年金额
一、营业总收入	1 902 924	2 141 442
其中：营业收入	1 902 924	2 141 442
二、营业总成本	1 915 960	2 097 732

续表

项　目	本期金额	上年金额
其中：营业成本	1 664 220	1 821 586
税金及附加	11 584	10 260
销售费用	206 708	225 448
管理费用	34 104	38 720
财务费用	-15 658	-10 482
资产减值损失	15 002	12 200
加：公允价值变动收益（损失以"-"号填列）	2 248	1 030
投资收益（损失以"-"号填列）	21 804	2 258
资产处置收益	17 376	17 784
其他收益	702	104
三、营业利润（亏损以"-"号填列）	29 094	64 886
加：营业外收入	1 754	1 562
减：营业外支出	8 526	32 784
四、利润总额（亏损总额以"-"号填列）	22 322	33 664
减：所得税费用	4 334	13 614
五、净利润（净亏损以"-"号填列）	17 988	20 050
少数股东损益	280	-3 140
归属于母公司股东的净利润	17 708	23 190

注：假定利息费用为5 176万元。

表10-6　　　　　　　　　　　　　　合并现金流量表

编制单位：HC股份有限公司　　　2019年度　　　　　　　　　　　　单位：万元

项　目	本期金额
一、经营活动产生的现金流量：	
销售商品、提供劳务收到的现金	1 982 370
收到的税费返还	0
收到其他与经营活动有关的现金	50 450
经营活动现金流入小计	2 032 820
购买商品、接受劳务支付的现金	1 387 340
支付给职工以及为职工支付的现金	75 834
支付的各项税费	125 314
支付其他与经营活动有关的现金	169 650
经营活动现金流出小计	1 758 138
经营活动产生的现金流量净额	274 682
二、投资活动产生的现金流量：	
收回投资所收到的现金	335 794

续表

项 目	本期金额
取得投资收益所收到的现金	32 870
处置固定资产、无形资产和其他长期资产所收回的现金净额	690
收到其他与投资活动有关的现金	0
投资活动现金流入小计	369 354
购建固定资产、无形资产和其他长期资产所支付的现金	45 172
投资所支付的现金	528 808
支付其他与投资活动有关的现金	0
投资活动现金流出小计	573 980
投资活动产生的现金流量净额	−204 626
三、筹资活动产生的现金流量：	
吸收投资所收到的现金	1 600
取得借款所收到的现金	77 000
收到其他与筹资活动有关的现金	0
筹资现金流入小计	78 600
偿还债务所支付的现金	120 200
分配股利、利润或偿付利息所支付的现金	2 720
支付其他与筹资活动有关的现金	0
筹资活动现金流出小计	122 920
筹资活动产生的现金流量净额	−44 320
四、汇率变动对现金及现金等价物的影响	−1 394
五、现金及现金等价物净增加额	24 342
加：期初现金及现金等价物余额	304 760
六、期末现金及现金等价物余额	329 102

注：现金流量表补充资料（略）。

资料来源

HC 公司 2019 年度财务报告。

依据及相关法规

《企业会计准则》。

案例思考题

1. 请根据 HC 公司 2019 年度财务报告，应用比率分析法，从盈利能力、营运能力和偿债能力三方面进行分析，并结合其他相关资料对 HC 公司做总体评价。

2. 计算 2018 年和 2019 年 HC 公司的权益净利率，并采用因素分析法，分别分析营业净利率、总资产周转次数和权益乘数对权益净利率的影响。

3. 你认为在应用比率分析法对公司进行评价分析时存在哪些问题？

讨论与分析

1. 采用比率分析法分析如下：

（1）盈利能力分析：

营业毛利率 = 营业毛利/营业收入 = (营业收入 - 营业成本)/营业收入 × 100%
 = (1 902 924 - 1 664 220)/1 902 924 × 100%
 = 12.54%

营业净利润率 = 净利润/营业收入 × 100%
 = 17 988/1 902 924 × 100%
 = 0.95%

总资产报酬率 = 净利润/资产总额 × 100%
 = 17 988/3 527 506 × 100%
 = 0.51%

净资产收益率 = 净利润/股东权益 × 100%
 = 17 988/2 550 438 × 100%
 = 0.71%

首先，从不同层次利润占营业收入比重来看，公司毛利率为12.54%，生产环节的盈利水平不高，说明彩电行业已到了饱和、成熟阶段；公司营业净利润率为0.95%，说明公司整体业务经营环节盈利较弱。其次，从资产投入的角度看，尽管总资产和归属于母公司净资产分别增加了292 654万元和17 840万元，但总资产报酬率为0.51%，净资产收益率仅为0.71%，表明投入资产并未获得更多盈利。结合HC公司2019年度年报相关数据，我们发现导致盈利能力下降的主要原因是由于营业收入大幅下滑，减少238 518万元，同比下降11.14%，营业利润减少35 792万元，同比下降55.16%，利润总额和归属于母公司股东的净利润分别下降33.69%和23.64%。进一步考察，随着家电行业竞争加剧，公司彩电等主要产品销售价格不断降低，盈利空间再度缩小；而彩电市场饱和，销售量下降，也使主营业务收入减少，利润下降。可见，虽然公司目前还保持微利，但未来盈利能力已不容乐观。

（2）营运能力分析：

存货周转率 = 营业成本/平均存货
 = 1 664 220/1 239 833
 = 1.34

应收账款周转率 = 营业收入/平均应收账款
 = 1 902 924/470 128
 = 4.05

流动资产周转率 = 营业收入/平均流动资产
 = 1 902 924/2 696 208
 = 0.71

总资产周转率 = 营业收入/平均总资产
 = 1 902 924/3 381 179
 = 0.56

营运能力是盈利能力的重要保证，资产运营的直接作用应该带来收入和利润。其常用的指标是周转率，周转越快，获取收入和利润的周期就越短，经营效率就越高，营运能力就越强。HC公司2019年存货周转率为1.34次，周转次数较低，本期存货为1 188 260万元，其中原材料 224 296 万元、库存商品 963 964 万元，说明原材料投入生产的效率低，库存商品转化为销售收入的效率也低，存货占用资金过大；公司 2019 年应收账款大幅增加了 212 028 万元，同比增长 58.23%，主要原因是由于本期出口采用信用证结算，信用证尚未到期，以及公司改变营销政策，加大信用销售力度所致；另外，其他应收款大幅增加 141 018 万元；同比增长 92.07%，主要可能是借给 HC 集团内部的款项；预付账款增加 15 934 万元，同比增长 174.18%，主要原因可能是本年进口原材料预付的款项，从而降低了应收账款周转率和流动资产周转率，使流动资产（包括存货、应收账款）营运效率降低。HC 公司近年来固定资产投资较多，也会影响总资产周转率。当然从长远来看，其项目投资有利于公司形成新的利润增长点。因此从公司经营结果来看，公司资产营运效率有待进一步提高，一方面要加快应收账款的回笼，制定更有效的信用政策；另一方面要开拓国际市场，扩大销售，减少存货。

（3）偿债能力分析：

流动比率 = 流动资产/流动负债
 = 2 849 332/975 352 = 2.92

速动比率 = 速动资产/流动负债
 =（329 102 + 214 790 + 220 864 + 576 142 + 25 082 + 294 188）/975 352
 = 1.70

现金比率 = 货币资金/流动负债
 =（329 102 + 214 790）/975 352
 = 0.56

经营活动现金流量比率 = 经营活动现金流量净额/流动负债
 = 274 688/975 352
 = 0.28

HC 公司的流动比率、现金比率和速动比率虽然都高于经验值很多，但经营活动现金流量比率却很低，说明公司流动资产中应收账款、存货等不能立即变现的资产所占比例很大。虽然这些比率越高，流动负债偿还越有保障，但很可能意味着公司流动资产没有得到更有效的运用和配置，资金营运效率降低，进一步影响公司营运能力和盈利能力。公司长期偿债能力指标计算如下：

资产负债率 = 负债总额/资产总额 × 100%
 = 977 068/3 527 506 × 100%
 = 28%

产权比率 = 负债总额/股东权益
 = 977 068/2 550 438
 = 0.38

利息保障倍数 = 息税前利润/利息费用
 =（22 322 + 5 176）/5 176
 = 5.31

HC 公司的资产负债率很低，仅为 28%，说明公司资金来源主要是股东投入的资本；债权对股权的比率为 0.38 倍，说明股东权益资本对债权资本的保障程度很高；尽管资产负债率和产权比率都很低,但利息保障倍数并不高,说明公司通过盈利用于偿还长期负债的能力不够强。总体上,HC 公司长期负债的偿还目前不会出现问题;其偿还能力还是不错的,但这主要是过低的资产负债率所致。从长远来看,由于公司筹资渠道单一(主要是股东投入资本),资本结构不尽合理,融资策略太过保守,未能合理利用财务杠杆,发挥负债的杠杆作用,也未能借此提高股东资本的运作效率以获取更多利润、增强长期负债偿还能力。

(4) 综合 HC 公司盈利能力、营运能力和偿债能力分析,我们认为,面对家电行业的激烈竞争,国外知名品牌的大量涌入,国内家电市场更趋严峻,HC 公司营业收入大幅下降,利润减少,虽有微利,但盈利能力却迅速降低。由于存货大量积压,应收账款急剧增加,存货周转率和应收账款周转率降低,资产营运效率不佳,通过资产营运获取利润的能力不强。尽管 HC 公司短期和长期偿债能力目前还不错,但主要还是因资产负债率较低,其财务政策过于保守,虽降低了财务风险,但也减少了利用财务杠杆获取更多利润的能力。为了扭转不利局面,公司应把握经济全球化的有利时机,加快推进全球化战略,扩大海外营销,积极开辟欧洲市场;努力整合全球资源,优化产业与产品结构,走产业高值化路线,一方面,强化拳头产品(彩电等)技术创新,保持彩电在技术和市场领先地位;另一方面,要寻求公司新的经济增长点,如进入 IT 行业等领域;优化资本结构;加强资本运作,提高资产管理效率和资产营运能力,多方位提高公司盈利能力。

2. 权益净利率计算如下:

权益净利率 =(净利润/营业收入)×(营业收入/总资产)×(总资产/股东权益)

= 营业净利率 × 总资产周转次数 × 权益乘数

HC 公司 2018 年权益净利率 =(20 050/2 141 442)×(2 141 442/3 234 852)

×(3 234 852/2 530 720)

= 0.93% × 0.66 × 1.28

= 0.79%

HC 公司 2019 年权益净利率 =(17 988/1 902 924)×(1 902 924/3 527 506)

×(3 527 506/2 550 438)

= 0.95% × 0.54 × 1.38

= 0.71%

与 2018 年相比,2019 年权益净利率下降了,公司整体业绩不如上年。影响权益净利率变化的不利因素是总资产周转次数的下降,有利因素是营业净利率和财务杠杆的提高。

下面分别分析各因素变动对权益净利率的影响:

(1) 营业净利率变动的影响:

按本年营业净利率计算的上年权益净利率 = 0.95% × 0.66 × 1.28 = 0.80%

营业净利率变化的影响为:0.80% - 0.79% = 0.01%

(2) 总资产周转次数变动的影响:

按本年营业净利率、总资产周转次数计算的上年权益净利率 = 0.95% × 0.54 × 1.28

= 0.66%

总资产周转次数变动的影响:0.66% - 0.80% = - 0.14%

(3) 财务杠杆变动的影响:

财务杠杆变动的影响:0.71% - 0.66% = 0.05%

通过分析可知，不利的因素是总资产周转次数的降低，使权益净利率下降了 0.14%。有利的因素有两个：首先是财务杠杆的增加使权益净利率提高了 0.05%。其次是营业净利率的提高使权益净利率增长 0.01%。不利因素超过有利因素，所以权益净利率下降了 0.08%。由此应重点关注总资产周转次数降低的原因。

3. 实际上，直接根据上述报表运用比率分析法，对企业进行较为全面的财务分析难度是较大的。第一，我们仅仅计算了企业当年的有关比率，没有掌握 HC 公司过去两三年乃至更多年的相关比率，无法进行更多的纵向比较，因此，对公司有关财务比率变动的情况难以把握，趋势分析不够全面。第二，我们没有有关行业同类企业的可比性资料，无法进行企业间的横向比较，难以确定比率的标准水平。第三，比率分析有其固有的缺陷。例如，仅能对历史的数据进行分析，仅能对财务信息进行分析，而某些非财务信息和现时价值或将来的一些数据对企业的决策分析有时是非常重要的。但是，我们仍可以利用所提供的会计数据，通过比率分析对 HC 公司 2019 年度的盈利能力、营运能力和偿债能力进行相关分析，对 2019 年度公司的财务状况、经营成果作出有价值的判断。

第三节 管理用财务报表

一、基本概念

企业活动分类如图 10-11 所示。

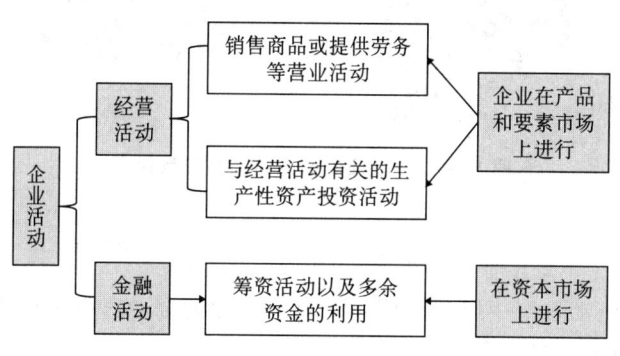

图 10-11 企业活动分类图

（一）应注意的问题

1. 要明确企业从事的是什么业务。企业经营的业务内容，决定了经营性资产和负债的范围。例如：非金融企业存款贷款是金融性资产和负债；对于金融企业，贷给别人或吸收别人的款项是经营性资产和负债。

2. 一致性原则。经营性资产和负债形成的损益，属于经营损益；金融性资产和负债形成的损益，属于金融损益。

（二）基本框架

总体思路：区分经营活动和金融活动。

资产负债表：区分经营资产和金融资产、经营负债和金融负债。
利润表：区分经营损益和金融损益。
现金流量表：区分经营活动现金流量和金融活动现金流量。

二、管理用资产负债表

区分经营资产和金融资产、经营负债和金融负债，所有者权益不变。

经营资产和负债，是指在销售商品或提供劳务的过程中涉及的资产和负债。

金融资产和负债，是指在筹资过程中或利用经营活动多余资金进行投资的过程中涉及的资产和负债。

注意：区分经营性还是金融性主要看是否计息，不计息就是经营性，计息就是金融性。

（一）管理用资产负债表编制原理

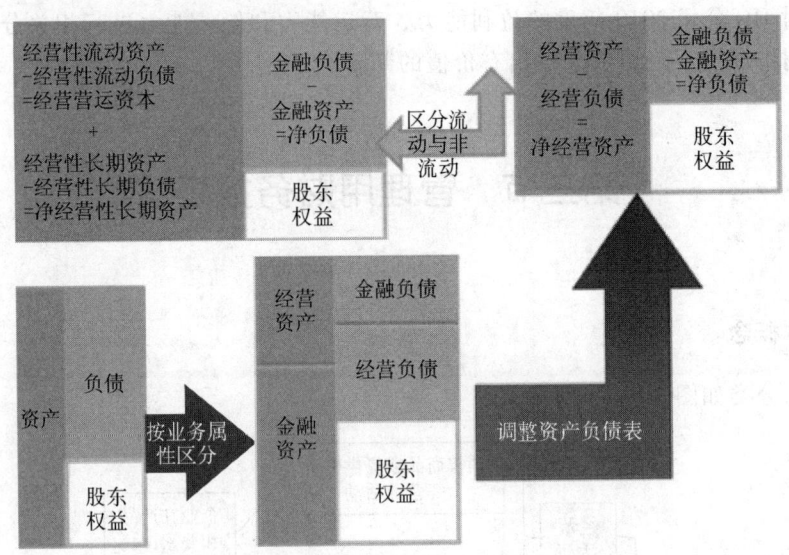

图 10-12　管理用资产负债表编制原理

（二）基本等式

资产 = 经营资产 + 金融资产
　　 = （经营性流动资产 + 经营性长期资产）+（短期金融资产 + 长期金融资产）

负债 = 经营负债 + 金融负债
　　 = （经营性流动负债 + 经营性长期负债）+（短期金融负债 + 长期金融负债）

净经营资产 = 经营资产 - 经营负债
　　　　　 = （经营性流动资产 + 经营性长期资产）-（经营性流动负债 + 经营性长期负债）
　　　　　 = （经营性流动资产 - 经营性流动负债）+（经营性长期资产 - 经营性长期负债）
　　　　　 = 经营营运资本 + 净经营性长期资产

净金融负债 = 金融负债 - 金融资产 = 净负债

净经营资产 = 净负债 + 股东权益 = 净投资资本

（三）核心公式

净经营资产 = 净金融负债 + 股东权益

1. 区分经营资产和金融资产

【提示】不容易识别的项目（见表10-7）。

表10-7　　　　　　　　　　　不容易识别的资产项目

1. 货币资金	（1）货币资金本身是金融性资产，但是有一部分货币资金是经营活动所必需的。 （2）在编制管理用资产负债表时，有三种做法： ①将全部货币资金列为经营性资产。 ②根据行业或公司历史平均的"货币资金/营业收入"百分比以及本期销售额，推算经营活动需要的货币资金总额，多余部分列为金融资产。 ③将其全部列为金融资产。 【提示】一般都会明确采用哪一种处理方法。
2. 短期应收票据	两种情况： （1）以市场利率计息——金融资产； （2）无息应收票据——经营资产。
3. 短期权益性投资	金融资产。 【提示】它是暂时使用多余现金的一种手段，因此是金融资产。
4. 长期权益性投资	经营性资产。 【提示】购买长期股权就是间接购买另一个企业的资产。当然，被投资企业也可能包含了部分金融资产，但通常很难划分且比例不大，因此无论控股比例如何均处理为经营资产。
5. 债权性投资	对于非金融企业，短期和长期的债权性投资都是金融性资产。
6. 应收项目	（1）大部分应收项目是经营活动形成的，属于经营资产。 （2）"应收利息"是金融资产。 （3）"应收股利"分为两种： 长期权益投资形成的应收股利，属于经营资产； 短期权益投资形成的应收股利，属于金融资产。
7. 递延所得税资产	经营性资产形成的递延所得税资产，应列为经营资产； 金融性资产形成的递延所得税资产，应列为金融资产。
8. 其他资产	通常列为经营资产。

【总结】名称上不能直接给予提示的金融资产：

（1）短期权益性投资；

（2）应收股利（短期权益性投资形成的）；

（3）持有至到期投资。

2. 区分经营负债和金融负债

【提示】不容易识别的项目（见表10-8）。

表10-8　　　　　　　　　　　不容易识别的负债项目

1. 短期应付票据	分两种情况： （1）以市场利率计息——金融负债； （2）无息应付票据——经营负债。

续表

2. 优先股	从普通股股东角度看，优先股应属于金融负债。
3. 应付项目	（1）大多数应付项目是经营活动中的应计费用，包括应付职工薪酬、应交税费、应付账款等，均属于经营负债。 （2）"应付利息"和"应付股利"（包括优先股的应付股利和普通股的应付股利），均为筹资活动的应计费用，因此属于金融负债。
4. 递延所得税负债	经营资产形成的递延所得税负债，应列为经营负债； 金融资产形成的递延所得税负债，应列为金融负债。
5. 其他负债	通常列作经营负债。

【总结】名称上不能直接给予提示的金融负债：
（1）一年内到期的非流动负债；
（2）应付股利；
（3）应付利息；
（4）优先股。

三、管理用利润表

（一）经营损益和金融损益的定义

与资产负债表区分为经营资产和金融资产相对应，利润表的净利润亦可区分为经营损益和金融损益。金融损益是指金融负债利息与金融资产收益的差额，即扣除利息收入、金融资产公允价值变动收益等以后的利息费用。由于存在所得税，应计算该利息费用的税后结果（税后利息费用），也称为净金融损益。经营损益是指除金融损益以外的当期损益。

由此形成下列关系表达式：

净利润 = 经营损益 + 金融损益
　　　 = 税后经营净利润 - 税后利息费用
　　　 = 税前经营利润 × （1 - 所得税税率） - 利息费用 × （1 - 所得税税率）

原理如图 10 - 13 所示。

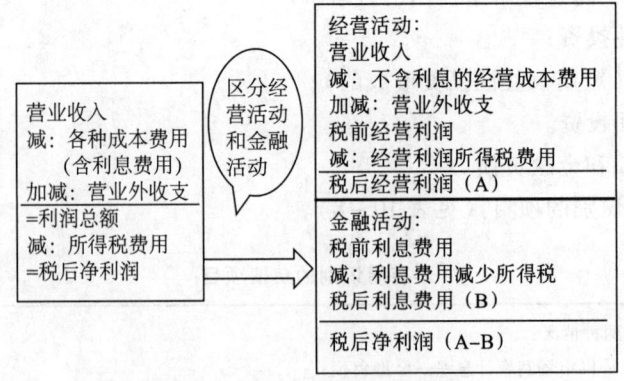

图 10 - 13　管理用利润表编制原理

（二）管理用利润表的基本公式

税后经营净利润 - 税后利息费用 = 净利润

（三）税后经营净利润确定的两种方法

1. 直接法

税后经营净利润 = 税前经营利润 × (1 - 所得税税率)

2. 间接法

税后经营净利润 = 净利润 + 税后利息费用
            = 净利润 + 利息费用 × (1 - 所得税税率)

①适用税率法：根据各自适用税率确定。

②简化做法：平均税率法：所得税税率 = 所得税费用/利润总额。

【例 10 - 3】ABC 公司 20×1 年利润表如表 10 - 9 所示。

表 10 - 9　　　　　　　　　　　　　利润表

编制单位：ABC 公司　　　　　　　20×1 年　　　　　　　　　　　单位：万元

项　目	本年金额	上年金额
一、营业收入	3 000	2 850
减：营业成本	2 644	2 503
税金及附加	28	28
销售费用	22	20
管理费用	46	40
财务费用	110	96
资产减值损失	0	0
加：公允价值变动收益	0	0
投资收益	6	0
二、营业利润	156	163
加：营业外收入	45	72
减：营业外支出	1	0
三、利润总额	200	235
减：所得税费用	64	75
四、净利润	136	160

假设 ABC 公司的投资收益均为债券投资利息收入。

则 ABC 公司管理用利润表如表 10 - 10 所示：

表 10 - 10　　　　　　　　　　　　管理用利润表

编制单位：ABC 公司　　　　　　　20×1 年　　　　　　　　　　　单位：万元

项　目	本年金额	上年金额
经营损益：		

续表

项目	本年金额	上年金额
一、营业收入	3 000	2 850
减：营业成本	2 644	2 503
二、毛利	356	347
减：税金及附加	28	28
销售费用	22	20
管理费用	46	40
资产减值损失	0	0
三、税前营业利润	260	259
加：营业外收入	45	72
减：营业外支出	1	0
四、税前经营利润	304	331
减：经营利润所得税	97.28	105.62
五、税后经营净利润	206.72	225.38
金融损益：		
六、利息费用	104	96
减：利息费用抵税	33.28	30.63
七、税后利息费用	70.72	65.37
八、净利润	136	160
附注：平均所得税税率	32.00%	31.91%

(1) 直接法计算：

平均税率 = 64/200 = 32%

税后经营净利润 = 税前经营利润 × (1 - 所得税税率)

　　　　　　　 = (3 000 - 2 644 - 28 - 22 - 46 + 45 - 1) × (1 - 32%)

　　　　　　　 = 206.72（万元）

(2) 间接法计算：

税后经营净利润 = 净利润 + 利息费用 × (1 - 所得税税率)

　　　　　　　 = 136 + 104 × (1 - 32%) = 206.72（万元）

四、管理用现金流量表

（一）经营现金流量和金融现金流量

与上述区分相匹配，现金流量亦可区分为经营现金流量和金融现金流量。经营现金流量是指企业因销售商品或提供劳务等营业活动以及与此有关的生产性资产投资活动产生的现金流量；金融活动现金流量是指企业因筹资活动和金融市场投资活动而产生的现金流量。

经营现金流量代表了企业经营活动的全部成果，是"企业生产的现金"，因此又称为实体经营现金流量，简称实体现金流量。实体现金流量是企业全部现金流入扣除成本费用和必要的投资后的剩余部分，它是企业一定期间可以提供给所有投资人（包括股权投资人和债权投资人）的税后现金流量。

企业的价值决定于未来预期的实体现金流量。管理者要使企业更有价值，就应当增加企业的实体现金流量，由此形成的关系表达式如下：

营业现金毛流量 = 税后经营净利润 + 折旧与摊销

营业现金毛流量，也经常简称为"营业现金流量"。

营业现金净流量 = 营业现金毛流量 - 经营营运资本增加

实体现金流盘 = 营业现金净流量 - 资本支出

其中：

资本支出 = 净经营长期资产增加 + 折旧与摊销

从实体现金流量的来源分析，它是营业现金毛流量超出经营营运资本增加和资本支出的部分，即来自经营活动；从实体现金流量的去向分析，它被用于债务融资活动和权益融资活动，被用于金融活动。因此：

营业现金毛流量 - 经营营运资本增加 - 资本支出 = 债务现金流量 + 股权现金流量

实体现金流量 = 融资现金流量

融资现金流量，包括两部分：（1）债务现金流量——是与债权人之间的交易形成的现金流，包括支付利息、偿还或借入债务，以及金融资产购入或出售。（2）股权现金流量——是与股东之间的交易形成的现金流，包括股利分配、股份发行和回购等。

（二）现金流量的确定

1. 剩余流量法（从实体现金流量的来源分析），如图 10-14 所示。

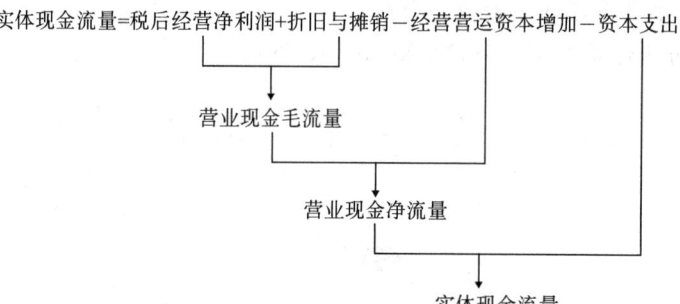

图 10-14 实体现金流量构成

2. 融资现金流量法（从实体现金流量的去向分析）

实体现金流量 = 股权现金流量 + 债务现金流量

其中：

①股权现金流量 = 股利 - 股权资本净增加（外部）= 股利 - 股票发行（或 + 股票回购）

②债务现金流量 = 税后利息 - 新借债务本金（或 + 偿还债务本金）= 税后利息 - 净债务增加

【提示】(1) 如果实体现金流量是负数，则企业需要筹集现金，其来源有：①出售金融资产；②借入新的债务；③发行新的股份。(2) 如果实体现金流量是正数，它有五种使用途径：①向债权人支付利息（注意，对企业而言，利息净现金流出是税后利息费用）；②向债权人偿还债务本金，清偿部分债务；③向股东支付股利；④从股东处回购股票；⑤购买金融资产。(3) 股权现金流量、债务现金流量是站在投资人的角度考虑现金是流入还是流出。

【扩展】简化公式，如图 10-15 所示。

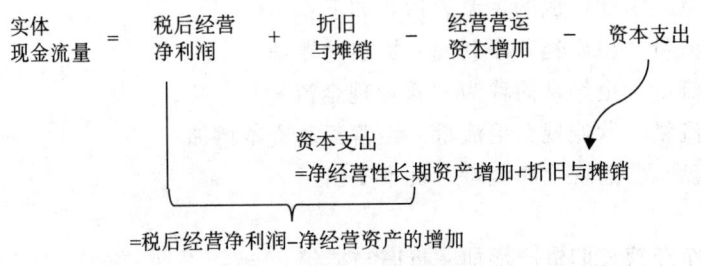

图 10-15 简化公式图

五、管理用财务分析体系

基于上述区分而改进的财务分析体系的核心表达式如下：

$$\text{权益净利率} = \frac{\text{税后经营净利润}}{\text{股东权益}} - \frac{\text{税后利息费用}}{\text{股东权益}}$$

$$= \frac{\text{税后经营净利润}}{\text{净经营资产}} \times \frac{\text{净经营资产}}{\text{股东权益}} - \frac{\text{税后利息费用}}{\text{净负债}} \times \frac{\text{净负债}}{\text{股东权益}}$$

$$= \frac{\text{税后经营净利润}}{\text{净经营资产}} \times \left(1 + \frac{\text{净负债}}{\text{股东权益}}\right) - \frac{\text{税后利息费用}}{\text{净负债}} \times \frac{\text{净负债}}{\text{股东权益}}$$

$$= \text{净经营资产净利率} + (\text{净经营资产净利率} - \text{税后利息率}) \times \text{净财务杠杆}$$

（一）改进的财务分析体系的核心公式

改进的财务分析体系的核心公式如图 10-16 所示。

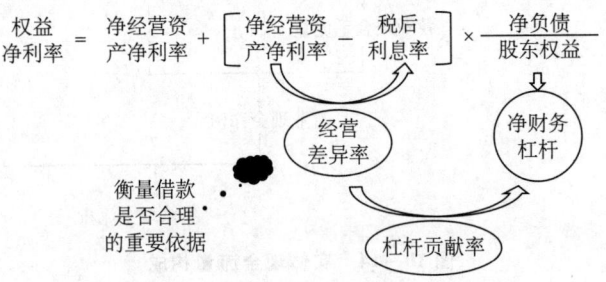

图 10-16 改进的财务分析体系的核心公式

（二）改进的财务分析体系的分析框架

改进的财务分析体系的分析框架如图 10-17 所示。

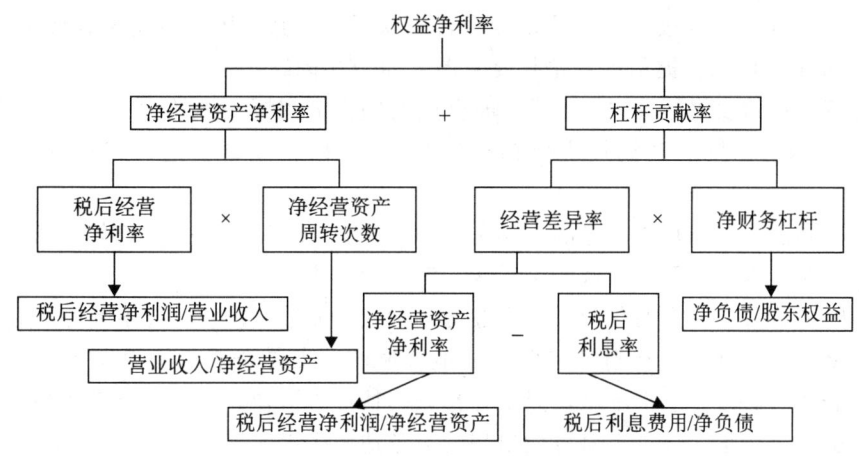

图 10-17　改进的财务分析体系的分析框架

第四节　战略用财务报表

基于哈佛分析框架，现代财务报表分析应该包括四类：战略分析、前景分析、会计分析和财务分析。之前的报表分析不容易看到战略分析和前景分析的部分，因此在此介绍张新民老师编著的《从报表看企业——数字背后的秘密》这本书。

《从报表看企业——数字背后的秘密》从管理者视角出发，以开创性的"八看"分析框架为路径，从战略、经营资产管理与竞争力、效益和质量、价值、成本决定机制、财务状况质量、风险及前景等方面入手对企业财务报表进行透视。张老师以深厚的专业功底，提炼出富有代表性的案例，引领读者突破艰深术语阻碍，穿越重重数字迷雾，解读财务报表中最有含金量的信息。

下面是从书中摘录的部分精彩内容：

1. 按照目前我国对企业财务信息的披露要求，企业要编制四张基本的财务报表，分别是资产负债表、利润表、现金流量表和股东权益变动表……至于股东权益变动表，只要读者解决了看前三张财务报表遇到的问题，就完全可以看懂这张报表。

资产负债表展示的是企业的资源结构以及权益归属……是可以用货币来表现的企业的"实力"或曰"财力"；

企业是以营利为目的的经济组织。因此，利润表展示的是企业一定时期内，在运用资源的过程中发挥了什么样的效用，产生了什么效益，是不是真的有"能力"。即"盈利能力"体现"资产质量"；

现金流量表则展示企业的资金是怎么来的，然后是怎么花的。从中可以看到企业的"活力"。该表既可以展示企业的经营活动产生现金流量的能力，也可以展示企业的筹资活动和投资活动所引起的现金流转状况。

除了用"实力""能力"和"活力"这三力生动概括"资产负债表""利润表"和"现

金流量表"这三张"体检表"揭示出的企业经营状况外,张新民教授还用"底子""面子"和"日子"分别作比喻,提示读者尤其要警惕"面子"问题:

可以把资产负债表概括为"底子",即企业的底;把利润表概括为"面子",即企业有没有面子看利润表;把现金流量表概括为"日子",即企业日子过得怎么样要看现金流量表。

企业的盈利能力、周转能力等的基础是资源(资产),即家底;由于企业家经常会顾及自己的脸面问题,因此,财务造假的主战场一定是利润表。

企业的财务造假如同人的化妆。当企业的各种状况尤其是盈利状况不太好的时候,企业的财务造假就可能出现……在财务造假方面最普遍的特点是企业的绩效变化违反常识。因此,识别假表或者假账一点都不难。只要把真表的特征搞清楚,或者把质量较高的报表的特征搞清楚,就可以在很大程度上对可能出现的财务造假提出质疑。

2. 任何企业的设立均体现了一定的战略要求。这就是说,从企业设立开始,企业的资产结构就已经深深打上了特定战略的烙印。企业管理的全过程也可以理解为企业战略制定与实施的过程……不同类型的企业资产结构背后的支撑就是企业的发展战略,即通过资源配置实现企业战略。

3. 资产等于负债加股东权益,这是会计概念之间的一种关系,从字面上看这其中并没有战略。但如果基于战略视角,将资产负债表左边的"资产结构"按照其对利润的贡献方式,可将其分为经营资产和投资资产。

在此基础上,企业的资源配置战略即可分成三大类:

(1) 经营主导型企业发展战略。以特定的商业模式、行业选择和提供特定产品或劳务为主营业务的总体战略为主导,以一定的竞争战略(如低成本战略、差异化战略和聚焦战略等)和职能战略(如研发、采购、营销、财务、人力资源等战略)为基础,以固定资产、存货的内在联系及其与市场的关系管理为核心,为企业的利益相关者持续创造价值。经营主导型企业能够最大限度地保持自身的核心竞争力。

(2) 投资主导型企业发展战略。以多元化或一体化的总体战略(或其他总体战略)为主导,以子公司采用适当的竞争战略和职能战略,特别是财务战略中的融资战略(子公司通过吸纳少数股东入资、子公司自身债务融资和对商业信用的利用等融资战略,可以实现在母公司对其投资不变情况下的快速扩张)为基础,以对子公司的经营资产管理为核心,通过快速扩张为企业的利益相关者持续创造价值。投资主导型企业可以在较短时间内通过直接投资或者并购实现做大做强企业集团的目标。

(3) 经营与投资并重型企业发展战略。这类企业往往实施积极稳健的扩张战略:企业既通过保持完备的生产经营系统和研发系统来维持核心竞争力,又通过对外控制性投资的扩张来实现企业的跨越式发展。该类企业通过对自身经营资产的保持,可以实现较好的规模效应,取得一定的市场竞争地位,从而最大限度地降低核心资产的经营风险,使固有的核心竞争力发挥到极致。与此同时,其对外控制性投资又可以通过投资产业与产品方向的多元化或投资地域的多样化来强化企业的竞争力或者降低企业的风险。

4. 分析完资产负债表左边的"资产结构",再看资产负债表右边的"负债和股东权益"。张新民教授按照"负债结构"将其分成"经营性负债"(即由企业经营活动所导致的各种负债,包括应付票据、应付账款、预收款项、应付职工薪酬、应交税费等)和"金融性负债"(即有息负债,如各种贷款和企业发行的债券等);把"股东权益"分解为股东入资和利润积累两部分。

这样,就把资产负债表右边看成是四类对企业有支持性的资源,也可以把它说成是四大动力:第一大动力是股东入资;第二大动力是企业的债务融资;第三大动力是企业经营过程中形成的负债,核心问题是企业两头吃的能力;第四大动力是利润的贡献。将这四大动力展开,实际上又是一种战略——企业用谁的资源去发展?

资产负债表左边看的是各种具体资源,右边则是各种名字,股东的名字、债权人的名字,名字之间的利益就需要协调,协调得怎么样将决定一个组织发展的根本方向。对资产负债表的挖掘可以得出以下结论:资产负债表左边是管理的问题,右边是治理的问题。资产负债表左边的管理问题涉及业务管理、资产管理、市场管理等。利益的协调机制是资产负债表右边的问题,是治理的问题。

5. 企业的效益主要体现在利润表上。但是,要了解效益的质量,仅看利润表是不够的,要结合资产负债表和现金流量表。

在此,先介绍一些重要的利润概念,有些在前面的内容中已经涉及。

先看利润表的基本结构。营业收入中的"营业"这一概念范围很广,既包括产品或者劳务的经营,也包括与管理、决策有关的对利润有直接影响的信息(如资产减值损失等),还包括通常不被认为是营业活动的投资活动产生的投资收益以及公允价值变动收益等。这导致利润表中的营业利润与营业收入存在着较大的不可比性。

因此,有必要分层次认识利润表。

第一,毛利,即营业收入减去营业成本,反映产品的初始盈利能力。这一概念非常重要。

第二,核心利润,可用来分析企业的纯经营活动带来的利润。核心利润=毛利-三项费用(销售费用、管理费用、财务费用)-税金及附加。核心利润是分析企业经营活动盈利能力的核心。相当多的利润表分析就是以核心利润的分析为主。

第三,营业利润,包括非传统经营活动的利润。这里的营业利润和资产负债表中的经营资产的内涵不同,它包括投资收益等。

第四,利润总额和净利润。利润总额与营业利润之间的差异在于营业外收入和营业外支出。利润总额减去企业所得税费用就是净利润。

那么,对利润表的分析一般是怎样的呢?主要包括三个方面:一是规模分析,主要是对营业收入、各项费用、利润的规模情况进行计算和分析。二是结构分析,即对利润的结构进行细化的分解,比较相关的项目,计算如毛利率、各项费用率等。三是趋势分析,查看企业在年度间的主要财务指标的变化及其趋势。

这种分析模式解决了一些问题,但有显著的缺陷——就利润表而进行的利润表分析,视野太窄。

总之,张教授的这本书把复杂难懂的专业问题像讲故事一样地讲了出来,通俗的语言、易懂的文字,是张老师这本书的重要特征。感兴趣的同学可以结合网站等配合张老师的书籍好好地学习这部分财务报表分析的内容。

第十一章

并购与重组

第一节 公司并购

公司成长有两种基本方式：一是内生性增长，二是外生性增长。内生性增长依靠公司自身积累实现滚雪球式增长，这种增长方式虽然稳健，但是速度很慢，在这个快鱼吃慢鱼的商业时代，可能会错过发展良机而被淘汰。外生性增长主要是通过并购实现的，可以在较短时间内，快速实现公司规模扩张。

一、并购的概念

并购的概念有广义和狭义两种。狭义的并购，是指我国《公司法》所定义的吸收合并与新设合并。如果一家公司吸收其他公司，被吸收的公司法人主体资格不复存在，即为吸收合并；如果两家或两家以上的公司先各自注销解散，再成立一家新的公司，即为新设合并。

广义合并的概念不仅包括狭义并购的内涵，还包括收购或接管，即一家公司将另一家正在营运中的公司纳入其控制范围，形成母子公司关系，借此来贯彻自己的经营战略，牟取经济利益。

本书所采用的是广义的并购概念，既包括吸收合并和新设合并，也包括收购和接管。通常我们把实施并购的一方称作并购方，交易对方称为被并购方或目标公司。

二、并购的类型

公司并购活动可按不同的标准进行分类。

1. 按双方所处的行业分类

按照并购双方所处行业性质来划分，并购可以分为纵向并购、横向并购和混合并购三种。

纵向并购是指对同一产业链上的上下游企业所进行的并购，如对上游原材料生产厂家的并购、对下游客户或销售商的并购等。纵向并购可以加强公司对销售和采购的控制，降低交易成本。

横向并购是指对处在同一行业的企业所进行的并购。例如，两家钢铁公司的合并、两家软件公司的合并等。横向并购可以清除重复设施，提供系列产品，实现节约。

混合并购是指与企业原材料供应、产品生产、产品销售均没有直接关系的企业之间的并购。混合并购通常是为了扩大经营范围或经营战略转移。

2. 按并购程序分类

按照并购过程中双方是否友好协商来划分，并购分为善意并购和敌意并购两种。

善意并购通常是指并购公司与被并购公司通过友好协商确定并购诸项事宜的并购。这种并购方式一般先由并购方公司确定目标公司，然后设法与目标公司的管理当局接洽，商讨并购事宜。通过讨价还价，在双方可接受的条件下签订并购协议。

敌意并购是指当友好协商遭拒绝，或并购方不顾被并购方的意愿而采取非协商性购买手段，强行并购目标公司的并购。被并购方在得知并购公司的并购企图之后，通常会作出拒不接受并购的反应，并可能采取一切抵制并购的措施。

3. 按并购的实现方式分类

按照并购实现方式划分，并购可以分为承担债务式并购、现金购买式并购和股份交易式并购。承担债务式并购指在被并购企业资不抵债或资产负债相等的情况下，并购方以承担被并购方全部或部分债务为条件，去并购目标企业的资产所有权和经营权。现金购买式并购是以现金购买目标企业的资产或股权。股份交易式包括股权换股权和股权换资产。股权换股权，即换股并购，是并购方向目标公司的股东发行自己公司的股票，换取目标公司的股票，达到控制目标公司的目的；而股权换资产，是并购方向目标公司的股东发行自己公司的股票，换取目标公司的资产，并承担目标公司的全部或部分债务。

三、并购效应理论

（一）并购正效应的理论解释

如果一项并购活动给并购方股东带来了财富增加，则认为该项并购产生了正效应。并购能产生正效应有许多不同的理论解释。

按照效率理论的观点，并购交易之所以发生，是因为并购产生的资产重组会带来相应的协同效应，包括管理协同效应、经营协同效应、财务协同效应等，进而提升资源的整体利用效率，提高经济效益。按照提高资源效率的具体来源，效率理论可以进一步分成管理协同效应理论、经营协同效应理论、财务协同效应理论、多元化理论等。

管理协同效应认为，并购活动产生正效应的原因在于并购双方的管理效率是不一样的，具有较高管理效率的企业并购管理效率较低的企业，可以通过提高后者的管理效率而获得正效应。

经营协同效应是指由于经济上的互补性、规模经济，两个或两个以上的企业合并后可以提高其生产经营活动的效率。由于规模经济的存在，在合理范围内，分摊这些支出的产品数量越大，单位产品的成本就越低。横向并购扩大了经营的规模，使各种资源得到充分利用。并购双方存在互补优势时，也会产生经营协同效应。例如，并购方拥有较强的研发力量，而营销力量较弱；相反，被并购方具有强大的营销力量而产品研发力量较弱，这时两者的合并无疑会增强并购后企业的整体实力。此外，纵向并购通过降低上下游企业的交易费用带来经营协同效应。

财务协同效应认为，并购可以给企业提供成本较低的内部融资。例如，当一方具有充足的现金流量而缺乏投资机会，而另一方有巨大的成长潜力却缺乏融资渠道时，两者的合并就会产生财务协同效应。此外,并购后的企业借贷能力往往大于并购前各自的借贷能力,负债的节税效应将降低企业的资本成本。

多元化理论认为,企业通过经营相关程度较低的不同行业可以分散经营风险、稳定收入来源、提高企业价值,主要用于解释混合并购的动机。除此以外,对于大型企业之间的并购活动,并购所产生的控制权重新组合会对原有的产业链造成冲击,从而影响未来公司在整个产业链中的地位,甚至影响最终产品市场的定价权,这种并购是公司从战略层面进行产业链整合的一部分。

(二) 并购负效应的理论解释

并购企业由于管理层傲慢自大,往往会过于乐观,向目标企业股东出价过高,或者即使该项投资并无价值仍坚持投资,或者在有较多的竞争者时并购成本被过分地抬高,当并购成本大于并购收益时仍坚持并购。这就是所谓的"过度自信"理论。

当管理者为了自己的利益甚至以损害企业的利益或股东的利益为代价采取并购行为,或者有关并购的决策错误时,并购的总体效应为负值。对并购负效应的理论解释可以归纳为以下两种:

(1) 管理主义。这种理论认为并购本身就是一个代理问题。有实证研究表明,代理人的报酬取决于公司的规模,因此代理人有动机通过并购使公司规模扩大,从而增加自己的报酬和保障其职位的安全。管理者重视企业增长率而忽视企业的实际投资收益率,因此会作出对股东来讲是负效应的并购决策。

(2) 自由现金流量假说。所谓自由现金流量,是指企业在支付了所有净现值为正的投资后所剩余的现金流量。如果管理者以股东财富最大化为目标,则应放弃低于资本成本的投资,而把这些自由现金流量支付给股东。但管理者往往动用自由现金流量去并购企业来实现扩张,并可能实施低收益甚至导致亏损的并购。这种低效的企业并购必然会损害企业的价值。经营稳定但缺少有效的投资机会而产生巨额现金流量是实施这种低效并购的企业的一个特征。在这种意义上,企业并购是股东和管理者之间利益冲突的一种反映。

四、并购中的财务问题

并购不同于一般的商品交易,商品交易具有标准化的属性,而并购活动具有极其复杂的运作过程,涉及许多经济、政策和法律问题。完整的协议并购一般包括以下操作流程:

1. 前期准备。具体包括确定并购战略、建立并购团队、确定并购参与主体、明确并购需求。

2. 撮合交易。具体包括搜寻和筛选潜在标的、初步确定交易标的、商业谈判等。

3. 尽职调查。尽职调查是通过调查目标企业的过去、现在和可以预想的未来的所有相关事项,对并购中可能存在的风险进行研究。包括法律尽职调查、财务税务尽职调查、业务尽职调查等。

4. 方案设计。设计交易价格和支付方式、交易步骤及时间安排、确定交易核心条款,包括奖励或补偿安排、资产交割、公司治理安排、资产交割、税收负担等。

5. 方案实施。包括交易相关的协议(股权转让协议或增资协议、业绩补偿协议等)、撰写收购项目可行性研究报告、监督机构审核、支付对价、资产交割和工商过户。

6. 并购整合。并购获得控制权之后,进行资产、市场、技术、人力资源等企业要素的整体性、系统性安排,从而达到既定的并购战略目标。包括业务整合、财务整合、人力资源整合、企业文化整合等。

在整个并购过程中包括但不限于以下财务问题:

(1) 在企业战略目标和并购标准的指导下,对候选目标企业进行并购可行性分析,核心内容是确定并购价值增值。包括:①估计并购将产生的成本降低效应、销售扩大效应、劳动生产率提高效应、节税效应等;②估计并购成本;③确定并购创造的价值增值。

(2) 确定目标企业的价值和并购溢价的允许范围,从而确定并购价格区间。

(3) 确定支付方式。在现金支付、股票支付和综合证券支付中进行权衡。不同的支付方式会产生不同的财务效果,并影响对并购资金的需求。

(4) 确定并购融资规划。在确定了并购所需的资金数量和形式之后,就需要据此进行融资规划,决定筹集资金的各种方式和数量。在融资规划中,必须考虑由此而产生的公司价值和风险的可能变动,在尽量降低风险的同时,保持最优资本结构。

(5) 评价并购成功与否。例如,通过比较并购前后企业的管理费用、制造费用等判断是否实现了经营协同。尽管单纯的财务指标还不足以全面评价企业的并购行为,但财务的评价显然是衡量并购成功与否所不可缺少的。

上述并购财务问题的核心内容可以归结为企业估值、支付方式和筹资规划。

五、并购支付方式

任何实施并购的企业都必须充分考虑采取何种方式完成并购,充分认识不同支付方式的差异,依据具体情况作出决策。实践中,企业并购的支付方式主要有三种,即现金支付、股票支付和综合证券支付。

1. 现金支付

现金支付是由主并企业向目标企业支付一定数量的现金,从而取得目标企业的所有权。现金支付在企业并购中是使用频率最高的支付方式。对目标企业的股东而言,现金支付可以使他们即时得到确定的收益,而其他非现金支付方式给股东带来的收益受到市场状况、市场深度、主并企业的业绩及交易成本等因素的影响,不确定性较大。现金支付对目标企业的股东来说,不足之处是即时形成的纳税义务。目标企业股东在得到现金支付的同时,也意味着纳税义务的实现,没有其他递延或滞后纳税的可能。对主并企业而言,现金支付最大的好处是现有的股权结构不会受到影响,现有股东控制权不会被稀释,同时可以迅速完成并购。但是,现金支付会给主并公司带来沉重的现金负担。

采用现金支付方式时,需要考虑以下影响因素:

(1) 短期的流动性。现金支付要求主并企业在确定的日期支付一定数量的货币,立即付现可能会导致企业现金紧张,因此有无足够的即时付现能力是主并企业首先要考虑的因素。

(2) 中长期的流动性。这主要从较长期的视角来看待主并企业现金支付的可能性。有些企业可能在很长时间里难以从大量的现金流出中恢复过来,因此主并企业必须认真考虑现金回收率以及回收年限。

(3) 货币的流动性。在跨国并购中,主并企业还必须考虑自己拥有的现金是否为可以直接支付的货币或可自由兑换的货币,从目标企业收回的是否为可自由兑换的货币等问题。

（4）融资能力。由于并购中所需要的现金通常超过主并企业持有的数量，因此，主并企业能否通过各种方式迅速筹集现金，也是在选择现金支付方式时考虑的重要因素。通常，效益比较好而且能够产生大量现金流的企业具有较强的融资能力。融资能力不仅取决于公司自身的财务状况，还和资本市场的发展息息相关。

2. 股票支付

股票支付是指主并企业通过增加发行本企业的股票，以新发行的股票替换目标企业的股票，从而达到并购目的的一种支付方式。

不同于现金支付方式，采用股票支付方式，主并企业不需要支付大量现金，因而不会影响主并企业的现金状况。同时，并购完成后目标企业的股东并不失去他们的所有权，而是成为并购完成后企业的新股东，但一般来说，主并企业的股东在经营控制权上占主导地位。由于目标企业的股东保留自己的所有者地位，因此，股票支付会使主并企业的股本结构发生变化，主并企业股权稀释的极端结果是目标企业的股东通过主并企业增加发行的股票取得了对并购完成后企业的主导控制权。股票支付的另一个不足之处是手续较多，耗时耗力，不像现金支付那样简捷迅速。

在决定是否采用股票支付方式时，一般要考虑以下因素：

（1）主并企业的股权结构。由于股票支付方式的一个突出特点是它对主并企业的原有股权结构会有重大影响，因而主并企业必须事先确定主要大股东能在多大程度上接受股权的稀释。

（2）每股收益率的变化。增发新股会对每股收益产生不利的影响，如果目标企业的盈利状况较差，或者是支付的价格较高，则会导致每股收益减少。虽然在许多情况下，每股收益的减少只是短期的，长期来看还是有利的，但每股收益的减少仍可能给股价带来不利的影响，导致股价下跌。所以，主并企业在采用股票支付方式前，要确定是否会产生这种不利情况，如果发生这种情况，在多大程度上是可以接受的。

（3）每股净资产的变动。每股净资产是衡量股东权益的一项重要标准。在某种情况下，新股的发行可能会减少每股净资产，这会对股价造成不利影响。如果采用股票支付方式会导致每股净资产下降，主并企业需要确定这种下降是否被企业原有的股东所接受。

（4）财务杠杆比率。发行新股可能会影响企业的财务杠杆比率。主并企业应考虑是否会出现财务杠杆比率升高的情况，以及资产负债的合理水平。

（5）当前股价水平。当前股价水平是主并企业决定采用现金支付还是股票支付的一个主要影响因素。一般来说，在股票市场处于上升过程时，股票的相对价格较高，这时以股票作为支付方式可能更有利于主并企业，增发的新股对目标企业也会有较强的吸引力。否则目标企业可能不愿持有，即刻抛空套现，导致股价进一步下跌。因此，主并企业应考虑本企业股价所处的水平，同时还应预测增发新股会对股价带来多大影响。

3. 综合证券支付

综合证券支付是指主并企业的支付方式为现金、股票、认股权证、可转换债券等多种形式的组合。单一的支付工具总是有着不可避免的局限性，通过把各种支付工具组合在一起，能集中各种支付工具的长处而避免它们的短处。由于这种优势，近年来，综合证券支付在各种出资方式中的比例呈现逐年上升的趋势。

第二节　公司重组

　　并购主要研究公司的扩张问题，但是对于高度分散化的大型公司来说，需要考虑是否能够通过改变资产结构、证券组合方式以及经营模式来提高公司价值。所有这些可能提高公司价值的方法就是公司重组战略。除扩张战略以外，公司还可以考虑通过重新配置资产或者改变公司权益结构的方式来最大化公司价值。

　　公司重组的主要方式包括经营重组、股权结构重组和破产清算。

一、经营重组

　　在公司经营重组中，缩减业务的主要方式包括：资产剥离、公司分立、股权出售等。

1. 资产剥离

　　资产剥离是指公司将其拥有的某些子公司、部门或固定资产等出售给其他经济主体，以获得现金或有价证券的经济活动。出售这些部门或资产可以取得现金收入，因此资产剥离并未减小资产的规模，而只是资产形式的转化，即从实物资产转化为货币资产。但是从公司的经营业务角度来看，则实现了经营规模的缩减。最为常见的资产剥离形式是母公司将一个子公司或者部门出售给另一个公司。在这个交易过程中，对于出售方而言实现了经营业务的收缩，对于购买方而言则实现了经营业务的扩张。

　　资产剥离的主要原因有：

　　（1）盈利状况欠佳。如果公司的某一子公司或部门的盈利状况欠佳，长期以来其投资收益率无法达到公司要求的最低投资收益率，那么公司就应考虑将其出售，以免这些部门拖公司业绩的后腿。

　　（2）经营业务不符合公司的发展规划。有些部门的业务可能不再符合公司的未来发展规划，公司可能希望脱离这一行业，此时就需要对这些部门进行剥离。尽管这些部门对公司的利润可能依然有贡献，但是会占用公司许多资源，并且不符合公司的未来发展方向，因此，将其出售更有利于公司的未来发展。

　　（3）负协同效应。负协同效应是指某一部门单独衡量时的价值要超过其在公司整体结构中的价值，即这个部门对于公司价值的贡献要小于其市场价值。在这种情况下，外部收购者的开价可能超过该部门在公司中所体现的价值。

　　（4）增加现金流入量。公司通过资产剥离出售一些非战略性的资产或部门，能够立刻给公司带来大量的现金流入，改善公司的现金流量状况。有时处于财务困境的公司通常会被迫出售有价值的资产来改善其现金流量状况。例如，某房地产开发公司为了偿还大量的到期银行贷款，不得不出售一个盈利稳定的物业管理部门，以避免陷入财务困境。

2. 公司分立

　　公司分立是公司收缩经营规模的一种重要方式。公司分立是指一个公司依法分成两个或两个以上公司的经济行为。公司分立有两种形式，即新设分立和派生分立。新设分立是指将一个公司分割成两个或两个以上的具有法人资格的公司，原公司解散。新设公司应当依法向工商行政管理部门办理登记手续，原公司办理注销手续。派生分立是指一个公司将原公司的一部分资产和业务分离出去另设一个新的公司，原公司存续。

公司分立的原因有：

（1）提高公司运营效率。公司的生产经营达到一定规模时才是最经济的，生产经营规模太大或太小都不利于提高公司的经济效益。生产经营规模太小，会使单位业务量分摊的固定成本太多，从而影响公司的经济效益；生产经营规模太大，往往会降低管理效率，容易滋生官僚主义，也会影响公司的经济效益。对规模过大的公司进行分立，有利于加强公司管理，提高运营效率，更好地适应市场变化。

（2）财富效应。公司分立与资产剥离的主要动机之一是许多人相信负协同效应的存在。如果公司分立之后，各新公司的价值之和大于原来公司的价值，就可以为股东带来财富效应。西方一些学者的研究表明，无论是资产剥离、股权出售、还是公司分立，都能够为股东带来正的财富效应。

（3）防范敌意收购。公司分立可以成为反收购的一种手段。当公司面临敌意收购时，可能会分立出某些部门以削弱自身对收购者的吸引力，这种公司分立可以称为防御性分立。

（4）避免反垄断诉讼。当公司规模过大而面临政府反垄断管制时，有可能因涉嫌垄断而遭到诉讼，而公司分立就可以避免发生这种诉讼，当然这种分立可能是非自愿进行的。

公司分立涉及一系列重大的财务事项，这些财务事项直接影响分立后各方的经济利益，因此，在分立时必须进行公正合理的处理。通常涉及的重大财务事项主要有股东权益的处理、资产的分割和评估、债务的负担和偿还等。

3. 股权出售

股权出售是指公司将持有的子公司的股份出售给其他投资者。与资产剥离相比，资产剥离出售的是公司的资产或部门而非股份，而股权出售则是出售公司所持有的子公司的全部或部分股份。如果仅是出售部分股份，则公司将继续留在子公司所处的行业当中。股权出售后，母公司可能不再继续拥有对子公司的控制权，子公司的股东发生变化，一般会组建新的管理团队来独立经营公司。

股权出售的动机与资产剥离交易基本相同，所产生的效应也相近。研究表明，股权出售能够给母公司股价带来正面影响，从而为股东带来正的财富效应。

二、股权结构重组

股权结构重组是指通过改变公司现有的股权结构，以实现公司控制权与利益的重组。在现代公司制度中，股东对公司权利的行使依赖于其所持有的股票数量，因此，改变公司的股权结构，就能够实现公司控制权与利益的重新分配。与并购的不同之处在于，股权结构重组通常发生在一个公司的内部。和分立不同的是，在股权结构重组中，公司并没有消失，也没有与其他公司相融合，而是仍然作为一个独立的经济实体存在。

私有化和管理层收购是股权结构重组的两个典型例子。

私有化交易一般是由控股股东发起，或者由大股东发起的旨在将上市公司退市的交易，其间可能混杂着基金、第三方融资者和现有管理层的合作。公司公开发行上市有许多优点，但同时也有许多缺点，比如严格的信息披露义务。私有化的原因有很多，比如：公司业绩优秀，大股东对公司的长期发展看好，而目前公司股票价格过低，于是把上市公司变为私有公司；大股东与上市公司存在关联或同业竞争，实施私有化可为资本运作提供足够的空间。比如近年来一些在纳斯达克市场上市的中概股纷纷私有化，期望回归到估值更高的国内 A 股市场重新上市。

管理层收购是指目标公司的管理层通过外部融资购买本公司的股份，从而改变本公司股权结构，取得控制权，达到重组本公司的目的并获得预期收益的一种收购行为。管理层收购如果目标对象是上市公司，也可能会产生与私有化一样的退市结果。管理层收购资金除了一部分来源于本人的储蓄外，大部分通过公司担保或者将目标公司资产作为抵押向金融机构贷款。管理层收购追求所有权与经营权合一，有利于降低管理层与股东之间的代理成本，激发企业家充分发挥管理才能。

三、破产清算

对现有子公司或者部门进行破产清算也是公司重组的一个重要选择。破产清算所面临的财务管理问题不同于一般意义上的财务管理决策。

1. 破产的概念

企业破产是市场经济条件下的一种客观经济现象，它是指企业在市场竞争中，由于各种原因不能清偿到期债务，通过重整、和解或者清算等法律程序，使债权债务关系依据重整计划或者和解协议得以调整，或者通过变卖债务人财产，使债权人公平受偿。

《中华人民共和国破产法》第二条规定破产界限是：（1）企业法人不能清偿到期债务，并且资产不足以清偿全部债务或者明显缺乏清偿能力的，依照本法规定清理债务。（2）企业法人有上述规定情形，或者有明显丧失清偿能力可能的，可以依照本法规定进行重整。

2. 破产程序

现代破产制度主要包括三个基本程序，即重整、和解与破产清算。重整程序是指对陷入财务危机但仍有转机和重建价值的企业，根据一定程序进行重新整顿，使企业得以维持和复兴，并按约定的方式清偿债务的法律程序。和解程序是指在债务人无法清偿到期债务的情况下，由债务人提出债务和解协议并向法院提出和解申请，经债权人会议通过和法院认可后，按照和解协议规定的条件清偿债务的法律程序。破产清算程序是指在债务人无法清偿到期债务的情况下，由债务人或债权人向法院申请对债务人进行财产清算，并公平偿还债权人的法律程序。

企业破产的基本程序如图 11-1 所示。

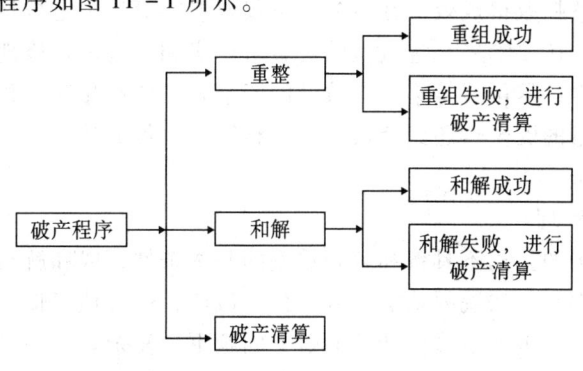

图 11-1　破产基本程序

3. 和解财务管理

债务和解也称债务重组，是指在债务人发生财务危机的情况下，债权人按照其与债务人达成的协议或法院的裁定作出让步，使债务人减轻债务负担，渡过难关，从而解决债务人债务问题的行为。通过债务重组，债务人可以延长债务的偿还期限，减轻债务负担，调节资本结构，从而走出困境。

（1）债务和解的方式。

以资产清偿债务。这种债务和解方式是指债务人用现金或非现金资产来清偿全部或部分债务，债权人通常要作出一定程度的让步，如减免部分债务本金或利息等。这样可以缓解债务人的财务压力，有助于债务人摆脱困境，并且债务人可以由此得到债务重组收益。

债权转为股权。这种债务和解方式是指经债权人和债务人协商，债权人将全部或部分债权转作对债务人的股权，对于债务人而言，则是将其负债转为股东权益，不再需要偿还。这样实际上改变了负债企业的资本结构，也减轻了债务人的债务负担。

修改债务条件。这种债务和解方式是指经债权人和债务人的协商对债务合同的某些条款进行修改，如延长偿还期限、降低利率、减免应付未付利息、减少本金等。这种债务重组方式主要是为了减轻债务人的债务负担，使其尽快摆脱困境。

以上三种债务和解方式可以组合应用，如部分债务以资产来清偿，部分债权转为股权，或者部分债务修改债务条款等。

（2）和解协议草案的编制。

和解协议草案的编制是和解财务管理的主要内容。和解协议草案是一个非常重要的法律文件，编制得好，在债权人会议上得到通过，公司便可以进行和解与整顿。如果编制得不好，在债权人会议上得不到通过，公司便只好被依法宣告破产。和解协议草案一般应包括以下内容：

第一，应对各项债务的偿还数额、日期和步骤作出具体说明。在编制和解协议草案时，公司财务人员要对债权人和本公司的情况进行具体分析，合理确定债权减免的数额，提出延缓支付债务的要求。

第二，应提出改善财务状况的具体方案。主要包括：如何增加公司资金来源；怎样减少公司资金占用；如何扩大市场，增加销售收入；采取哪些措施降低成本；等等。

4. 重整期间的财务管理

破产公司一般都存在管理混乱、资产破坏严重、销售收入减少、成本居高不下、产品质次价高等问题。为使整顿取得成效，在财务上不仅要能够筹集一定数量的资金以购置生产经营所需要的流动资产，还要筹集一定数量的资金对厂房和设备进行修理或更新，以利于正常生产和大幅度降低成本；尽可能筹集一定数量的资金开发新产品和占领新市场，以便增加销售收入；筹集一定数量的资金偿还到期债务。重整能否取得成功，关键是公司能否筹集到重整过程中所需要的资金。

5. 破产清算财务管理

如果达到破产界限的公司不具备和解和重整的基本条件，或和解与重整方案被否决，或者和解与重整失败，那么，法院要依法宣告该公司破产，进行债权债务的清算。

与和解和重整相比，破产清算所涉及的财务问题更为复杂。这一过程中的财务问题主要包括以下内容：破产财产的界定和变卖、破产费用的确认与管理、破产财产的清算与清偿。

附 录

附表 1　复利终值系数表

期数	1%	2%	3%	4%	5%	6%	7%	8%	9%	10%	11%	12%	13%	14%	15%	16%	17%	18%	19%	20%	21%	22%	23%	24%	25%	26%	27%	28%	29%	30%
1	1.01	1.02	1.03	1.04	1.05	1.06	1.07	1.08	1.09	1.1	1.11	1.12	1.13	1.14	1.15	1.16	1.17	1.18	1.19	1.2	1.21	1.22	1.23	1.24	1.25	1.26	1.27	1.28	1.29	1.3
2	1.0201	1.0404	1.0609	1.0816	1.1025	1.1236	1.1449	1.1664	1.1881	1.21	1.2321	1.2544	1.2769	1.2996	1.3225	1.3456	1.3689	1.3924	1.4161	1.44	1.4641	1.4884	1.5129	1.5376	1.5625	1.5876	1.6129	1.6384	1.6641	1.69
3	1.0303	1.0612	1.0927	1.1249	1.1576	1.191	1.225	1.2597	1.295	1.331	1.3676	1.4049	1.4429	1.4815	1.5209	1.5609	1.6016	1.643	1.6852	1.728	1.7716	1.8158	1.8609	1.9066	1.9531	2.0004	2.0484	2.0972	2.1467	2.197
4	1.0406	1.0824	1.1255	1.1699	1.2155	1.2625	1.3108	1.3605	1.4116	1.4641	1.5181	1.5735	1.6305	1.689	1.749	1.8106	1.8739	1.9388	2.0053	2.0736	2.1436	2.2153	2.2889	2.3642	2.4414	2.5205	2.6014	2.6844	2.7692	2.8561
5	1.051	1.1041	1.1593	1.2167	1.2763	1.3382	1.4026	1.4693	1.5386	1.6105	1.6851	1.7623	1.8424	1.9254	2.0114	2.1003	2.1924	2.2878	2.3864	2.4883	2.5937	2.7027	2.8153	2.9316	3.0518	3.1758	3.3038	3.436	3.5723	3.7129
6	1.0615	1.1262	1.1941	1.2653	1.3401	1.4185	1.5007	1.5869	1.6771	1.7716	1.8704	1.9738	2.082	2.195	2.3131	2.4364	2.5652	2.6996	2.8398	2.986	3.1384	3.2973	3.4628	3.6352	3.8147	4.0015	4.1959	4.398	4.6083	4.8268
7	1.0721	1.1487	1.2299	1.3159	1.4071	1.5036	1.6058	1.7138	1.828	1.9487	2.0762	2.2107	2.3526	2.5023	2.66	2.8262	3.0012	3.1855	3.3793	3.5832	3.7975	4.0227	4.2593	4.5077	4.7684	5.0419	5.3288	5.6295	5.9447	6.2749
8	1.0829	1.1717	1.2668	1.3686	1.4775	1.5938	1.7182	1.8509	1.9926	2.1436	2.3045	2.476	2.6584	2.8526	3.059	3.2784	3.5115	3.7589	4.0214	4.2998	4.595	4.9077	5.2389	5.5895	5.9605	6.3528	6.7675	7.2058	7.6686	8.1573
9	1.0937	1.1951	1.3048	1.4233	1.5513	1.6895	1.8385	1.999	2.1719	2.3579	2.558	2.7731	3.004	3.2519	3.5179	3.803	4.1084	4.4355	4.7854	5.1598	5.5599	5.9874	6.4439	6.931	7.4506	8.0045	8.5948	9.2234	9.8925	10.6045
10	1.1046	1.219	1.3439	1.4802	1.6289	1.7908	1.9672	2.1589	2.3674	2.5937	2.8394	3.1058	3.3946	3.7072	4.0456	4.4114	4.8068	5.2338	5.6947	6.1917	6.7275	7.3046	7.9259	8.5944	9.3132	10.0857	10.9153	11.8059	12.7614	13.7858
11	1.1157	1.2434	1.3842	1.5395	1.7103	1.8983	2.1049	2.3316	2.5804	2.8531	3.1518	3.4786	3.8359	4.2262	4.6524	5.1173	5.624	6.1759	6.7767	7.4301	8.1403	8.9117	9.7489	10.6571	11.6415	12.708	13.8625	15.1116	16.4622	17.9216
12	1.1268	1.2682	1.4258	1.601	1.7959	2.0122	2.2522	2.5182	2.8127	3.1384	3.4985	3.896	4.3345	4.8179	5.3503	5.936	6.5801	7.2876	8.0642	8.9161	9.8497	10.8722	11.9912	13.2148	14.5519	16.012	17.6053	19.3428	21.2362	23.2981
13	1.1381	1.2936	1.4685	1.6651	1.8856	2.1329	2.4098	2.7196	3.0658	3.4523	3.8833	4.3635	4.898	5.4924	6.1528	6.8858	7.6987	8.5994	9.5964	10.6993	11.9182	13.2641	14.7491	16.3863	18.1899	20.1752	22.3588	24.7588	27.3947	30.2875
14	1.1495	1.3195	1.5126	1.7317	1.9799	2.2609	2.5785	2.9372	3.3417	3.7975	4.3104	4.8871	5.5348	6.2613	7.0757	7.9875	9.0075	10.1472	11.4198	12.8392	14.421	16.1822	18.1414	20.3191	22.7374	25.4207	28.3957	31.6913	35.3391	39.3738
15	1.161	1.3459	1.558	1.8009	2.0789	2.3966	2.759	3.1722	3.6425	4.1772	4.7846	5.4736	6.2543	7.1379	8.1371	9.2655	10.5387	11.9737	13.5895	15.407	17.4494	19.7423	22.314	25.1956	28.4217	32.0301	36.0625	40.5648	45.5875	51.1859
16	1.1726	1.3728	1.6047	1.873	2.1829	2.5404	2.9522	3.4259	3.9703	4.595	5.3109	6.1304	7.0673	8.1372	9.3576	10.748	12.3303	14.129	16.1715	18.4884	21.1138	24.0856	27.4462	31.2426	35.5271	40.3579	45.7994	51.923	58.8079	66.5417
17	1.1843	1.4002	1.6528	1.9479	2.292	2.6928	3.1588	3.7	4.3276	5.0545	5.8951	6.866	7.9861	9.2765	10.7613	12.4677	14.4265	16.6722	19.2441	22.1861	25.5477	29.3844	33.7588	38.7408	44.4089	50.851	58.1652	66.4614	75.8621	86.5042
18	1.1961	1.4282	1.7024	2.0258	2.4066	2.8543	3.3799	3.996	4.7171	5.5599	6.5436	7.69	9.0243	10.5752	12.3755	14.4625	16.879	19.6733	22.9005	26.6233	30.9127	35.849	41.5233	48.0386	55.5112	64.0722	73.8698	85.0706	97.8622	112.4554
19	1.2081	1.4568	1.7535	2.1068	2.527	3.0256	3.6165	4.3157	5.1417	6.1159	7.2633	8.6128	10.1974	12.0557	14.2318	16.7765	19.7484	23.2144	27.2516	31.948	37.4043	43.7358	51.0737	59.5679	69.3889	80.731	93.8147	108.8904	126.2422	146.192
20	1.2202	1.4859	1.8061	2.1911	2.6533	3.2071	3.8697	4.661	5.6044	6.7275	8.0623	9.6463	11.5231	13.7435	16.3665	19.4608	23.1056	27.393	32.4294	38.3376	45.2593	53.3576	62.8206	73.8641	86.7362	101.7211	119.1446	139.3797	162.8524	190.0496
21	1.2324	1.5157	1.8603	2.2788	2.786	3.3996	4.1406	5.0338	6.1088	7.4002	8.9492	10.8038	13.0211	15.6676	18.8215	22.5745	27.0336	32.3238	38.591	46.0051	54.7637	65.0963	77.2694	91.5915	108.4202	128.1685	151.3137	178.406	210.0796	247.0645
22	1.2447	1.546	1.9161	2.3699	2.9253	3.6035	4.4304	5.4365	6.6586	8.1403	9.9336	12.1003	14.7138	17.861	21.6447	26.1864	31.6293	38.1421	45.9233	55.2061	66.2641	79.4175	95.0413	113.5735	135.5253	161.4924	192.1683	228.3596	271.0027	321.1839
23	1.2572	1.5769	1.9736	2.4647	3.0715	3.8197	4.7405	5.8715	7.2579	8.9543	11.0263	13.5523	16.6266	20.3616	24.8915	30.3762	37.0062	45.0076	54.6487	66.2474	80.1795	96.8894	116.9008	140.8312	169.4066	203.4804	244.0538	292.3003	349.5935	417.5391
24	1.2697	1.6084	2.0328	2.5633	3.2251	4.0489	5.0724	6.3412	7.9111	9.8497	12.239	15.1786	18.7881	23.2122	28.6252	35.2364	43.2973	53.109	65.032	79.4968	97.0172	118.205	143.788	174.6306	211.7582	256.3853	309.9483	374.1444	450.9756	542.8008
25	1.2824	1.6406	2.0938	2.6658	3.3864	4.2919	5.4274	6.8485	8.6231	10.8347	13.5855	17.0001	21.2305	26.4619	32.919	40.8742	50.6578	62.6686	77.3881	95.3962	117.3909	144.2101	176.8593	216.542	264.6978	323.0454	393.6344	478.9049	581.7585	705.641
26	1.2953	1.6734	2.1566	2.7725	3.5557	4.5494	5.8074	7.3964	9.3992	11.9182	15.0799	19.0401	23.9905	30.1666	37.8568	47.4141	59.2697	73.949	92.0918	114.4755	142.0429	175.9364	217.5369	268.5121	330.8722	407.0373	499.9157	612.9982	750.4685	917.3333
27	1.3082	1.7069	2.2213	2.8834	3.7335	4.8223	6.2139	7.9881	10.2451	13.11	16.7387	21.3249	27.1093	34.3899	43.5353	55.0004	69.345	87.2598	109.5893	137.3706	171.8719	214.6424	267.5704	332.955	413.5903	512.867	634.8929	784.6377	968.1044	1 192.5333
28	1.3213	1.741	2.2879	2.9987	3.9201	5.1117	6.6488	8.6271	11.1671	14.421	18.5799	23.8839	30.6335	39.2045	50.0656	63.804	81.132	102.9666	130.4112	164.847	207.9651	261.8637	329.1115	412.8642	516.9879	646.2124	806.314	1 004.3363	1 248.8546	1 550.2933
29	1.3345	1.7758	2.3566	3.1187	4.1161	5.4184	7.1143	9.3173	12.1722	15.8631	20.6237	26.7499	34.6158	44.6931	57.5755	74.0085	94.9271	121.5005	155.1893	197.8136	251.6377	319.4737	404.8072	511.9516	646.249	814.2276	1 024.0187	1 285.5504	1 611.0225	2 015.3813
30	1.3478	1.8114	2.4273	3.2434	4.3219	5.7435	7.6123	10.0627	13.2677	17.4494	22.8923	29.9599	39.1159	50.9502	66.2118	85.8499	111.1047	143.3706	184.6753	237.3763	304.4816	389.7579	497.929	634.8199	807.7936	1 025.9267	1 300.5038	1 645.5046	2 078.219	2 619.9956

附表 2　复利现值系数表

期数	1%	2%	3%	4%	5%	6%	7%	8%	9%	10%	11%	12%	13%	14%	15%	16%	17%	18%	19%	20%	21%	22%	23%	24%	25%	26%	27%	28%	29%	30%
1	0.9901	0.9804	0.9709	0.9615	0.9524	0.9434	0.9346	0.9259	0.9174	0.9091	0.9009	0.8929	0.885	0.8772	0.8696	0.8621	0.8547	0.8475	0.8403	0.8333	0.8264	0.8197	0.813	0.8065	0.8	0.7937	0.7874	0.7813	0.7752	0.7692
2	0.9803	0.9612	0.9426	0.9246	0.907	0.89	0.8734	0.8573	0.8417	0.8264	0.8116	0.7972	0.7831	0.7695	0.7561	0.7432	0.7305	0.7182	0.7062	0.6944	0.683	0.6719	0.661	0.6504	0.64	0.6299	0.62	0.6104	0.6009	0.5917
3	0.9706	0.9423	0.9151	0.889	0.8638	0.8396	0.8163	0.7938	0.7722	0.7513	0.7312	0.7118	0.6931	0.675	0.6575	0.6407	0.6244	0.6086	0.5934	0.5787	0.5645	0.5507	0.5374	0.5245	0.512	0.4999	0.4882	0.4768	0.4658	0.4552
4	0.961	0.9238	0.8885	0.8548	0.8227	0.7921	0.7629	0.735	0.7084	0.683	0.6587	0.6355	0.6133	0.5921	0.5718	0.5523	0.5337	0.5158	0.4987	0.4823	0.4665	0.4514	0.4369	0.423	0.4096	0.3968	0.3844	0.3725	0.3611	0.3501
5	0.9515	0.9057	0.8626	0.8219	0.7835	0.7473	0.713	0.6806	0.6499	0.6209	0.5935	0.5674	0.5428	0.5194	0.4972	0.4761	0.4561	0.4371	0.419	0.4019	0.3855	0.37	0.3552	0.3411	0.3277	0.3149	0.3027	0.291	0.2799	0.2693
6	0.942	0.888	0.8375	0.7903	0.7462	0.705	0.6663	0.6302	0.5963	0.5645	0.5346	0.5066	0.4803	0.4556	0.4323	0.4104	0.3898	0.3704	0.3521	0.3349	0.3186	0.3033	0.2888	0.2751	0.2621	0.2499	0.2383	0.2274	0.217	0.2072
7	0.9327	0.8706	0.8131	0.7599	0.7107	0.6651	0.6227	0.5835	0.547	0.5132	0.4817	0.4523	0.4251	0.3996	0.3759	0.3538	0.3332	0.3139	0.2959	0.2791	0.2633	0.2486	0.2348	0.2218	0.2097	0.1983	0.1877	0.1776	0.1682	0.1594
8	0.9235	0.8535	0.7894	0.7307	0.6768	0.6274	0.582	0.5403	0.5019	0.4665	0.4339	0.4039	0.3762	0.3506	0.3269	0.305	0.2848	0.266	0.2487	0.2326	0.2176	0.2038	0.1909	0.1789	0.1678	0.1574	0.1478	0.1388	0.1304	0.1226
9	0.9143	0.8368	0.7664	0.7026	0.6446	0.5919	0.5439	0.5002	0.4604	0.4241	0.3909	0.3606	0.3329	0.3075	0.2843	0.263	0.2434	0.2255	0.209	0.1938	0.1799	0.167	0.1552	0.1443	0.1342	0.1249	0.1164	0.1084	0.1011	0.0943
10	0.9053	0.8203	0.7441	0.6756	0.6139	0.5584	0.5083	0.4632	0.4224	0.3855	0.3522	0.322	0.2946	0.2697	0.2472	0.2267	0.208	0.1911	0.1756	0.1615	0.1486	0.1369	0.1262	0.1164	0.1074	0.0992	0.0916	0.0847	0.0784	0.0725
11	0.8963	0.8043	0.7224	0.6496	0.5847	0.5268	0.4751	0.4289	0.3875	0.3505	0.3173	0.2875	0.2607	0.2366	0.2149	0.1954	0.1778	0.1619	0.1476	0.1346	0.1228	0.1122	0.1026	0.0938	0.0859	0.0787	0.0721	0.0662	0.0607	0.0558
12	0.8874	0.7885	0.7014	0.6246	0.5568	0.497	0.444	0.3971	0.3555	0.3186	0.2858	0.2567	0.2307	0.2076	0.1869	0.1685	0.152	0.1372	0.124	0.1122	0.1015	0.092	0.0834	0.0757	0.0687	0.0625	0.0568	0.0517	0.0471	0.0429
13	0.8787	0.773	0.681	0.6006	0.5303	0.4688	0.415	0.3677	0.3262	0.2897	0.2575	0.2292	0.2042	0.1821	0.1625	0.1452	0.1299	0.1163	0.1042	0.0935	0.0839	0.0754	0.0678	0.061	0.055	0.0496	0.0447	0.0404	0.0365	0.033
14	0.87	0.7579	0.6611	0.5775	0.5051	0.4423	0.3878	0.3405	0.2992	0.2633	0.232	0.2046	0.1807	0.1597	0.1413	0.1252	0.111	0.0985	0.0876	0.0779	0.0693	0.0618	0.0551	0.0492	0.044	0.0393	0.0352	0.0316	0.0283	0.0254
15	0.8613	0.743	0.6419	0.5553	0.481	0.4173	0.3624	0.3152	0.2745	0.2394	0.209	0.1827	0.1599	0.1401	0.1229	0.1079	0.0949	0.0835	0.0736	0.0649	0.0573	0.0507	0.0448	0.0397	0.0352	0.0312	0.0277	0.0247	0.0219	0.0195
16	0.8528	0.7284	0.6232	0.5339	0.4581	0.3936	0.3387	0.2919	0.2519	0.2176	0.1883	0.1631	0.1415	0.1229	0.1069	0.093	0.0811	0.0708	0.0618	0.0541	0.0474	0.0415	0.0364	0.032	0.0281	0.0248	0.0218	0.0193	0.017	0.015
17	0.8444	0.7142	0.605	0.5134	0.4363	0.3714	0.3166	0.2703	0.2311	0.1978	0.1696	0.1456	0.1252	0.1078	0.0929	0.0802	0.0693	0.06	0.052	0.0451	0.0391	0.034	0.0296	0.0258	0.0225	0.0197	0.0172	0.015	0.0132	0.0116
18	0.836	0.7002	0.5874	0.4936	0.4155	0.3503	0.2959	0.2502	0.212	0.1799	0.1528	0.13	0.1108	0.0946	0.0808	0.0691	0.0592	0.0508	0.0437	0.0376	0.0323	0.0279	0.0241	0.0208	0.018	0.0156	0.0135	0.0118	0.0102	0.0089
19	0.8277	0.6864	0.5703	0.4746	0.3957	0.3305	0.2765	0.2317	0.1945	0.1635	0.1377	0.1161	0.0981	0.0829	0.0703	0.0596	0.0506	0.0431	0.0367	0.0313	0.0267	0.0229	0.0196	0.0168	0.0144	0.0124	0.0107	0.0092	0.0079	0.0068
20	0.8195	0.673	0.5537	0.4564	0.3769	0.3118	0.2584	0.2145	0.1784	0.1486	0.124	0.1037	0.0868	0.0728	0.0611	0.0514	0.0433	0.0365	0.0308	0.0261	0.0221	0.0187	0.0159	0.0135	0.0115	0.0098	0.0084	0.0072	0.0061	0.0053
21	0.8114	0.6598	0.5375	0.4388	0.3589	0.2942	0.2415	0.1987	0.1637	0.1351	0.1117	0.0926	0.0768	0.0638	0.0531	0.0443	0.037	0.0309	0.0259	0.0217	0.0183	0.0154	0.0129	0.0109	0.0092	0.0078	0.0066	0.0056	0.0048	0.004
22	0.8034	0.6468	0.5219	0.422	0.3418	0.2775	0.2257	0.1839	0.1502	0.1228	0.1007	0.0826	0.068	0.056	0.0462	0.0382	0.0316	0.0262	0.0218	0.0181	0.0151	0.0126	0.0105	0.0088	0.0074	0.0062	0.0052	0.0044	0.0037	0.0031
23	0.7954	0.6342	0.5067	0.4057	0.3256	0.2618	0.2109	0.1703	0.1378	0.1117	0.0907	0.0738	0.0601	0.0491	0.0402	0.0329	0.027	0.0222	0.0183	0.0151	0.0125	0.0103	0.0086	0.0071	0.0059	0.0049	0.0041	0.0034	0.0029	0.0024
24	0.7876	0.6217	0.4919	0.3901	0.3101	0.247	0.1971	0.1577	0.1264	0.1015	0.0817	0.0659	0.0532	0.0431	0.0349	0.0284	0.0231	0.0188	0.0154	0.0126	0.0103	0.0085	0.007	0.0057	0.0047	0.0039	0.0032	0.0027	0.0022	0.0018
25	0.7798	0.6095	0.4776	0.3751	0.2953	0.233	0.1842	0.146	0.116	0.0923	0.0736	0.0588	0.0471	0.0378	0.0304	0.0245	0.0197	0.016	0.0129	0.0105	0.0085	0.0069	0.0057	0.0046	0.0038	0.0031	0.0025	0.0021	0.0017	0.0014
26	0.772	0.5976	0.4637	0.3607	0.2812	0.2198	0.1722	0.1352	0.1064	0.0839	0.0663	0.0525	0.0417	0.0331	0.0264	0.0211	0.0169	0.0135	0.0109	0.0087	0.007	0.0057	0.0046	0.0037	0.003	0.0024	0.0019	0.0016	0.0013	0.0011
27	0.7644	0.5859	0.4502	0.3468	0.2678	0.2074	0.1609	0.1252	0.0976	0.0763	0.0597	0.0469	0.0369	0.0291	0.023	0.0182	0.0144	0.0115	0.0091	0.0073	0.0058	0.0047	0.0037	0.003	0.0024	0.0019	0.0015	0.0013	0.001	0.0008
28	0.7568	0.5744	0.4371	0.3335	0.2551	0.1956	0.1504	0.1159	0.0895	0.0693	0.0538	0.0419	0.0326	0.0255	0.02	0.0157	0.0123	0.0097	0.0077	0.0061	0.0048	0.0038	0.003	0.0024	0.0019	0.0015	0.0012	0.001	0.0008	0.0006
29	0.7493	0.5631	0.4243	0.3207	0.2429	0.1846	0.1406	0.1073	0.0822	0.063	0.0485	0.0374	0.0289	0.0224	0.0174	0.0135	0.0105	0.0082	0.0064	0.0051	0.004	0.0031	0.0025	0.002	0.0015	0.0012	0.001	0.0008	0.0006	0.0005
30	0.7419	0.5521	0.412	0.3083	0.2314	0.1741	0.1314	0.0994	0.0754	0.0573	0.0437	0.0334	0.0256	0.0196	0.0151	0.0116	0.009	0.007	0.0054	0.0042	0.0033	0.0026	0.002	0.0016	0.0012	0.001	0.0008	0.0006	0.0005	0.0004

附录 159

附表 3

年金终值系数表

期数	1%	2%	3%	4%	5%	6%	7%	8%	9%	10%	11%	12%	13%	14%	15%	16%	17%	18%	19%	20%	21%	22%	23%	24%	25%	26%	27%	28%	29%	30%
1	1	1	1	1	1	1	1	1	1	1	1	1	1	1	1	1	1	1	1	1	1	1	1	1	1	1	1	1	1	1
2	2.01	2.02	2.03	2.04	2.05	2.06	2.07	2.08	2.09	2.1	2.11	2.12	2.13	2.14	2.15	2.16	2.17	2.18	2.19	2.2	2.21	2.22	2.23	2.24	2.25	2.26	2.27	2.28	2.29	2.3
3	3.0301	3.0604	3.0909	3.1216	3.1525	3.1836	3.2149	3.2464	3.2781	3.31	3.3421	3.3744	3.4069	3.4396	3.4725	3.5056	3.5389	3.5724	3.6061	3.64	3.6741	3.7084	3.7429	3.7776	3.8125	3.8476	3.8829	3.9184	3.9541	3.99
4	4.0604	4.1216	4.1836	4.2465	4.3101	4.3746	4.4399	4.5061	4.5731	4.641	4.7097	4.7793	4.8498	4.9211	4.9934	5.0665	5.1405	5.2154	5.2913	5.368	5.4457	5.5242	5.6038	5.6842	5.7656	5.848	5.9313	6.0156	6.1008	6.187
5	5.101	5.204	5.3091	5.4163	5.5256	5.6371	5.7507	5.8666	5.9847	6.1051	6.2278	6.3528	6.4803	6.6101	6.7424	6.8771	7.0144	7.1542	7.2966	7.4416	7.5892	7.7396	7.8926	8.0484	8.207	8.3684	8.5327	8.6999	8.87	9.0431
6	6.152	6.3081	6.4684	6.633	6.8019	6.9753	7.1533	7.3359	7.5233	7.7156	7.9129	8.1152	8.3227	8.5355	8.7537	8.9775	9.2068	9.442	9.683	9.9299	10.183	10.4423	10.7079	10.9801	11.2588	11.5442	11.8366	12.1359	12.4423	12.756
7	7.2135	7.4343	7.6625	7.8983	8.142	8.3938	8.654	8.9228	9.2004	9.4872	9.7833	10.089	10.4047	10.7305	11.0668	11.4139	11.772	12.1415	12.5227	12.9159	13.3214	13.7396	14.1708	14.6153	15.0735	15.5458	16.0324	16.5339	17.0506	17.5828
8	8.2857	8.583	8.8923	9.2142	9.5491	9.8975	10.2598	10.6366	11.0285	11.4359	11.8594	12.2997	12.7573	13.2328	13.7268	14.2401	14.7733	15.327	15.902	16.4991	17.1189	17.7623	18.43	19.1229	19.8419	20.5876	21.3612	22.1634	22.9953	23.8577
9	9.3685	9.7546	10.1591	10.582	11.0266	11.4913	11.978	12.4876	13.021	13.5795	14.164	14.7757	15.4157	16.0853	16.7858	17.5185	18.2847	19.0859	19.9234	20.7989	21.7139	22.67	23.669	24.7125	25.8023	26.9404	28.1287	29.3692	30.6639	32.015
10	10.462	10.9497	11.4639	12.006	12.5779	13.1808	13.8164	14.4866	15.1929	15.9374	16.722	17.5487	18.4197	19.3373	20.3037	21.3215	22.3931	23.5213	24.7089	25.9587	27.2738	28.6574	30.1128	31.6434	33.2529	34.9449	36.7235	38.5926	40.5564	42.6195
11	11.5668	12.1687	12.8078	13.486	14.2068	14.9716	15.7836	16.6455	17.5603	18.5312	19.5614	20.6546	21.8143	23.0445	24.3493	25.7329	27.1999	28.7551	30.4035	32.1504	34.0013	35.962	38.0388	40.2379	42.5661	45.0306	47.6388	50.3985	53.3178	56.4053
12	12.6825	13.4121	14.192	15.0258	15.9171	16.8699	17.8885	18.9771	20.1407	21.3843	22.7132	24.1331	25.6502	27.2707	29.0017	30.8502	32.8239	34.9311	37.1802	39.5805	42.1416	44.8737	47.7877	50.895	54.2077	57.7386	61.5013	65.51	69.78	74.327
13	13.8093	14.6803	15.6178	16.6268	17.713	18.8821	20.1406	21.4953	22.9534	24.5227	26.2116	28.0291	29.9847	32.0887	34.3519	36.7862	39.404	42.2187	45.2445	48.4966	51.9913	55.7459	59.7788	64.1097	68.7596	73.7506	79.1066	84.8529	91.0161	97.625
14	14.9474	15.9739	17.0863	18.2919	19.5986	21.0151	22.5505	24.2149	26.0192	27.975	30.0949	32.3926	34.8827	37.5811	40.5047	43.672	47.1027	50.818	54.8409	59.1959	63.9095	69.01	74.528	80.4961	86.9495	93.9258	101.4654	109.6117	118.4108	127.9125
15	16.0969	17.2934	18.5989	20.0236	21.5786	23.276	25.129	27.1521	29.3609	31.7725	34.4054	37.2797	40.4175	43.8424	47.5804	51.6595	56.1101	60.9653	66.2607	72.0351	78.3305	85.192	92.6694	100.8151	109.6868	119.3465	129.8611	141.3029	153.75	167.2863
16	17.2579	18.6393	20.1569	21.8245	23.6575	25.6725	27.8881	30.3243	33.0034	35.9497	39.1899	42.7533	46.6717	50.9804	55.7175	60.925	66.6488	72.939	79.8502	87.4421	95.7799	104.9345	114.9834	126.0108	138.1085	151.3766	165.9231	181.8677	199.3374	218.4722
17	18.4304	20.0121	21.7616	23.6975	25.8404	28.2129	30.8402	33.7502	36.9737	40.5447	44.5008	48.8837	53.7391	59.1176	65.0751	71.673	78.9792	87.068	96.0218	105.9306	116.8937	129.0201	142.4295	157.2534	173.6357	191.7345	211.723	233.7907	258.1453	285.0139
18	19.6147	21.4123	23.414	25.6454	28.1324	30.9057	33.999	37.4502	41.3013	45.5992	50.3959	55.7497	61.7251	68.3941	75.8364	84.1407	93.4056	103.7403	115.2659	128.1167	142.4413	158.4045	176.1883	195.9942	218.0446	242.5855	269.8882	300.2521	334.0074	371.518
19	20.8109	22.8406	25.1169	27.6712	30.539	33.76	37.379	41.4463	46.0185	51.1591	56.9395	63.4397	70.7494	78.9692	88.2118	98.6032	110.2846	123.4135	138.1664	154.74	173.354	194.2535	217.7116	244.0328	273.5558	306.6577	343.758	385.3227	431.8696	483.9734
20	22.019	24.2974	26.8704	29.7781	33.066	36.7856	40.9955	45.762	51.1601	57.275	64.2028	72.0524	80.9468	91.0249	102.4436	115.3797	130.0329	146.628	165.418	186.688	210.7584	237.9893	268.7853	303.6006	342.9447	387.3887	437.5726	494.2131	558.1118	630.1655
21	23.2392	25.7833	28.6765	31.9692	35.7193	39.9927	44.8652	50.4229	56.7645	64.0025	72.2651	81.6987	92.4699	104.7684	118.8101	134.8405	153.1385	174.021	197.8474	225.0256	256.0176	291.3469	331.6059	377.4648	429.6809	489.1098	556.7173	633.5927	720.9642	820.2151
22	24.4716	27.299	30.5368	34.248	38.5052	43.3923	49.0057	55.4568	62.8733	71.4027	81.2143	92.5026	105.491	120.436	137.6316	157.415	180.1721	206.3448	236.4385	271.0307	310.7813	356.4432	408.8753	469.0563	538.1011	617.2783	708.3309	811.9987	931.0438	1067.2796
23	25.7163	28.845	32.4529	36.6179	41.4305	46.9958	53.4361	60.8933	69.5319	79.543	91.1479	104.6029	120.2048	138.297	159.2764	183.6014	211.8013	244.4868	282.3618	326.2369	377.0454	435.8607	503.9166	582.6298	673.6264	778.7707	900.1993	1040.3583	1202.0465	1388.4635
24	26.9735	30.4219	34.4265	39.0826	44.502	50.8156	58.1767	66.7648	76.7898	88.4973	102.1742	118.1552	136.8315	158.6586	184.1678	213.9776	249.2140	289.4945	337.0105	392.4842	457.2249	532.7501	620.874	723.461	843.0329	982.2511	1144.2531	1332.6586	1551.64	1805.0026
25	28.2432	32.0303	36.4593	41.6459	47.7271	54.8645	63.249	73.1059	84.7009	98.3471	114.4133	133.3339	155.6196	181.8708	212.793	249.214	292.1049	342.6035	402.0425	471.9811	554.2412	650.9551	764.6054	898.0916	1054.7912	1238.6363	1454.2014	1706.8031	2002.6156	2348.8033
26	29.5256	33.6709	38.553	44.3117	51.1135	59.1564	68.6765	79.9544	93.324	109.1818	127.9988	150.339	176.8501	208.3327	245.712	290.0883	342.7627	405.2721	479.4306	567.3773	671.633	795.1653	941.4647	1114.6336	1319.489	1561.6818	1847.8338	2185.7079	2584.3741	3054.4443
27	30.8209	35.3443	40.7096	47.0842	54.6691	63.7058	74.4838	87.3508	102.7231	121.0999	143.0786	169.374	200.8406	238.4993	283.5688	337.5024	402.0323	479.2211	571.524	681.8528	813.679	971.1016	1159.0016	1383.1457	1650.3612	1968.7191	2347.7515	2798.7061	3334.8426	3971.7776
28	32.1291	37.0512	42.9309	49.9676	58.4026	68.5281	80.6977	95.3388	112.9682	134.2099	159.8173	190.6989	227.9499	272.8892	327.1041	392.5028	471.3778	566.4809	681.116	819.2233	985.5479	1185.744	1426.5719	1716.1007	2063.9515	2481.586	2982.6444	3583.3438	4302.947	5164.3109
29	33.4504	38.792	45.2189	52.9663	62.3227	73.6398	87.3465	103.9659	124.1354	148.6309	178.3972	214.5828	258.5834	312.0937	377.1697	456.3032	552.5121	669.4475	811.5228	984.068	1193.5129	1447.6077	1755.6835	2128.9648	2580.9394	3127.7984	3788.5983	4587.6801	5551.8016	6714.6042
30	34.7849	40.5681	47.5754	56.0849	66.4388	79.0582	94.4608	113.2832	136.3075	164.494	199.0209	241.3327	293.1992	356.7868	434.7451	530.3117	647.491	790.948	966.7122	1181.8816	1445.1507	1767.0813	2160.4907	2640.9164	3227.1743	3942.026	4812.9771	5873.2306	7162.8241	8729.9855

附表 4 年金现值系数表

期数	1%	2%	3%	4%	5%	6%	7%	8%	9%	10%	11%	12%	13%	14%	15%	16%	17%	18%	19%	20%	21%	22%	23%	24%	25%	26%	27%	28%	29%	30%
1	0.9901	0.9804	0.9709	0.9615	0.9524	0.9434	0.9346	0.9259	0.9174	0.9091	0.9009	0.8929	0.885	0.8772	0.8696	0.8621	0.8547	0.8475	0.8403	0.8333	0.8264	0.8197	0.813	0.8065	0.8	0.7937	0.7874	0.7813	0.7752	0.7692
2	1.9704	1.9416	1.9135	1.8861	1.8594	1.8334	1.808	1.7833	1.7591	1.7355	1.7125	1.6901	1.6681	1.6467	1.6257	1.6052	1.5852	1.5656	1.5465	1.5278	1.5095	1.4915	1.474	1.4568	1.44	1.4235	1.4074	1.3916	1.3761	1.3609
3	2.941	2.8839	2.8286	2.7751	2.7232	2.673	2.6243	2.5771	2.5313	2.4869	2.4437	2.4018	2.3612	2.3216	2.2832	2.2459	2.2096	2.1743	2.1399	2.1065	2.0739	2.0422	2.0114	1.9813	1.952	1.9234	1.8956	1.8684	1.842	1.8161
4	3.902	3.8077	3.7171	3.6299	3.546	3.4651	3.3872	3.3121	3.2397	3.1699	3.1024	3.0373	2.9745	2.9137	2.855	2.7982	2.7432	2.6901	2.6386	2.5887	2.5404	2.4936	2.4483	2.4043	2.3616	2.3202	2.28	2.241	2.2031	2.1662
5	4.8534	4.7135	4.5797	4.4518	4.3295	4.2124	4.1002	3.9927	3.8897	3.7908	3.6959	3.6048	3.5172	3.4331	3.3522	3.2743	3.1993	3.1272	3.0576	2.9906	2.926	2.8636	2.8035	2.7454	2.6893	2.6351	2.5827	2.532	2.483	2.4356
6	5.7955	5.6014	5.4172	5.2421	5.0757	4.9173	4.7665	4.6229	4.4859	4.3553	4.2305	4.1114	3.9975	3.8887	3.7845	3.6847	3.5892	3.4976	3.4098	3.3255	3.2446	3.1669	3.0923	3.0205	2.9514	2.885	2.8210	2.7594	2.7	2.6427
7	6.7282	6.472	6.2303	6.0021	5.7864	5.5824	5.3893	5.2064	5.033	4.8684	4.7122	4.5638	4.4226	4.2883	4.1604	4.0386	3.9224	3.8115	3.7057	3.6046	3.5079	3.4155	3.327	3.2423	3.1611	3.0833	3.0087	2.937	2.8682	2.8021
8	7.6517	7.3255	7.0197	6.7327	6.4632	6.2098	5.9713	5.7466	5.5348	5.3349	5.1461	4.9676	4.7988	4.6389	4.4873	4.3436	4.2072	4.0776	3.9544	3.8372	3.7256	3.6193	3.5179	3.4212	3.3289	3.2407	3.1564	3.0758	2.9986	2.9247
9	8.566	8.1622	7.7861	7.4353	7.1078	6.8017	6.5152	6.2469	5.9952	5.759	5.537	5.3282	5.1317	4.9464	4.7716	4.6065	4.4506	4.303	4.1633	4.031	3.9054	3.7863	3.6731	3.5655	3.4631	3.3657	3.2728	3.1842	3.0997	3.019
10	9.4713	8.9826	8.5302	8.1109	7.7217	7.3601	7.0236	6.7101	6.4177	6.1446	5.8892	5.6502	5.4262	5.2161	5.0188	4.8332	4.6586	4.4941	4.3389	4.1925	4.0541	3.9232	3.7993	3.6819	3.5705	3.4648	3.3644	3.2689	3.1781	3.0915
11	10.3676	9.7868	9.2526	8.7605	8.3064	7.8869	7.4987	7.139	6.8052	6.4951	6.2065	5.9377	5.6869	5.4527	5.2337	5.0286	4.8364	4.656	4.4865	4.3271	4.1769	4.0354	3.9018	3.7757	3.6564	3.5435	3.4365	3.3351	3.2388	3.1473
12	11.2551	10.5753	9.954	9.3851	8.8633	8.3838	7.9427	7.5361	7.1607	6.8137	6.4924	6.1944	5.9176	5.6603	5.4206	5.1971	4.9884	4.7932	4.6105	4.4392	4.2784	4.1274	3.9852	3.8514	3.7251	3.6059	3.4933	3.3868	3.2859	3.1903
13	12.1337	11.3484	10.635	9.9856	9.3936	8.8527	8.3577	7.9038	7.4869	7.1034	6.7499	6.4235	6.1218	5.8424	5.5831	5.3423	5.1183	4.9095	4.7147	4.5327	4.3624	4.2028	4.053	3.9124	3.7801	3.6555	3.5381	3.4272	3.3224	3.2233
14	13.0037	12.1062	11.2961	10.5631	9.8986	9.295	8.7455	8.2442	7.7862	7.3667	6.9819	6.6282	6.3025	6.0021	5.7245	5.4675	5.2293	5.0081	4.8023	4.6106	4.4317	4.2646	4.1082	3.9616	3.8241	3.6949	3.5733	3.4587	3.3507	3.2487
15	13.8651	12.8493	11.9379	11.1184	10.3797	9.7122	9.1079	8.5595	8.0607	7.6061	7.1909	6.8109	6.4624	6.1422	5.8474	5.5755	5.3242	5.0916	4.8759	4.6755	4.489	4.3152	4.153	4.0013	3.8593	3.7261	3.601	3.4834	3.3726	3.2682
16	14.7179	13.5777	12.5611	11.6523	10.8378	10.1059	9.4466	8.8514	8.3126	7.8237	7.3792	6.974	6.6039	6.2651	5.9542	5.6685	5.4053	5.1624	4.9377	4.7296	4.5364	4.3567	4.1894	4.0333	3.8874	3.7509	3.6228	3.5026	3.3896	3.2832
17	15.5623	14.2919	13.1661	12.1657	11.2741	10.4773	9.7632	9.1216	8.5436	8.0216	7.5488	7.1196	6.7291	6.3729	6.0472	5.7487	5.4746	5.2223	4.9897	4.7746	4.5755	4.3908	4.219	4.0591	3.9099	3.7705	3.64	3.5177	3.4028	3.2948
18	16.3983	14.992	13.7535	12.6593	11.6896	10.8276	10.0591	9.3719	8.7556	8.2014	7.7016	7.2497	6.8399	6.4674	6.128	5.8178	5.5339	5.2732	5.0333	4.8122	4.6079	4.4187	4.2431	4.0799	4.0591	3.7861	3.6536	3.5294	3.413	3.3037
19	17.226	15.6785	14.3238	13.1339	12.0853	11.1581	10.3356	9.6036	8.9501	8.3649	7.8393	7.3658	6.938	6.5504	6.1982	5.8775	5.5845	5.3162	5.07	4.8435	4.6346	4.4415	4.2627	4.0967	3.9424	3.7985	3.6642	3.5386	3.421	3.3105
20	18.0456	16.3514	14.8775	13.5903	12.4622	11.4699	10.594	9.8181	9.1285	8.5136	7.9633	7.4694	7.0248	6.6231	6.2593	5.9288	5.6278	5.3527	5.1009	4.8696	4.6567	4.4603	4.2786	4.1103	3.9539	3.8083	3.6726	3.5458	3.4271	3.3158
21	18.857	17.0112	15.415	14.0292	12.8212	11.7641	10.8355	10.0168	9.2922	8.6487	8.0751	7.562	7.1016	6.687	6.3125	5.9731	5.6648	5.3837	5.1268	4.8913	4.675	4.4756	4.2916	4.1212	3.9631	3.8161	3.6792	3.5514	3.4319	3.3198
22	19.6604	17.658	15.9369	14.4511	13.163	12.0416	11.0612	10.2007	9.4424	8.7715	8.1757	7.6446	7.1695	6.7429	6.3587	6.0113	5.6964	5.4099	5.1486	4.9094	4.69	4.4882	4.3021	4.13	3.9705	3.8223	3.6844	3.5558	3.4356	3.323
23	20.4558	18.2922	16.4436	14.8568	13.4886	12.3034	11.2722	10.3711	9.5802	8.8832	8.2664	7.7184	7.2297	6.7921	6.3988	6.0442	5.7234	5.4321	5.1668	4.9245	4.7025	4.4985	4.3106	4.1371	3.9764	3.8273	3.6885	3.5592	3.4384	3.3254
24	21.2434	18.9139	16.9355	15.247	13.7986	12.5504	11.4693	10.5288	9.7066	8.9847	8.3481	7.7843	7.2829	6.8351	6.4338	6.0726	5.7465	5.4509	5.1822	4.9371	4.7128	4.507	4.3176	4.1428	3.9811	3.8312	3.6918	3.5619	3.4406	3.3272
25	22.0232	19.5235	17.4131	15.622	14.0939	12.7834	11.6536	10.6748	9.8226	9.077	8.4217	7.8431	7.33	6.8729	6.4641	6.0971	5.7662	5.4669	5.1951	4.9476	4.7213	4.5139	4.3232	4.1474	3.9849	3.8342	3.6943	3.564	3.4423	3.3286
26	22.7952	20.121	17.8768	15.9828	14.3752	13.0032	11.8258	10.81	9.929	9.1609	8.4881	7.8957	7.3717	6.9061	6.4906	6.1182	5.7831	5.4804	5.206	4.9563	4.7284	4.5196	4.3278	4.1511	3.9879	3.8367	3.6963	3.5656	3.4437	3.3297
27	23.5596	20.7069	18.327	16.3296	14.643	13.2105	11.9867	10.9352	10.0266	9.2372	8.5478	7.9426	7.4086	6.9352	6.5135	6.1364	5.7975	5.4919	5.2151	4.9636	4.7342	4.5243	4.3316	4.1542	3.9903	3.8387	3.6979	3.5669	3.4447	3.3305
28	24.3164	21.2813	18.7641	16.6631	14.8981	13.4062	12.1371	11.0511	10.1161	9.3066	8.6016	7.9844	7.4412	6.9607	6.5335	6.152	5.8099	5.5016	5.2228	4.9697	4.739	4.5281	4.3346	4.1566	3.9923	3.8402	3.6991	3.5679	3.4455	3.3312
29	25.0658	21.8444	19.1885	16.9837	15.1411	13.5907	12.2777	11.1584	10.1983	9.3696	8.6501	8.0218	7.4701	6.983	6.5509	6.1656	5.8204	5.5098	5.2292	4.9747	4.743	4.5312	4.3371	4.1585	3.9938	3.8414	3.7001	3.5687	3.4461	3.3317
30	25.8077	22.3965	19.6004	17.292	15.3725	13.7648	12.409	11.2578	10.2737	9.4269	8.6938	8.0552	7.4957	7.0027	6.566	6.1772	5.8294	5.5168	5.2347	4.9789	4.7463	4.5338	4.3391	4.1601	3.995	3.8424	3.7009	3.5693	3.4466	3.3321

参考文献

［1］张新民，2021. 从报表看企业——数字背后的秘密［M］. 北京：中国人民大学出版社．

［2］熊剑，杨荣彦，2017. 财务学原理［M］. 北京：高等教育出版社．

［3］樊莹，罗淑贞，2021. 财务学原理［M］. 大连：东北财经大学出版社．

［4］王化成，刘俊彦，荆新，2021. 财务管理学［M］. 北京：中国人民大学出版社．

［5］中国注册会计师协会，2023. 财务成本管理［M］. 北京：中国财政经济出版社．

［6］孙茂竹，王建英，方心童，2020. 初级财务管理学［M］. 北京：中国人民大学出版社．

［7］Stephen A. Ross，等，2020. 公司理财［M］. 崔方南，等，译. 北京：机械工业出版社．

［8］朱小平，秦玉熙，袁蓉丽，2021. 基础会计［M］. 北京：中国人民大学出版社．

［9］郭辉，2022. Excel 财务数据处理与分析实战技巧精粹［M］. 北京：人民邮电出版社．

［10］魏明海，龚凯颂，2014. 会计理论［M］. 大连：东北财经大学出版社．

［11］Jonathan Berk，Peter DeMarzo，2014. 公司理财［M］. 姜英兵，译. 北京：中国人民大学出版社．